니체, 영원회귀와 차이의 철학

니체, 영원회귀와 차이의 철학

초판1쇄 펴냄 2007년 09월 10일
초판7쇄 펴냄 2024년 06월 05일

지은이 진은영
펴낸이 유재건
펴낸곳 (주)그린비출판사
주소 서울시 마포구 와우산로 180, 4층
대표전화 02-702-2717 | **팩스** 02-703-0272
홈페이지 www.greenbee.co.kr
원고투고 및 문의 editor@greenbee.co.kr

편집 이진희, 구세주, 정미리, 민승환 | **디자인** 이은솔, 박예은
마케팅 육소연 | **물류유통** 류경희 | **경영관리** 이선희

저작권법에 의하여 한국 내에서 보호를 받는 저작물이므로 무단전재와 무단복제를 금합니다.
책값은 뒤표지에 있습니다. 잘못 만들어진 책은 구입처에서 바꿔 드립니다.
ISBN 978-89-7682-301-4 04100 | 978-89-7682-959-7 (세트)

독자의 학문사변행學問思辨行을 돕는 든든한 가이드 _(주)그린비출판사

니체, 영원회귀와 차이의 철학

진은영 지음

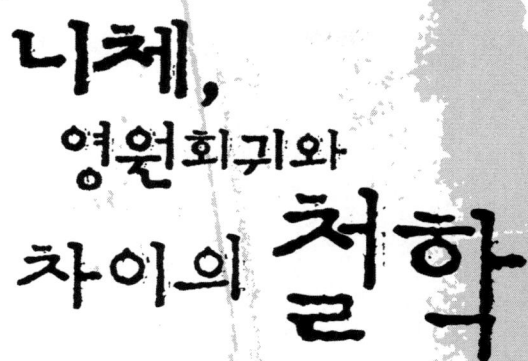

그린비

| 일러두기 |

1 이 책이 전거로 삼은 니체 전집은 다음과 같다. *Nietzsche Werke : Kritische Gesamtausgabe*, hrsg. Giorgio Colli und Mazzino Montinari, Berlin : Walter de Gruyter, 1972. 그러나 본문에서 니체의 글을 인용할 경우에는 읽는이들의 편의를 위해 국역본을 활용했다. 니체전집 편집위원회 엮음, 『니체 전집』(전21권), 책세상, 2001~2005. 인용문의 출처는 인용문의 맨 뒤에 "(국역본 제목, 국역본 전집 권수 : 쪽수)"만 기재해놓았다. 단, 니체의 단상과 메모 등을 모아놓은 유고집(국역본의 경우 3~5, 9, 11, 16~21권)에서 인용했을 경우에는 제목이 없는 경우도 있는 관계로 내용을 참조해 임의로 제목을 표기했다. 또한 인용문상의 문장부호, 강조, 띄어쓰기를 반드시 그대로 따르지는 않았다.

2 이 책의 주는 크게 인용주와 내용주로 구분되어 있다. 인용문의 출처를 밝혀놓은 인용주는 일련 번호(1, 2, 3 ……)로 표시되어 있으며 후주로 처리했다. 내용주는 본문 안에서 각주로 처리했으며, 별표(*)로 표시되어 있다.

3 인명이나 지명, 그리고 작품명은 〈국립국어원〉에서 2002년에 펴낸 '외래어 표기법'에 근거해 표기했다. 단, 이미 관례적으로 쓰이고 있는 표기는 관례를 그대로 따랐다.

4 단행본·전집·정기간행물 등에는 겹낫쇠(『 』)를, 논문·논설·단편·회화·건축·영화 등에는 홑낫쇠(「 」)를 사용했다.

5 참고문헌의 경우 외국 문헌은 지은이가 사용한 판본을 기준으로 정리했다. 단, 본문이나 주에서 직접적으로 언급되지 않은 참고문헌의 경우에는 초판 발행년도를 기준으로 정리했으며, 국역본이 있는 경우에는 대괄호([ ]) 안에 서지사항을 적어뒀다. 한편 국내 문헌의 제목은 검색의 편의를 위해 본서의 표기원칙과 띄어쓰기 방식을 반영하지 않았다.

책머리에

질 들뢰즈는 뱅센느 대학의 한 강의에서 이렇게 말한 적이 있다.

야스퍼스가 던졌던 한 테마가 있습니다. 제가 보기엔 매우 심오한 테마입니다. 그는 상황을 두 가지 유형으로 구분했습니다. 한계상황들, 그리고 단순한 일상적 상황들. 그는 말했지요. "한계상황들은 언제든 우리에게 닥칠 수 있다. 그것은 우리가 예상할 수 없는 바로 그런 상황들이다." 여러분들은 뭘 원합니까? 괴로움을 겪지 않은 자, 그건 무슨 뜻일까요? 그는 자신이 버텨낼지 버텨내지 못할지에 대해 아무런 생각이 없는 사람입니다. 정작 필요할 때, 가장 용감한 유형들은 맥없이 무너져버리고, 그 방면에서 형편없을 거라고 생각했던 유형들이 경이롭게도 끝까지 버텨냅니다. 알 수가 없지요. 한계상황이란 정말이지 이런 것입니다. 마지막 순간에, 때로는 너무 늦었다 싶게, 내가 무엇을 할 수 있었는지를 스스로 알게 되는 그런 상황입니다. 좋건 나쁘건 내가 할 수 있었던 것을요. 그러나 우린 그걸 미리 말할 수는 없습니다. 이렇게 말하는 건 너무 쉽죠. "아, 난 결코 그걸 못했을 거야!" 우리는 그러면서 세월을 보냅니다. 그러나 우리가 정말 할 수 있는 것, 우리는 그 옆을 스쳐갑니다. 너무나 많은 사람들이, 자신이 무엇을 할 수 있었는지를 알지 못한 채 죽고, 그것을 결코 알지 못할 것입니다.

이 책은 나의 박사학위 논문을 수정한 것이다. 박사학위 논문을 쓰는 내내 나는 들뢰즈의 이 말을 마음에 담아두었다. 철학은 힘들고 어렵지만 그런 힘든 일이 말못할 기쁨을 주기도 한다는 것을 내게 가르쳐 주었다. 아마 내가 좀더 성실하고 근면할 수 있었다면 철학은 더 많은 행복감을 주었을 것이다. 내가 부러워하고 좋아하는 다른 연구자들만큼 부지런하지 못하다는 것이 항상 나를 부끄럽고 두렵게 한다.

솔직히 고백하건대(솔직하게 말한다는 것은 늘상 어떤 빌미를 제공하는 일이지만 용기를 내자면) 나는 가끔은 이상한 허무감에 휩싸여 '나는 철학을 믿지 않는다'라고 중얼거릴 때가 있다. '그렇다면 너는 무얼 믿는지?' 이렇게 반문할 때마다 떠오르는 것은 불탄 집의 부서진 창으로 신선한 향기를 날려보내는 식물들이다. 철학이든 문학이든 말과 사유로 지어진 집들이 작은 불꽃에도 얼마나 쉽게 타버리는 지 우리는 잘 알고 있다. 그럼에도 불구하고 우리가 자꾸 철학과 문학의 주변을 기웃거리게 되는 것은 그 허술한 집 둘레로 모여든 자들의 묘한 향기 때문일 것이다.

내 곁에는 그런 이상한 자들이 참 많기도 하지. 그린비라는 이름 역시 내게는 그런 야릇한 이름이다. 러시아 시인 마야코프스키는 "로마의 노예들이 뚫어놓은 수도관이 여태껏 남아 있듯이" 묵직하게, 거칠게, 생생하게 살아남을 시를 쓰고 싶어했다. 우리 함께 사람들의 마음에 그토록 오래 남을 책을 만들어보자! 그린비의 유재건 사장님, 김현경 주간과 용감히 약속했지만 그건 순전히 그들의 몹쓸 향기에 취한 탓이다. 그러나 그럴 수만 있다면 이 취기가 내게 영원하기를 바란다.

훌륭한 작가는 집단적이어서 자기의 영혼과 동시에 친구들의 영혼을 함께 가지고 있다고 니체는 말했다. 그러니 명랑하게, 끝도 없이 가다보면 나도 모르게 집단적 영혼의 소유자가 되어 있지 않을까? 철학을 처음 시작할 때부터 공부는 열린 마음으로 함께 하는 것임을 가르쳐주신 지도교수 이상화 선생님, 그리고 박사학위 논문 쓰는 기간을 내가 무엇을 할 수 있는지 배우는 시간으로 만들어주신 이규성 선생님, 한자경 선생님, 박찬국 선생님, 박태호 선생님께 진심으로 감사드린다.『중론』을 함께 읽어준 불교 연구자 김영진과 건강이 안 좋을 때마다 도움을 주신 고미숙 선생님께도 감사드린다. 이 책이 나오기까지 많은 조언을 준 이재원 편집장, 원고를 읽어준 성근, 힘들 때마다 항상 나를 웃게 해준 후배 인혜와 여러 친구들에게도 고마운 마음을 전한다.

2007년 8월
진은영

:: 차 례

책머리에 5

프롤로그 13

1부_니힐리즘의 극복과 영원회귀

:: Picture Prologue 24

1. 그리스적 대안과 불멸 사상 35

1) 니힐리즘의 문제 35
삶에 대한 유죄선고 35 | 불완전한 니힐리즘과 완전한 니힐리즘 38 | 플라톤주의적 영원성에 반대하는 새로운 영원성 44

2) 그리스적 불멸 사상의 특징 46
표층적 삶과 심층적 삶 46 | 예술적 불멸성 대 형이상학적 영원성 50

2. 그리스적 대안의 한계와 새로운 모색 54

1) 생성 철학의 단초들 54
경기적 본능과 다원적 존재론 54 | 질료의 통일성에 대한 사유: 일원론의 계기 60 | 다수자의 운동에 대한 사유: 다원론의 계기 63 | 두 계기의 마술적 결합: 다원론은 일원론이다 67

2) 영원성의 새로운 지평 69
영원회귀의 윤리적 함축 69 | 반유기체적 일원론과 n-1개의 다원론 72

3) 생성과 차이의 철학 76
게으른 영원성은 어떻게 극복되는가? 76 | 영원성과 동양의 내재적 존재론 79

2부_용수의 공(空)과 니체의 영원회귀 : 근대적 니힐리즘의 극복

:: Picture Prologue 82

1. 니체와 불교의 만남 94

2. 근대적 니힐리즘의 실체론 비판 98

1) 정교화된 실체론 비판의 필요성 98

훌륭한 적이 훌륭한 무기를 만든다 98 | 신은 정말 죽었는가? 100

2) 용수의 정교화된 반실체론 : 인과연기론 비판 104

연기법은 공(空)하다 104 | 과거, 현재, 미래는 공(空)하다 112

3) 니체의 반실체론적 사유의 재구성 115

선형적 인과성에 대한 거부 115 | 힘에의 의지 개념과 상호의존성의 사유 120

3. 근대적 니힐리즘의 극복과 영원회귀 124

1) 힘에의 의지와 영원회귀의 관계 124

상호인과의 두 가지 차원 : 동시적 상호인과와 이시적 상호인과 124 | 영원회귀에 대한 두 가지 견해 : 우주론적 이해와 실존론적 이해 135

2) 이시적 상호의존성과 영원회귀 138

위대한 긍정과 위대한 부정의 시간 138 | 힘에의 의지는 자유의지와 어떻게 구별되는가? 142

3) 비개체성과 영원회귀 147

3부_영원회귀와 차이의 철학 : 탈근대적 니힐리즘의 극복

:: Picture Prologue 152

1. 니체 철학과 탈근대 철학 156
1) 차이에 대한 두 가지 접근 : 승인과 생산 156
2) 차이의 승인에서 차이의 회피로? 159
3) 왜 모든 사람의 삶이 예술작품이 될 수 없는가? 163

2. 니체의 차이 개념에 대한 들뢰즈의 이해 167
1) 변증법 비판과 영원회귀 167
2) 이중긍정과 영원회귀 172
당나귀의 피로한 긍정과 차라투스트라의 명랑한 긍정 172 | 차이를 사랑하는 자는 '아니오'라고 말하기 전에 '예'라고 말한다 175
3) 차이의 반복과 영원회귀 179
영원회귀는 강도적이다 179 | 강도는 질적 차이인가, 비질적 차이인가? 181

4부_차이의 철학의 실천적 함의 : 능동적 니힐리즘의 완성

:: Picture Prologue 186

1. 차이와 대립 189
1) 대립을 넘어선 차이란 무엇인가? 189
2) 우리는 불안을 피하려고 공포를 만든다 192
3) 전투를 사랑하는 자들은 전쟁상태를 거부한다 196
4) 변증법은 가상의 적을 창조한다 202

2. 차이와 욕망 206
1) 욕망은 결핍이 아니라 생산이다 206
2) 의지 철학 속에 숨어든 순응주의를 제거하라! 208

3. 차이와 실험 212
1) '다르게 존재할 수 있도록 허락해 주시겠어요?' 212
2) 영원회귀는 영원히 계속되는 실험이며 유혹이다 215

4. 차이와 개체 220
1) 질문의 방식과 니힐리즘 220
2) 개체나 인격을 포기하는 실험가는 사원으로 가야 할까? 224
3) 원자적이지 않은 개체들, 다수로서의 주체가 존재한다 226
4) 개체는 전제되는 것이 아니라 구성되는 것이다 229

5. 차이와 정치 233
1) 인격 없는 자들에게만 실험은 가능하다 233
2) 자유의지 없는 실험들이 자유롭다 236
3) 소수정치학이란 무엇인가? 241

에필로그: 철학의 종언에서 철학의 영원회귀로 251

후주 268
참고문헌 273
찾아보기 284

프롤로그

> 보라, 그들이 똑같은 가능성을 얼마나
> 다른 방식으로 받아들이고 펼쳐가는가를.
> 그것은 마치 우리가 두 개의 똑같이 생긴 방 사이로
> 각각 다른 두 시간이 지나가는 걸 보는 것과 같다.
> ── 라이너 마리아 릴케, 「자매」, 『신시집』 제2권(1908)

1. 탈근대성과 새로운 차이 개념

현대 철학의 성과들은 다양하게 정리될 수 있지만 가장 중요한 성과 중 하나는 차이 개념을 적극적으로 도입한 것이다. 이 성과는 특히 하이데거, 바타이유, 푸코, 데리다, 들뢰즈와 같은 일군의 탈근대 철학자들에게 돌려질 수 있다. 하버마스는 『현대성의 철학적 담론』에서 이들을 탈근대성의 철학자로 규정하면서 모두 니체의 '후계자들'로 지목했다.[1] 하버마스에 따르면 니체는 탈근대로 진입하는 첫번째 철학자로서, 탈근대 철학자들은 모두 그의 사유를 베이스캠프로 사용하고 있다. 이 철학자들은 예외 없이 니체를 집중적으로 연구하는 시기를 거쳤으며, 니체에 대한 방대한 분량의 저작이나 흥미로운 소논문들을 그 성과물로 발표했다. 그들의 연구는 니체에 대한 주석에 머무르지 않는다. 그들은 자신들의 독창적인 철학을 형성하는 과정에서 니체로부터 많은 영향을 받았으며, 그 영향력은 결코 니체에 대한 인용 횟수로는 표현될 수 없

을 만큼 지대하다. 바로 이런 이유에서, 탈근대 철학에 도입된 차이 개념을 사유하고 차이의 철학을 발전시키는 작업은 니체의 철학에 대한 이해를 통해 효과적으로 진행될 수 있을 것이다.

　탈근대 철학자들은 근대성의 사유가 다양한 종류의 차이를 절대적인 보편성을 통해 억압함으로써 현실적 차이를 지닌 존재들에게 폭력을 행사해왔다고 본다. 따라서 이들은 근대성의 폐해를 극복하기 위해서 차이 개념을 철학에 적극적으로 도입할 것을 주장한다. 물론 근대 철학에도 차이 개념이 존재하지만 이때 차이는 긍정되기보다는 보편성에 포섭되기 위해 부정되거나 대립으로 환원되었다는 것이다. 대표적으로 들뢰즈와 같은 철학자는 근대적 차이 개념이 가장 분명하게 나타나는 철학으로서 헤겔의 변증법을 꼽는다. 변증법에서 모든 사물은 운동을 위해 반드시 대립자를 필요로 하며, 대립이야말로 가장 크고 중요한 차이를 의미한다. 적대관계가 나타나지 않으면 지양(Aufhebung)의 운동이 불가능하기 때문에 운동은 누군가를 적대적 타자로 설정함으로써 시작될 수 있는 것으로 간주된다. 여기서 차이는 절대이념을 실현하는 보편운동의 단계적 과정들을 진행시키기 위한 수단에 불과하다. 그것은 보편적 운동의 특정 단계를 촉진시킨 후에는 반드시 무화되어야 하는 운명을 지닌 것으로 나타난다.

　이러한 변증법 철학의 논리는 서구 역사에서 두 가지 상반된 방식으로 표현되었다. 먼저 변증법은 서구 제국주의의 식민정책을 통해 가장 보수적이고 비윤리적인 방식으로 그 모습을 드러냈다. 변증법적 논리에 의해 식민지 국가의 대중들은 서구 문명과 차이를 지닌 존재로 파악되기보다는 대립적 타자, 즉 문명을 부패시킬지도 모르는 악의 존재로, 따라서 부정되어야 할 존재로 규정되었다. 다른 한편으로 변증법은 자본주의 사회의 모순들을 극복하는 진보적 실천운동에 고유한 논리로 작용하기도 했다. 그러나 모든 것을 혁명 대 반동의 이항대립으로 규정하는 변증법의 단순논리는 결과적으로 현실운동의 과정에서 등장하는 차이들을 억압하고 실천의 힘을 무력화시키는 방식으로 작용하였다는 것이 탈근대 철학자들의 진단이다. 따라서 이들의 비변증법적 기획은 바로 이런 현실에 대한 철학적 대응이다. 근대 유럽제국의 무자비한 폭력적 역사에 대한 지적 반성의 시도로서, 또한 사회적 실천운동 내에서 되풀이되는 억압(여성, 소수인종, 성적 소수자 등에 대한)의 역사를 근절하려는 시도로서 탈근대 철학자들은 이분법과 그에 기반한 변증법을 비판한다.

    그러나 이러한 비판을 위한 탈근대적 차이 개념의 도입과정에서 문제점이 발생하기도 했다. 지구화(globalization)로 표현되는 세계시장체제는 다양한 인종, 다양한 계층의 사람들을 자본주의적으로 착취·포획하기 위해 탈근대적 지배전략을 확립하려는 경향이 있다. 이전과 달리 지배전략 자체가 다양화되고 있는 것이다. 한편으로는 이분법을 통한 타자 배제의 논리가 여전히 지배전략으로 유지되는 영역들과 지역들이 존재하면서도, 다른 한편으로는 근대적 지배전략이 세계시장 논리에 의해 약화·소멸되면서 탈근대적 지배전략에 의해 대체되는 영역들과 지역들이 존재한다. 새로이 등장한 탈근대적 지배전략은 근대성의 산물인 국가, 민족, 인종 등의 배타적 경계를 강화하거나 실체화하기보다는 그것을 해체하고 차이들이나 복수성을 강조하여 상품생산과 시장형성의 논리에 이용하는 경향을 보인다. 다국적 기업에 의해 국민국가의 경계가 모호해지고 다양성의 강조가 가장 중요한 마케팅 전략으로 제기되는 포스트-포디즘적 상황은 이런 탈근대적 지배전략의 위력을 잘 보여준다.

이처럼 근대적 지배전략과 탈근대적 지배전략이 혼재하고 착종되면서 복잡한 지배의 현실을 만들어내는 우리 시대에, 단순히 이분법을 비판하고 동일성 대신 차이를 강조하는 것만으로는 차이의 철학을 실효성 있게 구성하기 힘들다. 더욱이 탈근대적 지배전략이 점점 우세한 경향을 띰에 따라 단순한 차이의 인정이나 강조에 머무는 것은 낡은 권력지형에나 부합했던 실천 이론을 제안함으로써 새로운 실천 이론을 구성하는 데 오히려 한계로 작용한다. 네그리·하트의 지적처럼 차이, 잡종성, 유목과 같이 "탈근대주의자들과 탈식민주의자들에게 소중한 개념들 가운데 많은 것이 자본의 현 이데올로기와 세계시장에 완전히 일치한다".[2] 그러므로 우리를 둘러싼 지배의 복합적 현실을 포착하기 위한 노력 없이 동일성의 논리를 앞세운 근대적 지배전략만 존재하는 듯이 현실을 단순화시키는 것은 차이의 철학이 지닌 전복적 잠재력을 제한하는 것이다. 이런 이유에서 탈근대 철학자들은 단순한 차이의 긍정을 넘어서는 새로운 차이 개념을 모색하고 그것에 입각한 실천 이론을 구성해야 한다. 이를 위해 우리는 적어도 다음의 두 과제를 수행해야만 할 것이다.

1. 차이의 철학은 근대적 지배전략의 주요 형식을 비판해야 한다.
2. 차이의 철학은 새로운 실천 이론을 구성하는 데 필요한 요소들을 검토해야 한다.

2. 차이의 철학으로 들어가는 문

차이의 철학의 두 과제를 수행하기 위해 우리가 선택할 것은 니체의 영원회귀 사상이다. 영원회귀 사상은 니체의 사유로 진입하는 가장 유명하고 친숙한 문인 동시에 오해와 착각으로 얼룩진 문이기도 하다. '동일한 것의 영원회귀'(Die ewige Wiederkehr des Gleichen)로 표현되는 이 사상은 니체의 철학에서 가장 난해한 동시에 가장 핵심적인 것이다. '영원회귀'는 『즐거운 학문』과 『차라투스트라는 이렇게 말했다』 및 유고들에서 등장한다. 니체는 영원회귀를 니힐리즘을 극복할 수 있는 '사유 중의 사유', '차라투스트라의 새로운 노래' 혹은 '위버멘쉬(Übermensch)에 대한 가르침'이라고 표현했다.

니힐리즘의 극복은 생성의 무죄를 증명하려는 니체의 철학적 목표를 실현하기 위해 반드시 요구되는 것이었다. 니힐리즘은 생성을 악한 것으로 간주한 후 이를 증오하고 부정하는 태도를 가리킨다. 생성의 부정은 변화와 생성의 현실을 초월하는 어떤 보편성이나 실체성을 상정하는 방식을 통해 이루어진다. 이와 달리 영원회귀의 사유는 변화와 생성이 세계의 근본적 현실임을 밝히기 위해 어떤 종류의 실체성과 보편성도 거부하며 이를 통해 니힐리즘을 극복한다. 이 사유는 변증법을 비롯한 모든 종류의 이분법과 실체론적 사유에 내재하는 니힐리즘에 대한 비판인 동시에 생성을 긍정하는 새로운 차이 모델을 보여주는 대안적 사유의 면모를 지닌다. 바로 이러한 점에서 영원회귀 사상은 니체가 1883년 초의 한 메모에서 밝힌 자신의 철학적 목표를 실현시킬 최고의 사상이었다.

나는 언제나 생성의 무죄를 증명하려고 애써왔다. …… 인류의 미래와 관계되는 목표들을 추구하기 위해서 말이다. 나의 첫번째 해결책은 현존을 미학적으로 정당화하는 것이었다. 그렇지만 '정당화' 자체가 필요한 것이어서는 안 된다! …… 나의 두번째 해결책은 죄 개념들의 객관적 가치를 부인하고 모든 삶의 주관적인 성격, 필연적으로 불의하고 비논리적인 성격을 통찰하는 것이었다. 나의 세번째 해결책은 모든 목적을 부정하고 인과성의 인식 불가능성을 통찰하는 것이었다(「내 친구들을 향한 연설」, 16 : 314).

이 책에서는 다음의 세 단계로 논의를 구성할 것이다.

1) 니힐리즘과 영원회귀의 문제

영원회귀는 니체에게 있어서 니힐리즘 극복의 최고 정점에 있는 사유이지만, 영원회귀 사상이 등장하기 전부터 그는 이미 니힐리즘의 극복을 위한 다양한 철학적 방법을 모색하였다. 이 시도들은 니체가 생성의 무죄를 입증하기 위한 첫번째 해결책으로 제시한 **'현존의 미학적 정당화'** 와 관련되어 있다. 영원회귀 개념의 영감이 떠올랐던 1881년 이전에 니체는 니힐리즘의 극복을 위한 대안의 하나로 그리스인들의 사유 방식을 연구한다. 그에 따르면 플라톤 철학과 기독교 사상에서 보이는 영원성(Ewigkeit)의 추구는 일종의 니힐리즘이다. 그는 이런 영원성에 대항해 거부하는 방식을 그리스인들의 불멸성(Unsterblichkeit)의 사유에서 찾아내려 한다. 불멸성의 사유는 예술적인 구원을 추구함으로써 니힐리즘을 극복하려고 한다. 이것은 예술적 작품이나 문화적인 공동체를 구성하고 보존하는 방식 안에서 인간의 사멸성(Vergänglichkeit)을 극복하려는 구제의 방식이다. 니체는 이후 이러한 구제가 현존의 정당화에 머무른다는 점에서 니힐리즘을 진정으로 극복하는 방식이 될 수 없음을 깨닫는다. 하지만 실패로 돌아간 이 연구는 니체에게 큰 선물을 남긴다. 연구의 과정에서 영원회귀 사상을 구성하는 중요한 사유들이 준비되었기 때문이다. 따라서 이 책의 1부에서는 니힐리즘을 극복하려는 니체의 최초 시도들을 검토하고 그 시도들에 들어 있는 사유의 별들이 어떻게 영원회귀라는 밝게 빛나는 거대한 성좌를 형성하게 되는지 살펴볼 것이다.

2) 근대적 니힐리즘의 극복

니체는 1881년 이후 편지글과 저작에 등장하는 영원회귀 개념을 철학의 가장 중요한 사유라고 표명한다. 그럼에도 불구하고 니체 특유의 시적 표현과 아포리즘적 서술방식으로 인해 이 개념은 여전히 매우 모호하다. 그러나 니체가 영원회귀 개념을 통해 자신이 제안한 두번째 해결책(죄 개념의 부인)과 세번째 해결책(목적과 인과 개념의 거부)을 완성했다는 점은 분명하다. 죄 개념의 거부는 『도덕의 계보』, 『선악의 저편』 등에서 선/악 개념을 비판하는 과정을 통해 집중적으로 논의되고 있다. 이 논의는 니체의 철학에서 가장 중요한 부분 중 하나지만 이 부분을 다루는 좋은 연구서들은 이미 많이 있다. 그러니 우리가 탄 기차가 정차하지 않는 아름다운 역을 아쉬워하며 지나치는 마음으로 이 논의는 넘어가기로 하자.

    우리가 집중적으로 살펴볼 것은 니힐리즘 극복을 위한 세번째 해결책이다. 인과 개념은 근대 과학의 근본 토대를 이루는 것이다. 니체는 근대 과학을 니힐리즘의 근대적 형식으로 보면서 근대 과학의 논리를 비판한다. 과학주의가 근대 사회와 근대 이론에 미친 영향력을 떠올린다면 인과 부정의 사유를 검토하는 작업은 차이의 철학이 어떤 점에서 근대 철학과 결별하는지를 매우 잘 보여줄 것이다. 그러나 너무 오래되어 살과 붙어버린 중국 여인의 전족처럼 우리는 인과 개념을 칭칭 감고서만 사유의 거리를 보행하는 데 익숙해져버렸다. 따라서 인과 개념의 바깥으로 나가기 위해서 우리는 아주 낯선 환기가 필요할지도 모른다.

바로 이런 이유로 우리는 아주 오랜 세기를 뛰어넘어 인과 개념에 대해 톡특한 사유를 펼쳤던 불교 철학자에게 도움을 요청할 것이다. 그는 인도 철학자 용수이다. 이 책의 2부는 인과적 연기(緣起) 개념을 부정하는 용수의 공(空; sūnyatā, emptiness) 사상을 살펴보고 그와의 비교를 통해 영원회귀 사상이 인과 개념을 거부하고 세계의 상호의존성을 강조하는 사상임을 보여준다. 이 점을 이해하기 위해 주의 깊게 봐야 할 것은 공 사상의 연기론 속에 표현된 인과 부정의 논리이다. 이 논리를 섬세하게 이해하는 사람일수록 아포리즘적이고 문학적인 표현 때문에 신비한 아름다움을 지니고는 있지만 지나치게 불명료하기도 한 영원회귀의 사유에 가까이 접근할 수 있을 것이다. 특히 '찰라론'(刹那論)에 대한 용수의 비판은 영원회귀에 대한 통념적 오해를 제거하고 영원회귀 사상의 실천적 사유에 다가서는 데 결정적 역할을 할 것이다.

3) 탈근대적 니힐리즘의 극복

조금은 낯설고 색다른 사유의 여행을 마친 후에 우리는 다시 우리에게 보다 익숙한 탈근대의 문제로 돌아온다. 3부와 4부에서는 영원회귀에 대한 이해를 바탕으로 앞에서 말한 차이의 철학의 두 가지 과제를 풀어볼 예정이다. 3부에서는 니체 철학의 아이디어를 통해 철학의 새로운 가능성을 탐색하는 여러 철학자들 중에서 특히 들뢰즈의 니체 해석을 검토해볼 것이다. 들뢰즈는 근대적 지배전략인 변증법적 사유를 해체하는 데 니체의 철학을 가장 적극적으로 활용한 사상가이며 동시에 탈근대적 지배전략을 통해 표현된 탈근대적 니힐리즘에 대항하는 차이의 철학의 가능성을 모색하는 데 가장 적극적인 사상가이기도 하다.

차이의 철학의 두 가지 과제를 수행하는 데 들뢰즈가 핵심적으로 사용하는 니체의 개념 역시 영원회귀이다. 그는 영원회귀 개념을 ① **변증법 비판의 전략**으로서, ② **차이 생산의 존재론적 원리**로서 규정한다. 우리는 들뢰즈의 니체 해석을 통해 탈근대적 니힐리즘을 극복할 수 있는 차이의 개념에 좀더 가깝게 다가설 수 있다. 마지막으로 4부에서는 비개체성과 비인격성(비인칭성)과 같은 개념들을 조명함으로써 차이의 정치학의 중요한 특징들을 알아볼 것이다. 이러한 논의를 통해 우리는 탈근대적 니힐리즘이라는 교묘히 위장된 함정을 훌쩍 뛰어넘어 니체가 삶과 글 모두를 통해 열망했던 '능동적 니힐리즘'의 철학, 또는 차이의 철학으로 진입하게 될 것이다.

1부

니힐리즘의 극복과 영원회귀

인식이 시작된다는 첫 징표는 죽고 싶다는 소망이다.
지금의 이 삶은 견딜 수 없어 보이고
다른 삶은 도달불가능해 보인다.
―프란츠 카프카, 「인식의 첫 징표」, 『잠언집』(1953)

picture prologue

| 니체, 사라지는 사람 |

안스 마르쿠스, 「아르얀 에데르벤」(1997)

그리고는 썼다. 하얀 벽에다 썼다.
불의 글씨를. 그리고는 사라졌다.
— 하인리히 하이네, 「벨사살」, 『노래의 책』(1827)

니체가 사랑했던 시인 하이네는 『노래의 책』에서 이렇게 썼다. "어느 한 작가가 우리의 눈앞에서, 모든 독자들이 지켜보는 가운데서 점점 늙어 가는 모습을 보는 것은 서글픈 일이다." 그래서 하이네는 기도하기를,

오 신들이시여! 청컨대 내게 청춘을 남겨주지 마소서. 오히려 청춘의 미덕을, 사심 없는 증오를, 사심 없는 눈물을 남겨주소서! 나를 질투심 때문에 젊은이들에게 호통이나 치는 늙은이로 만들지 마소서. 혹은 아름다웠던 옛 시절 때문에 끊임없이 눈물 흘리는 나약한 비탄가로 만들지도 마소서. …… 젊음을 사랑하는 나머지 늙은 자신의 처지를 모르고 젊은이들이 하는 놀이와 위험에 여전히 한몫 끼려드는 백발 노인이 되게 하지도 마소서! 비록 내 목소리 떨릴지라도 내가 하는 말의 뜻일랑 대담하고 생생하게 남아 있을 수 있다면!

그러나 늙거나 죽는 것이 아니라 사라지는 사람이 있다. 우리는 그의 노년을 목격할 수 없다. 그는 자신의 친구들, 동시대인들, 미래의 독자에 이르기까지 통념과 상식으로 빼곡이 쓰여진 모든 이의 머릿속을 새하얗게 만들어버린다. 그리고는 결코 지울 수 없는 사유와 통증에 가까운 감각을 불의 글씨로 새겨 넣는다. 우리가 정신을 차리고 그가 말한 것을 어렴풋하게 이해하게 될 무렵엔 그곳에 이미 없는 사람, 그렇게 사라지는 사람의 형상에 니체만큼 어울리는 사람이 있을까?
우리는 아무리 노력해도 니체의 노년을 떠올릴 수 없다. 그는 요절한 사상가는 아니다. 그의 마지막 저작은 44세에 쓰여졌다. 그 후 1900년 8월 25일 바이마르에서 56세로 죽기까지 니체는 한 편의 글도 발표하지 못했다. 그는 정신병동을 떠돌면서 뇌연화증으로 말할 수 없는 고통을 받았다. 그가 좋아했던 그리스 신들에게서 늙음과 가혹한 운명 중 하나를 선택하라고

강요받기라도 한 듯이. 시대의 게으른 정신을 찌르고 타인의 완고한 편견들을 산산조각 낸 예민하고 날카로운 그의 사유가 그 자신의 신체를 공격한 결과였는지도 모른다. 생의 마지막 날까지 극심한 질병이라는 가혹한 운명에 대한 보상으로, 그는 글에서나 삶에서나 하이네가 청춘의 미덕이라고 부른 것을 잃지 않을 수 있었다.

니체는 쇠약해졌으나 결코 늙지 않았다. 그의 친구였던 아우구스트 호르네퍼는 그를 마지막으로 방문한 후 이렇게 말했다.

건강할 때의 그의 모습을 찾아볼 수가 없었다. 우리가 본 것은 뇌연화증 마지막 단계에 있는 환자였다. 그런데도 우리가 그와 함께 머물렀던 몇 분의 시간은 내 삶의 가장 소중한 기억이 될 것이다. …… 눈이 풀리고, 몸은 늘어지고, 사지를 비틀면서 아무런 힘도 없이 어린아이처럼 누워 있었지만, 인간 니체로부터 발산되는 마성(魔性)의 기운은 여전했으며, 그의 모습에서는 당당함이 느껴지기도 했는데, 이러한 분위기를 나는 다른 인간에게서는 느껴본 적이 없다.

| 죽음에의 몰입 |

삶이 가장 게으르게 사유하고 가장 나중에 말하고 싶어하는 것이 있다. 바로 죽음이다. 적당히 부지런한 정신은 죽음에 대해 가장 늦게 사유하고자 한다. 하이데거가 말했듯 세상 사람(Das Man)은 모두 스스로에게 속삭인다. '그것은 아주 멀리 있다. 그것은 아직 오지 않았다. 적어도 나에게는 …….' 죽음에 대한 사유는 항상 유예된다. 그러나 가장 위대하고 명랑한 정신은 죽음의 표정을 찬찬히 살핀다.

피테르 브뤼겔, 「죽음의 승리」(1562/부분)

스물 세 살의 니체는 이렇게 적었다. "우리가 겪게 되는 모든 것을 일종의 교육적 요소로 인식하고 그것들의 가치를 평가하는 것 또한 좋은 능력이다." 그는 어린 시절 아버지의 죽음에서 충격을 받았고 그것을 통해서 무언가 배울 수 있었다. 그때 니체의 나이는 다섯 살이었지만 그는 커다란 슬픔을 느꼈다.

다음 해엔 두 살배기 동생 요셉이 죽었다. 니체의 꿈속에서 죽은 아버지가 나타나 어린 아기를 안고 무덤으로 들어간 다음 날의 일이었다. 여섯 살 꼬마였던 그가 정말 그런 꿈을 꾸었는지, 혹은 철들어서의 상상인지 알 수는 없지만 아버지의 죽음이 다른 죽음을 예감하게 할 정도로 강렬하게 니체의 어린 마음을 지배하고 있었음은 분명하다.

니체는 "약간은 도가 지나칠 정도로, 말하자면 열정적으로" 죽음의 경험에 몰입했다. 그는 아버지의 묘비명을 바라보며 철학적 사유에 눈뜨기 시작한 것 같았다. 그 전까지 그는 "오직 기쁨과 행복만을 경험했고, (그의) 삶은 밝은 여름날처럼 부드럽게 흘러갔다"(니체, 「나의 삶」, 1864). 조숙한 소년은 아버지 장례식의 음울함을 희미하게 떠올리는 가운데 공허, 죽음이나 삶의 의미 같은 것들을 사유하면서 성장해갔다.

그러한 점에서 대학 시절, 니체가 쇼펜하우어의 철학에 심취한 것 역시 자연스러운 일이었다. 고전문헌학도인 니체는 고서들로 가득한 낡은 책방을 둘러보기를 좋아했다. 1865년 가을, 열정적인 탐구심과 정확히 명명하기에는 애매한 모종의 경건함을 지니고서 라이프치히 대학 근처의 고서점을 순례하다가 니체는 쇼펜하우어의 책과 운명적으로 만난다. 그것은 두 권으로 된 『의지와 표상으로서의 세계』(1819)였다. 그리고 페이지마다 가득히 흘러 넘치는 십자가, 죽음, 그리고 무덤의 분위기 때문에 니체는 그 책에 매혹되었다.

모두에게 그렇듯 니체에게도 죽음이라는 단어는 씁쓸하고 허무한 느낌을 주었다. 그러나 그는 삶의 모든 거친 질료들을 씹어서 자기 신체의 구성요소가 될 때까지 향유할 줄 아는 건강한 사유자였다. 그는 죽음에서 슬픔이 아닌 기쁨의 요소를 발견한다. 물론 이 기쁨은 사망의 권세를 이기고 신의 곁에 있으리라는 기독교도적인 정조와는 무관하다. 그는 죽음에서 소멸이나 슬픔과는 거리가 먼 신비를 발견한다. 기쁘고 명랑한 죽음이 있으며, 이 죽음을 다른 말로는 생성이라고 부른다. 후일 그는 이런 생성의 기쁨을 찾아가는 사유를 능동적 니힐리즘이라고 표현했다.

모든 세속적인 정신은 죽음에 대한 사유를 회피한다. 죽음에 대한 몰두와 집요한 사유는 종교적이라고 불릴 만한 것이다. 이런 점에서 생성에 대한 니체의 통찰은 분명 종교적이다. 그런데 이 종교성에서는 니체가 살던 풍토와는 다른 토양의 냄새가 난다. 그가 심은 사유의 푸른 식물은 그리스적이거나 심지어 불교적인 토양에서 자라난 듯한 느낌을 준다.

물론 니체는 불교를 정확히 알지 못했고 때때로 비판하기도 했다. 쇼펜하우어의 관점을 통해 불교를 이해했고, 따라서 우파니샤드적인 것과 불교적인 것을 혼동했기 때문이다. 그러나 니체가 불교에 대한 유럽 지성사의 편견을 넘어 불교에 좀더 깊이 다가갈 수 있는 행운을 얻었다면 후기 저작 중 하나의 제목은 달라졌을 것이다. 그는 부정보다는 긍정과 창조를 즐기는 사유자답게 자신의 책을 '안티크리스트'(Antichrist)가 아니라 '네오부디스트'(Neo-Buddhist)라고 불렀을지도 모를 일이다.

| 기억의 활용 |

만물의 죽음과 소멸 앞에서 위대하고 명랑한 정신은 어떻게 무너짐 없이 고귀한 자세를 유지하는가? 젊은 니체는 먼저 예술의 힘에서 이 답을 찾으려고 한다. 그 자신의 비유에 따르면 "마주친 순간 모든 것이 돌로 변한다는 고르고의 눈빛"처럼 강렬한 음악이 필요하다. 그는 음악의 부드러운 황홀경 속에서 인간이 고통스런 자아와 생의 허무함을 망각할 수 있다고 믿는다. 그러나 예술의 힘을 생의 진정제라고 보는 것은 쇼펜하우어의 결론이었다. 후일 니체가 예술을 생의 자극제라고 결론짓게 되기까지 그는 망각과 기억의 문제를 되풀이해 사유한다.

살바도르 달리, 「기억의 고집」(1931)

니체는 1869년 24세의 젊은 나이로 바젤 대학에서 고전문헌학과 강의를 시작한다. 1872년과 1873년 겨울 학기의 수사학 강의에서 그는 고대인의 기억술을 연구한다. 그리스적 전통은 한 마디로 기억 예찬의 전통이라 할 수 있다. 그가 반(反)그리스적 사유자라고 비판했던 소크라테스조차도 기억을 강조했다는 점에 있어서만큼은 그리스적인 인물이었다.

플라톤의 『메논』에 따르면 어느 날 소크라테스는 친구 메논 집에 놀러가 우연히 한 노예 소년과 대화를 나눈다. 소크라테스는 소년에게 독특한 질문들을 함으로써 소년이 수학교육을 받은 적이 없는데도 기하학의 기본 원리인 피타고라스의 정리에 도달할 수 있음을 보여주었다. 그런 뒤에 소크라테스는 우리가 태어나기 전부터 기하학은 물론 우주의 모든 진리를 알고 있는 존재들이라고 결론내린다. 다만 인간은 태어나면서 레테(lethe), 즉

'망각의 강'을 건너오는 바람에 알고 있던 진리들을 몽땅 잊었다는 것이다. 그래서 그리스어로 진리는 '알레테이아'(aletheia)라고 불린다. '아'(a)는 부정접두어이고, '레테'(lethe)는 은폐된 것 혹은 감춰진 것을 나타낸다. 진리는 망각을 넘어서 기억을 되살려내는 것이다.

기억을 사랑하고 기억을 보존하려는 그리스인들의 욕구는 매우 강렬했다. 그들은 공동의 기억을 형성함으로써 죽음에 대항하고 개인적 삶의 덧없는 순간을 잡아두려고 했다. 매순간은 예술적이거나 역사적인 명성을 통해 공동체의 시간 속에 고정될 수 있는 듯 보였다. 그래서 그들은 자신들의 폴리스를, 예술가가 불멸의 작품을 사랑하듯 지키고 보존하려고 했다.

니체는 한동안 불멸의 공동체를 세우려는 그리스인들의 기획에 심취했으나 기억에 대한 지나친 애호가 불러오는 재앙에 대해 금세 알아차렸다. 먼저 기억은 우리의 생각만큼 힘이 세지 않다. 역사는 한 개인뿐만이 아니라 어떤 공동체의 기억도 불멸하지 못한다는 것만을 입증했다. 그리스인들의 폴리스는 물론이고 영원히 영속할 것만 같았던 로마제국조차 붕괴되었다. 불멸에 대한 신념이 확고했던 자들일수록 모든 것이 사라진 후엔 거대한 허무감에 휩싸일 수밖에 없었다.

| 망각의 새로운 활용 |

만일 기막히게 축복받은 행운의 공동체가 있어 그 공동체가 담고 있던 모든 것들이 보존될 수 있다고 하자. 그러나 니체는 잊지 못한다는 사실, 즉 불변하는 기억 자체가 일종의 질병일 수 있다는 결론에 도달한다. 그는 『반시대적 고찰』에서 오래된 기억에 병적으로 집착하는 역사적 성향을 비

조지 투커, 「랜턴」(1977)

판한다. 그것은 이미 늙은 채로 태어나는 영혼들의 것이다. 낡은 잡동사니들을 지하실이나 창고에 소중히 모셔놓고 과거 속에서만 행복해하는 노인처럼, 이런 영혼들은 좀처럼 새로운 것, 낯선 것에 대해 마음을 열지 않는다. 이런 영혼의 소유자들은 전통이나 고향, 민족, 국가만을 사랑할 뿐 그 밖의 새로운 가치의 창조에 대해서는 냉담하다.

니체는 기억에만 집착하는 정신, 달리 말해 보수적이고 복고적인 정신을 혐오하면서 이것이야말로 "가장 독일적"이라고 빈정거렸다. 이런 빈정거림은 당대의 독일인들을 매우 불쾌하게 만들었다. 그러나 니체가 죽은 지 40년도 채 지나지 않아서 게르만 공동체를 인류사 속에서 영원히 보존되는 행운의 공동체로 만들려는 기획, 이른바 국가사회주의의 기획이 역사상

가장 어둡고 저주받은 것으로 드러났다는 사실은 니체의 빈정거림이 얼마나 정확하고 날카로운 것인지를 보여준다.

기억에 집착하는 것은 정신의 컴컴한 카타콤에서 죽은 자들의 창백한 얼굴을 마주하고 썩은 공기만 들이마시는 것과 같다. 기억에 중독된 이들에게 필요한 빛이란 바로 망각 능력이다. 창조적인 사유의 식물들에게는 어느 정도 밝고도 어두운 빛들이 필요한 것이다. 니체는 이미 음악에 대한 통찰을 통해 망각의 기쁨에 대해 알고 있었다.

어쩌면 니체는 그 자신이 즐겨 읽곤 하던 몽테뉴에게서 망각의 기쁨을 배웠는지도 모른다. 『수상록』(1580)에서 몽테뉴는 기억만을 사랑하는 세속의 전통에 반대하며 망각의 가치를 드높이 예찬했다. 그는 "탁월한 기억력은 판단력이 약하다는 징표"라고 주장한다. 한 마리 준마(駿馬)의 힘은 그 말이 적당한 때에 얼마나 정확히 정지할 수 있는가를 봄으로써 가장 잘 알 수 있다. 지나치게 잘 기억한다는 것, 그것은 어디서 멈춰야 할 지 모르고 계속 날뛰는 말과 같다.

몽테뉴는 일생 동안 자신이 나쁜 기억력의 소유자라는 것을 매우 자랑스러워했다. 너무 잘 잊기 때문에 다시 보는 장소와 책들이 늘 신선하고 새로운 맛으로 즐거움을 선사한다는 점을 기뻐했다. 그러나 무엇보다 과거에 받은 모욕이 잘 생각나지 않는다는 점을 가장 좋아했다. 이 슬픔 많고 모욕 많은 세상에 우리가 쉽게 잊을 수조차 없다면!

몽테뉴의 애독자로서 니체는 망각을 위대한 능력으로 찬양한다. 니체는 망각 능력을 갖지 못한 자들을 '원한의 인간'이라고 불렀다. 원한의 인간은 고집스럽게 과거의 기억만을 고수하며 새로운 가치의 생성을 거부하고 방해하는 자이다. 창조하는 자는 언제나 기억의 접힌 주름을 펼치며, 또 다른 주름을 만들어 멋진 소리를 낸다. 아코디언을 연주하는 방랑자 악사처럼.

아직 신앙심이 남아 있던 시절, 매일 밤 잠자리에 들기 전 침대 옆에서 니체가 했던 기도의 내용은 이러했을 것이다. '신이여, 내일도 우리에게 일용할 망각을 주시옵고······.'

1_그리스적 대안과 불멸 사상

1) 니힐리즘의 문제

삶에 대한 유죄선고

구약성서의 「욥기」(3:11~14)에 나오는 다음의 구절만큼 유한한 인간 실존의 상황을 적나라하게 보여주는 예도 없을 것이다. "어찌하여 내가 태중에서 죽지 않았던가? 내가 모태에서 나올 때 숨지지 않았던가? 젖은 왜 있어서 내가 빨았던가? 나 지금 누워 쉬고 있을 터인데. 잠들어 안식을 누리고 있을 터인데. 임금들과 나라의 고관들, 폐허를 제 집으로 지은 자들과 함께 ……." 욥의 탄식에는 고관대작들의 부귀영화가 한갓 폐허로 지은 집에 불과하며 인간은 애초부터 먼지 같은 존재로서 하루해를 넘기지 못하고 부스러져 영원히 사라져간다는 니힐리즘의 감정이 들어 있다. 이러한 니힐리즘을 절감하는 자들은 우리의 실존은 아무런 목적도 없이 생성과 소멸을 거듭할 뿐이며 그 때문에 고통스럽고 비난할 만한 것이라고 결론짓는다. 여기에는 니체가 철학적으로 문제 삼는 실존에 대한 두 가지 견해가 함축되어 있다. 첫번째 견해는 '실존은 허무하다'는 것이고, 그로부터 귀결되는 두번째 견해는 '실존은 유죄'라는 것이다.

우리가 실존에 대한 이런 견해를 받아들이는 한, 영원불변한 본질을 추구하려는 욕망은 인간의 역사 속에서 끊임없이 출현하고 재생산될 수밖에 없다. 사멸하는 인간은 자기 존재의 불안정함에 공포를 느끼면서 안정화의 욕망을 가진다. "변화와 사멸성도 공포의 대상이다. 거기서는 불신으로 가득 차고 나쁜 경험을 한 압박당한 영혼이 표현되고 있다(스피노자의 경우: 정반대되는 유형의 인간은 변화를 자극이라고 헤아릴 것이다)"(「형이상학의 심리학」, 21 : 414). 즉 인간 존재의 피할 수 없는 조건인 변화와 사멸성에 짓눌려 인간은 영원성을, 다시 말해 현상계에 대립하는 이데아의 세계를, 차안을 넘어선 피안을, 자연현상 배후의 법칙을 추구하는 욕망을 갖게 된다. 니체는 영원성을 추구하는 이런 시도들을 '니힐리즘'이라고 부르면서 이것을 오히려 삶을 병들게 하는 주된 요인이라고 비판한다.

영원성, 이데아, 피안의 추구만이 변화와 사멸성이라는 인간 존재의 불가피한 조건 앞에서 취할 수 있는 유일한 반응은 아니다. 니체처럼 변화와 사멸성을 공포가 아니라 하나의 자극으로서 받아들이는 태도도 가능할 것이다. 물론 이런 태도는 서구 역사에서 그다지 주목받지 못하였다. 서구 역사에서 지배적으로 출현한 것은 변화와 사멸성을 나쁜 경험으로, 즉 하나의 압박으로 받아들이는 태도였다.

니체는 니힐리즘이라는 용어를 통해 변화와 사멸성에 대응하는 상이한 종류의 인간 실존의 유형과 그 유형들을 만들어내는 역사적 운동들을 설명하고자 했다. 이 때문에 그가 말하는 니힐리즘에도 두 가지가 있다. 첫번째는 삶의 허무함에 근거해 삶을 평가절하하는 **수동적 니힐리즘**(Der passive Nihilismus)이다.

> **정신력의 하강과 퇴행**으로서의 허무주의 : **수동적 허무주의**(Der passive Nihilismus) : 약함의 징후로서 : 정신력이 지칠 대로 지쳐버리고 고갈되어버릴 수 있다. 그래서 기존 목표나 가치들이 이것에 적합하지 않게 되며, 더 이상 신뢰받지 않는다. …… 원기를 북돋우고, 치료하고, 안정시키고, 마취시키는 모든 것이 종교적, 도덕적, 정치적, 미적 등으로 다양하게 위장하고서 전면에 부각된다(「허무주의 : 정상적 상태」, 20 : 23).

우리가 보통 '허무주의'라고 부르는 것은 수동적 니힐리즘을 말한다.[*] 이것은 사멸하는 모든 것 앞에서 공포를 느끼고 위축된 나머지 영원성을 추구하게 되는 인간의 심리적 상태와 그런 인간 유형을 생산해내는 역사적 운동을 가리킨다.

이러한 허무주의로서의 니힐리즘에서 가장 멀리 떨어진 또 하나의 니힐리즘이 있다. 그것은 **능동적 니힐리즘**(Der aktive Nihilismus)이다. "**상승된 정신력**의 징후로서의 허무주의 : **능동적 허무주의**로서. 이것은 강함의 징후일 수 있다. 정신력은 기존 목표들('확신들'과 신조들)이 그에게 더 이상은 적합하지 않게 될 정도로 증대할 수 있다. …… 이러한 허무주의의 반대는 더 이상 공격하지 않는 지친 허무주의일 것이다."

---

[*] 'Nihilismus'는 일반적으로 '허무주의'로 번역되지만, 이 책에서는 니체 전집 국역본에 의거한 인용문을 제외하고는 '니힐리즘'으로 번역하도록 한다. '허무주의'가 가진 부정적인 뉘앙스는 니체가 사용하는 이 단어의 다중적 의미들을 살려내지 못하기 때문이다.

니힐리즘은 간단히 말하자면 "최고의 가치들이 탈가치화되는 것"이지만 이 탈가치화에 대한 태도는 이중적일 수 있다(「허무주의 : 정상적 상태」, 20 : 22~23).

불완전한 니힐리즘과 완전한 니힐리즘

니힐리즘에 대한 니체의 분류는 수동적 니힐리즘과 능동적 니힐리즘 이외에 염세적 니힐리즘, 완전한 니힐리즘, 불완전한 니힐리즘 등으로 매우 다양하다. 수동적 니힐리즘은 앞서 말했듯, 삶의 허무함에 근거해 삶을 비난하고 평가절하하는 것이다. 이때 비난과 평가절하의 방식은 다시 두 가지로 나뉜다. 삶을 비난하기 위해 신이나 이데아의 세계 등을 동원하는 전통적인 니힐리즘이 있는가 하면, 절대적 신앙이나 가치들이 허구에 불과하였음을 인정하면서 삶의 무가치함으로 인해 정신적 공황상태에 빠지는 **염세적 니힐리즘**이 있다.*

---

* 니체는 염세적 니힐리즘이라는 명칭으로, 우리가 일반적으로 '염세주의' 라고 부르는 감정을 표현하고자 했다. 이것은 생의 "기쁨에 대한 괴로움의 우세"(「염세주의의 허무주의로의 발전」, 20 : 77), 즉 생이 무가치하고 무의미하다고 비판하는 감정으로서 낙관주의의 반대를 의미한다. 그러나 니체 자신의 언급에 따르면 염세주의는 정확한 용어가 아니다. "정말로 명백한 것에 대해서는 파악조차 못하고 있는 것이다. 즉 염세주의는 문제가 아니라 징후에 불과하다는 것에 대해서는, 그 이름이 허무주의에 의해 대체되지 '않으면 안 된다' 는 것에 대해서는"(「염세주의」, 21 : 403). 부분적으로 니체는 염세주의를 니힐리즘과 같은 의미로 사용하기도 한다. "**강함으로서의 염세주의——어디에서?** 그것의 논리가 지니는 에너지 안에서, 아나키즘과 허무주의 그리고 분석론으로서. **몰락으로서의 염세주의——어디에서?** 유약하게 만듦에서, 세계주의적 감지로서, '모든 것을 이해한다' 와 역사주의로서"(「염세주의의 주요 징후들」, 20 : 92). 또는 "삶의 위대한 자극제이자, 삶으로 향하게 하는 위대한 자극제로서의 예술 개념. 그리고 강자의 염세주의, 고전적 염세주의라는 염세주의 개념. 여기서 고전적이라는 말은 역사적 구분이 아니라 심리적 구분으로 사용되었다. 고전적 염세주의의 반대는 낭만적 염세주의다"(「그리스인에 대한 새로운 이해」, 21 : 30~31). 그러나 니체는 니힐리즘(허무주의)이라는 용어를 좀더 선호하는 것이 분명하다. 염세주의보다 허무주의가 좀더 정확한 표현임을 강조하는 구절들이 있기 때문이다(「염세주의와 허무주의」, 21 : 30).

염세적 니힐리즘은 절대적 가치들이 파괴되고 새로운 가치판단의 근거가 부재한 상태에서 발생하곤 한다. 이런 니힐리즘은 "병리적 중간 상태(pathologischer Zwischenzustand)를 표현한다(병리적이란 전혀 **아무런 의미도 없다**고 결론짓는 끔찍한 일반화를 말한다) : 생산적인 힘들이 아직도 충분히 강하지 못해서이건, 데카당스가 아직도 주저하며 머물고 데카당스의 치료책을 아직도 고안하지 못해서이건 간에"(「허무주의 : 정상적 상태」, 20 : 23). 니체는 이러한 수동적 니힐리즘과 그것의 한 종류인 염세적 니힐리즘 모두를 **'불완전한 니힐리즘'**(unvollständiger Nihilismus)으로 명명한다.

불완전한 니힐리즘은 "우리가 그 한가운데 살고" 있는 것으로서 "가치의 전환 없이 '허무주의'로부터 벗어나려는 시도"에 불과하다. 이 때문에 해방이 아니라 "그 반대의 것을 산출하고 문제를 첨예화시킨다"(「불완전한 허무주의」, 20 : 167). 수동적 니힐리즘이 불완전한 니힐리즘이라면 능동적 니힐리즘은 전통적인 절대가치가 무의미함을 적극 인정하며 기존의 가치를 철저히 파괴한 후 삶의 긍정적인 가치를 생산하려는 운동이라는 점에서 **'완전한 니힐리즘'**(vollkommener Nihilismus)으로 불린다. 완전한 니힐리즘은 "허무주의를 이미 자신의 내부에서 끝까지 체험해본 자"들에게만 주어지는 것으로서 "허무주의를 자신의 뒤에, 자신의 밑에, 자신의 밖에 두는" 것이다(「서론」, 20 : 518~519). 절대가치의 무가치함을 직시하지 않고 적당한 철학적 타협책을 찾는 이들은 이를 결코 체험할 수 없다. 니힐리즘을 철저히 겪은 후에만 새로운 가치의 필요성을 절감할 수 있다는 점에서 완전한 니힐리즘은 **"극단적 니힐리즘"**(radikaler Nihilismus)(「계획」, 20 : 281)이라고 할 수 있다.

니힐리즘이라는 용어에 대한 니체의 다양하고 세부적인 규정은 니체의 철학에서 니힐리즘이 얼마나 중요하고 핵심적인 문제인지를 보여 준다.[1] 그의 가장 중요한 철학적 목표는 "니힐리즘의 자기극복"(「허무주의의 도래」, 20 : 92)이다. 그에게 니힐리즘의 자기극복은 수동적 니힐리즘의 운동을 거부하고 능동적 니힐리즘의 운동을 촉진함으로써 니힐리즘을 완성하는 과정, 즉 완전한 니힐리즘을 성취하는 과정이다. 여기서 그는 두 가지 계획을 세우고 있는 듯 보인다.

(1) 니체는 니힐리즘을 통해 서구 철학사의 지배적 흐름을 형성했던 경향, 즉 생성에 유죄를 선고하는 실존적 태도와 역사적 운동을 규명하는 동시에 비판한다. 그는 "삶의 기술로서의 철학"(「진리를 발견하는 기술로서의 철학」, 20 : 37)을 정립하기를 원하는데, 이를 위해서 니힐리즘은 반드시 극복되어야 할 대상이었다. 그가 말하는 '삶의 기술'이란 생성하고 변화하는 삶을 긍정하는 기술, 즉 "생성의 무죄를 입증"(「내 친구들을 향한 연설」, 16 : 314)하는 기술이다. 니힐리즘은 생성에 유죄를 선고하는 것이므로 니힐리즘의 극복 없이 삶의 기술을 의미하는 새로운 철학의 도래는 불가능한 것이다. 다음과 같은 하이데거의 분석은 니체가 니힐리즘의 극복과 새로운 철학의 도래를 위해 서양 철학사 전체와 대결하고자 했다는 사실을 분명히 드러내 준다.

니체에게 '니힐리즘'이라는 말은 본질적으로 '그 이상의 것'을 의미한다. 니체는 '유럽의 니힐리즘'에 대해서 말하고 있다. 그에게 이 말은 19세기 중엽에 대두한 실증주의와 유럽 전역에 걸친 그것의 전파를 의미하는 것이 아니다. 여기서 '유럽의'란 말은 역사적인 의미를 지니고 있으며, 서구의 역사라고 말할 때의 '서구의'와 동일한 것을 의미한다. 니체가 말하는 '니힐리즘'은 이미 그 이전의 수세기를 철저히 지배했고 그 다음 세기도 규정할 역사적 운동을 의미하는 바, 이러한 역사적 운동은 니체 자신에 의해서 처음으로 인식되었으며 그는 "신은 죽었다"라는 짤막한 명제를 통해 이 운동의 가장 본질적인 성격을 집약적으로 드러냈다.[2)*]

---

* 하이데거는 신의 죽음에 대한 선언에서 니체가 니힐리즘적인 서구 형이상학의 역사 전체를 극복하려고 시도하고 있음을 읽어낸다. 그러나 니체의 시도에 대한 하이데거의 평가는 부정적이다. 하이데거가 보기에 니체의 힘에의 의지 개념은 데카르트적인 인간중심주의를 극단으로까지 밀고 나간 것에 불과하다. 따라서 그는 니체의 형이상학을 전통 형이상학의 완성이자 근대 형이상학의 정점으로 보고 있다. 그에 따르면, 니체와 데카르트 사이에는 "일치가 존재한다. 그것은 진리와 존재에 대해서 근저에 놓여 있는 것은 '기체'(subiectum, 基體)로서의 인간이라는 사실이며, 진리는 확실성을, 존재는 표상되어짐을 의미한다는 것이다." 따라서 니체가 데카르트를 거부하는 것은 "사실은 거부가 아니고, 인간을 '기체'로서 설정하는 것을 (사유를 충동적인 생의 한 기능으로서 생리학적으로 해석함으로써) 철저하게 밀고 나간 것이다"(마르틴 하이데거, 박찬국 옮김, 『니체와 니힐리즘』, 지성의샘, 1996, 291쪽. 니체와 하이데거의 관계에 대해서는 다음을 참조할 것. 박찬국, 「권력에의 의지의 철학과 존재의 철학」, 김상환 외, 『니체가 뒤흔든 철학 100년』, 민음사, 2000, 258~260쪽).

하이데거의 이러한 니체 해석을 비판하고 하이데거에 대항하여 니체를 옹호하는 해석도 충분히 가능하다. 백승영은 하이데거가 폄하했던 야스퍼스의 니체 읽기가 하이데거의 해석보다 정당하다고 평가한다. 그리고 오이겐 핑크로부터 시작되는 니체 철학의 새로운 연구동향은 하이데거의 니체 해석에서 벗어나고 있다는 점을 밝힌다(백승영, 「하이데거의 니체 읽기 : 이해와 오해」, 한국하이데거학회 엮음, 『하이데거와 근대성』, 철학과현실사, 1999, 300~333쪽). 이런 오해를 해명하는 일은 물론 의미가 있다. 그러나 나는 볼프강 뮐러-라우터의 주장이 더 흥미롭게 느껴진다. 그는 이렇게 말한다. "나의 니체 해석은 근본적으로 하이데거의 해석과 모순된 것이다. 그러나 나는 이 때문에 내가 '형이상학의 전복'을 위한 하이데거의 노력에 대립하고 있다고 보지는 않는다. 오히려 이러한 전복의 필연성(하이데거가 준비했던 '다른 시작始作'의 필연성이기도 한)은 일반적으로 평가되는 것보다도 훨씬 큰 정도로 니체의 사유로부터 솟아오른 듯이 보인다"(Wolfgang Müller-Lauter, "Nietzsche's Teachings of Will to Power", *Nietzsche Critical Assessments*, vol.2, eds. Daniel W. Conway, and Peter S. Groff, London : Routledge, 1998, p.205). 하이데거의 철학적 기획에 미친 니체의 영향력이나 양자의 철학적 기획 사이의 친화성을 밝히는 작업들이 하이데거의 오해를 밝히는 작업보다 더 생산적이다. 왜냐하면 그것은 두 철학자 간의 단순한 유사성을 밝히는 것에 머무르지 않고 니체 철학의 새로운 가능성을 열어주기 때문이다.

니힐리즘은 인간 삶의 초월적 가치와 목표가 붕괴해버린 현재 사태를 그대로 기술하는 사실적 용어인 동시에 이 사태를 초래한 경향성을 표현하는 용어이다. 그것은 초월적 가치와 목표 없이는 삶과 생성을 결코 긍정하지 못하는 경향성이다. 그런데 하이데거에 따르면, 니체는 이런 경향성이 단순히 우연히 그리고 국지적으로 표현된 것이 아니라 서구 역사 전체를 관통하는 것이며, 이것의 필연적 결과로서 모든 가치의 붕괴라는 현재 상황이 도출되었다고 진단한다. 니힐리즘이 서구 역사의 근본 운동이기 때문에 니힐리즘과 대결한다는 것은 서구 철학사 전체와의 대결을 의미하는 것일 수밖에 없다는 것이다.

(2) 니체는 니힐리즘이라는 용어를 통해서 근대의 위기상황을 포착·분석하고 그것을 타개해나가고자 한다. 그의 진단에 따르자면 근대는 개인의 고유한 개별성을 부정하고, 문화나 교양이라는 미명 하에 저열한 평균인(Das Mittelmäßigen)의 삶을 강요하는 시대이다. 자본주의적 경제에 종사하는 교육 체계를 통해 개인들에게 "빠른 시간에 돈을 버는 존재가 될 수 있도록 속성 교양"이 요구된다(「우리 교육기관의 미래에 대하여」, 3 : 195). 개인은 기계의 부품으로 간주되고, 학자들은 "가능한 한 일찍 이용할 수 있는 학문적 인간"으로 길러진다(『반시대적 고찰』, 2 : 379).

니체는 이러한 언급을 통해 객관성, 보편성, 합리성을 추구하는 근대의 담론들이 인간의 내면성을 평면적으로 정형화시키고 사회가 이용할 수 있도록 인간을 자본화하는 데 기여했음을 폭로했다.[*] 또한 그는 진보와 발전을 상정하는 근대인의 역사적 교양의식이 역사 속에 목표를 상정하고 현실을 특정한 역사법칙에 꿰맞추는 것에 불과하다고 비판한다. 그가 보기에 평균적 삶을 예찬하고 유기체적 역사의식을 강화하려는 근대의 풍경은 근본적으로 허무(Nihil)하다. 변화하는 다양한 현실을 불변하는 보편성과 목적에 종속시키고 생생한 삶의 사태들을 무시하기 때문이다.

니체의 첫번째 기획은 근본적으로는 두번째 기획에 의해 촉발된 것이다. 근대성은 니힐리즘의 결과이므로 근대성의 극복은 필연적으로 니힐리즘의 극복을 요청한다.

> 한 철학자가 자기 자신에게 가장 먼저 그리고 마지막에도 요구하는 바는 무엇인가? 자기가 사는 시대를 자기 안에서 극복하며 '시대를 초월하는' 것이다. 그렇다면 그가 가장 격렬한 싸움을 벌이는 대상은 무엇인가? 그를 그 시대의 아들이게끔 만드는 것이다. 자! 나는 바그너만큼이나 이 시대의 아들이다. 내가 한 사람의 **데카당**이라는 말이다. 바로 이것이 내가 파악했던 것이고, 바로 이것에 내가 저항했다(『바그너의 경우』, 15 : 11~12).

니체에게 자신의 시대를 규정짓는 말인 '근대'는 데카당스의 시대이며 "자기모순"(『우상의 황혼』, 15 : 182)의 시대로서 하나의 위기국면이다. 따라서 철학자의 근본적인 자기요구이자 가장 최후의 요구를 시대정신의 비판과 극복으로 제시하고 있는 니체로서는 근대성 비판의

---

* 니체의 근대 비판은 『반시대적 고찰』에서 집중적으로 다루어진다. 다음을 참조하라. 김정현, 『니체의 몸철학』, 지성의샘, 1995, 46~47쪽.

기획이 필수적인 것이었다. 그는 '미래 철학의 서곡'이라는 부제를 붙인 자신의 저서 『선악의 저편』(1886)이 "본질적으로 근대성에 대한 비판"을 위한 책이며 "그 비판은 근대 학문, 근대 예술, 심지어는 근대 정치마저도 제외시키지 않"았다고 밝힘으로써 근대성 비판의 중요성을 강조한다(『이 사람을 보라』, 15 : 438~439). 즉 니체에게 근대성 비판은 미래 철학을 건설하기 위한 또 하나의 핵심적 기획인 셈이다.

    니힐리즘을 통해 드러난 니체의 두 가지 문제설정은 다음과 같은 해결 방안들을 요구한다. 먼저 생성을 부정하고 영원성을 추구하는 니힐리즘의 사유를 극복하기 위해선 영원성 추구의 어떤 시도도 거부해야 하는 동시에 생성을 정당화하는 존재론적 개념틀을 구축해야 한다. 다음으로는, 니힐리즘의 시대적 표현인 근대적 니힐리즘을 극복할 수 있는 철학적 프로그램을 마련해야 한다. 이를 위해서는 단순히 니힐리즘에 대한 일반적 분석에 그치지 않고 근대적 니힐리즘이 전개되는 데 가장 결정적으로 기여한 근대적 논리를 구체적으로 분석하고 그 논리와 결별해야 할 것이다. 그리하여 니힐리즘의 사유를 극복하는 새로운 사유의 서식지를 개척해야 한다(니힐리즘의 근대적 형식에 대한 검토와 극복은 3부에서 다루고자 한다). 니체의 두 가지 문제의식이 니힐리즘이라는 하나의 용어 속에서 드러나는 것처럼 니체의 철학적 대안들은 '**영원회귀**'(ewige Wiederkehr)라는 용어 속에 응집해 있다.

플라톤주의적 영원성에 반대하는 새로운 영원성

니체는 니힐리즘의 극복과 완성이 "영원회귀에 대한 가르침"(「원칙들과 미리 말하는 숙고들」, 20 : 9)을 통해 가능하다고 본다. 니힐리즘은 "있는 그대로의 세계에 대한 디오니소스적 긍정(Das dionysische Jasagen)의 형식에 이를 수도 있을 것이다. 세계의 절대적인 회귀와 영원성을 소망하는 데까지 이르는 긍정"(「'긍정'으로 향하는 나의 새로운 길」, 20 : 143)이 바로 영원회귀인 것이다. 이것은 니힐리즘에 대한 새로운 이해방식이다. 니체는 긍정의 새로운 방식으로서의 영원회귀가, 이데아나 신을 동원하여 삶을 부정하는 "형이상학과 종교를 대신" 할 것이라고 주장한다(「계획」, 20 : 13).

그러나 영원성의 추구를 비판하는 니체가 대안적 용어로 '영원회귀'를 사용하는 것은 매우 아이러니하다. 영원회귀라는 개념에는 영원성을 긍정하는 뉘앙스가 있기 때문이다. 이 아이러니는 영원성을 긍정하기도 하고 부정하기도 하는 그의 이중적 태도에서 생겨난다. 그가 철저히 비판하고 부정하는 영원성은 플라톤주의적·기독교적 영원성이다. 이런 영원성은 목적, 본질, 형상처럼 고정불변하는 것을 상정함으로써 기능한다. 그러나 완전히 다른 종류의 영원성이 존재할 수 있다. 그것은 **반(反)플라톤주의적이고 반(反)기독교적인 영원성**이다. 얼핏 보면 니힐리즘의 귀결로 느껴지는 '영원'이라는 단어를 사용해 니힐리즘 극복의 사상을 표현하려는 니체의 대담한 시도가 초기 사상에서부터[*] 등

---

[*] 니체의 철학적 사유 단계는 흔히 이렇게 구분된다. 가장 중요한 구분은 1872~76년경의 '초기' 니체와 1883년 이후의 '성숙한' 니체 간의 구분이다. 초기 작품으로는 『비극의 탄생』(1872)과 『반시대적 고찰』(1873~76) 등이 있고, 후기 작품으로는 『차라투스트라는 이렇게 말했다』(1885)로부터 마지막 작품인 『니체 대 바그너』(1888년에 초고가 완성되었고 1895년에 간행되었다)에 이르는 모든 작품이 포함된다. 이 두 기간 사이에 니체의 '실증주의적'(positivistic) 혹은 '과학적' 시대라고 불리는 기간이 놓여 있는데, 『인간적인, 너무나 인간적인』(1878)에서 정점에 달하는 이 시기는 『즐거운 학문』(1882)에까지 이어진다. 『즐거운 학문』은 이미 『차라투스트라는 이렇게 말했다』를 예견하고 있다(앨런 메길, 정일준·조형준 옮김, 『극단의 예언자들 : 니체, 하이데거, 푸코, 데리다』, 새물결, 1996, 84쪽).

장하는 것은 아니다. 초기에 그는 플라톤주의와 기독교가 추구하는 영원성(Ewigkeit)의 대안 개념으로서 그리스적 **불멸성**(Unsterblichkeit)을 고려한 것으로 보인다. 그러나 그는 곧 니힐리즘을 극복하기 위한 이 사유가 단지 '가상적 구제'라는 한계를 가지고 있으며 부정적 영원성에 대항해 진정한 승리를 거둘 수 없음을 자각한다. 그리고 초기 사유에서는 단편적인 아이디어로만 존재했던 새로운 영원성의 개념을 불멸성의 대안 개념으로 발전시킨다. 이 새로운 영원성 개념은 실스마리아의 위대한 체험* 이후 영원회귀 사상으로 그 전모를 드러낸다. 니체의 후기 저작에는 그가 그리스 철학과 문화에 대해 관심을 가졌던 이유를 짐작케 하는 구절들이 등장한다. 이 구절들을 검토한 후 초기 저작들을 살펴보면 니체 철학 초기의 그리스 철학 연구와 후기의 영원회귀 사상의 연관성이 좀더 분명하게 드러날 것이다.

2) 그리스적 불멸 사상의 특징

표층적 삶과 심층적 삶

니체는 '최후의 인간'(letzte Mensch)**의 시대인 근대를 비판하고 그에 대한 치유책을 마련하기 위해 그리스 철학을 연구한다. 그가 보기에 근대는 본질과 목적의 이상세계를 추구하며 현실세계를 부정하는 플라톤주의의 18~19세기적 형태이다. 니체가 그리스 철학과 문화에 깊은

---

* 1881년 7월 초 실스마리아의 한 산책로에서 니체에게 영원회귀에 대한 구상이 떠올랐다는 일화는 유명하다(정동호,「니체 연보」,『차라투스트라는 이렇게 말했다』, 책세상, 2000, 555쪽).

관심을 가진 것은 그리스 철학과 문화가 플라톤주의의 근원지인 동시에 근대의 세속화된 플라톤주의를 극복할 수 있는 단초들이 발견되는 곳이기 때문이었다. 니체의 관심이 어떤 철학적 문제의식에서 기인한 것이었는지는 초기 저작들보다는 오히려 회고적 성격을 띤 후기 저작들에서 분명하게 드러난다. 최후로 출판된 저작들 중 하나인 『니체 대 바그너』에서 그는 이렇게 말한다.

> 오오, 이 그리스인들! 이들은 **삶**을 이해하고 있었다. 그럴 수 있으려면 표면과 주름과 표피에 용감하게 머무는 일, 가상에 대한 숭배, 형식과 음조와 말과 가상의 올림푸스 전체를 믿는 일이 필요하다! 이런 그리스인들은 표층적(Oberfläche)이었다. 그들이 깊이가 있기 때문이다 …… 대담한 정신이여, 바로 이 점에서 우리는—그리스인이 아닌가? 형식과 음조와 말의 숭배자들? 바로 그래서 **예술가**가 아닌가?(『니체 대 바그너』, 15 : 547~548).*****

니체는 니힐리즘적 사유의 모든 형식을 치유할 수 있는 방법을 그리스인들의 예술가적 성격에서 발견한다. 그리스인들의 예술가적 성격이란 단순히 아름다운 석상들과 웅대한 신전들을 세운 그리스인들의

** '최후의 인간'에 대한 정의는 『차라투스트라는 이렇게 말했다』의 서문에서 가장 분명하게 드러난다. "돌볼 목자는 없고 가축의 무리가 있을 뿐! 모두가 평등하기를 원하며 실제 그렇다. 어느 누구든 자기가 특별하다고 느끼는 사람은 제 발로 정신병원으로 가게 마련이다." 최후의 인간의 시대인 근대는 "자기 자신을 더 이상 경멸할 줄 모르는, 그리하여 경멸스럽기 짝이 없는 자의 시대"이다(『차라투스트라는 이렇게 말했다』, 13 : 24~26).
*** 같은 구절이 『즐거운 학문』(12 : 31)에서도 반복된다.

예술적 안목을 의미하는 것이 아니다.* 니체는 그리스인들이 지닌 '표층성'(Oberflächkeit)을 그들의 진정한 예술가적 기질로서 간주한다. 그가 말하는 표층성이란 무엇인가? 그리스인들은 변화하는 자연과 현실세계를 그대로 받아들이고 이 세계의 배후에 존재하는 어떤 본질의 세계를 상정하지 않았다. 헤르도토스는 페르시아의 신이 영원하고 초월적인 반면 그리스의 신들은 그런 성격을 전혀 가지고 있지 않다고 밝힌 적이 있다.[3] 그리스적 세계에서는 신들조차 영원한 피안의 영역에 깃드는 존재가 아니다.

이처럼 그리스인들이 보여주는 현실세계에 대한 긍정을 니체는 표층성이라고 정의한다. 그가 이러한 긍정을 표층성으로 규정하는 이유는 현실세계 배후에 존재하는 고정된 영원성의 세계를 상정하고 그 대립물로서 현실세계를 하나의 가상(Schein)으로 평가절하하는 심층성의 사유와 그리스인들의 사유를 대비하기 위해서이다. 오랫동안 심층이 있다고 가정되었기 때문에 현실세계 자체를 긍정하는 그리스인들의 사유는 표층성이라는 말로 규정될 수밖에 없는 것이다. 그는 현실을 가상화하며 깊이 숨겨진 이상세계를 추구하는 심층성의 사유를 거부하고 그리스인들의 표층성을 근대인이 획득해야 할 덕목으로 규정한다.

---

* 니체를 일종의 예술 옹호자로 보는 견해는 매우 일반적이다. 이런 견해는 하이데거가 니체 철학을 '예술가-형이상학'(Artisten-Metaphysik)으로 개념화함으로써 널리 퍼졌다. 하버마스는 니체에 대한 하이데거의 해석을 수용하면서 니체가 말라르메나 상징주의자들과 동시대인이었으며, 이 때문에 그의 철학에 동시대적 예술의 경험이 첨가되었다는 점을 강조한다. 나아가 하버마스는 니체가 예술적 현대의 근본경험으로부터 차용한 척도들을 이성의 계기로 인정하지 않고 이성의 타자로서 실체화한다고 비판하고 있다(위르겐 하버마스, 이진우 옮김, 『현대성의 철학적 담론』, 문예출판사, 1994, 126쪽). 이러한 비판은 니체가 언급하는 예술을 근대 이후 분화된 영역의 예술로 간주할 때만 타당성을 가지는 비판이다.

그리스의 표층적 문화가 가진 중요한 특성 중의 하나는 '불멸성의 추구'이다. 불멸성의 추구는 그리스 문화를 지배하는 핵심 원리이며, 그리스인들은 영원성에 대립하여 불멸성을 추구했기 때문에 문화의 표층성을 유지할 수 있었다. **불멸성은 시간 밖에 있는 피안의 세계에서 영원히 존재하는 것이 아니라, "시간 안에서 영속하고 지상과 이 세계에서 죽지 않는" 것을 의미한다.**[4] 그들은 우주가 고정불변하는 영원성을 가졌다고 말하기보다는, 끝없이 변화하며 그 변화를 통해서 불멸한다고 말하기를 즐겼다. 그리스인들은 인간의 유한성과 사멸성에 대해 자각하면서, 끝없이 변화하지만 불멸하는 우주와 올림푸스의 신들처럼 자신들도 불멸할 수 있는 방법을 찾으려고 했다. 불멸성의 추구에는 배후세계나 심층의 형이상학에 대한 어떠한 욕구도 개입하지 않는다. 불멸한다는 것은 다른 곳이 아니라 지금 이곳에서 영속하기를 원하는 것이다. 그들은 이런 의미의 불멸을 추구했기 때문에 표층적일 수 있었다.

그렇다면 사멸하는 존재는 어떻게 불멸성을 획득하는가? 그리스인들은 개개인이 작업이나 행위, 언어 등을 통해서 존재할 가치가 있고 어느 정도 영속할 수 있는 것을 산출할 수 있다는 점에 주목한다. 예술가가 위대한 예술작품 속에서 불멸의 운명을 획득하듯이 개개인들은 위대한 말과 행동을 통해 불멸할 수 있다. 그리스어에서는 예술적 '작업'과 정치적·윤리적 '행위'를 구분하지 않는다. 그리스인들은 어떤 것이 영속할 정도로 지속적이고 기억될 수 있을 정도로 위대하다면 모두 '작품'(erga)이라고 부른다.[5] 이런 점에서 니체는 불멸적인 행위를 통해 현상세계의 표면에 자신의 존재를 조각하려고 하는 그리스인들의 시도를 하나의 예술가적 활동으로 규정하는 것이다. 이와 달리 영원성을 욕구한다는 것은 예술가적 표층성을 버리고 현세적인 표면의 세계 배후에 있다고 가정되는 진정한 세계를 찾아나서는 것이다. 따라서 표층성과 심층성의 대립은 곧 불멸성과 영원성의 대립이다.

예술적 불멸성 대 형이상학적 영원성

니체는 그리스인들의 문화에 이와 같은 대립이 형성된 것은 소크라테스 학파가 등장하면서부터라고 보면서, 영원성을 그리스들인이 만든 가장 반(反)그리스적인 개념이라고 평가한다. "철학자들은 진정 헬레니즘의 데카당들이며, 옛 취향과 고귀한 취향에 적대되는 운동이다. 경기(agonal) 본능에 맞서고, 폴리스에 맞서고, 종족의 가치에 맞서며, 전통적인 것의 권위에 맞서는 운동이다"(『우상의 황혼』, 15 : 199). 그리스인들은 불멸의 명예(Ehrliebe)를 가장 욕망했으며, 이 때문에 폴리스에서의 삶을 가장 중요하게 생각했다. 플라톤은『향연』에서 지혜로운 부인 디오티마의 입을 통해 이러한 그리스인들의 특징을 분명하게 드러낸다. 디오티마는 소크라테스와 에로스에 대해 이야기를 나누는 중에 불멸이야말로 모든 정열과 사랑이 추구하는 것임을 지적한다.

오오 소크라테스, 다른 건 고사하고 사람들의 명예심만이라도 잠깐 생각해 보세요. 내가 지금까지 당신에게 얘기한 것을 기억하지 않는다면 아마 당신은 그 무모함에 놀랄 것입니다. 그들이 유명하게 되고자 하며, **그리하여 불후의 명성을 영구히 쌓아 올리기 위하여** 얼마나 지독한 상태에 있으며 또 이를 위하여 자기의 자녀들을 위하는 경우보다도 얼마나 더 온갖 위험을 무릅쓸 각오가 되어 있으며, 또 얼마든지 돈을 쓰며

고난을 견디며, 심지어는 죽기까지도 하려 하는가를 똑똑히 보세요. 알케스티스가 아드메토스를 위해서 죽은 것이나, 아킬레우스가 파트로클소르를 뒤따라 죽은 것이나, 또 코드로스가 그 아들의 왕위를 확보하기 위해서 죽은 것이, 우리가 지금도 간직하고 있는 **그들의 덕에 대한 불후의 기억**이 남으리라고 그들이 생각하지 않았는데도 있을 수 있었다고 당신은 생각하세요? 어림도 없는 일입니다. 그와 같은 불멸의 공훈과 또한 영광스러운 명성 때문에 모든 사람은 무슨 일이든지 하는 것이요, 또 우수한 사람일수록 더욱 그러하다고 나는 생각합니다. 불멸이야말로 그들이 사랑하는 것이니까요(강조는 인용자).[6]

이 때문에 그리스인들에게 폴리스에 참여하지 못한다는 것은 일종의 사형선고였다. 그들이 노예의 삶을 두려워했던 것은 노예가 고된 노동과 속박에 시달리고 있기 때문이 아니라, 폴리스에 참여할 수 없음으로 인해서 어떤 존재의 흔적도 남기지 못하고 사라질 수밖에 없다는 점 때문이었다.[7] 폴리스의 핵심이 불멸성 추구에 있다는 것은 페리클레스의 유명한 추도사에서도 드러난다. "폴리스는 모든 바다와 땅을 자신들의 모험의 장으로 만든 사람들이 아무런 증언 없이 그대로 사라져 버리지 않도록 보증해 주며, 따라서 그들을 칭찬할 줄 아는 호메로스나 그 밖의 사람들이 필요 없음을 보증해 준다. 행위하는 자들은 시인의 도움 없이도 좋은 행위나 나쁜 행위의 영원한 기념비를 세울 수 있으며 현재나 미래에 찬사를 불러일으킬 수 있다."[8] 『투키디데스』에 실린 이 추도사가 보여주듯이 **폴리스는 말과 행위를 통해서 개인들이 만들어낸 위대한 업적을 보존시키는 일종의 '공동기억장치'이다.** 그리스인들은 폴리스의 지속을 통해서 자신들의 위대한 현존을 보존하려고 한다. 이런 점에서 보면 폴리스는 그 자체로 그리스인들의 예술작품이라고 할 수 있다.

 니체가 그리스적 불멸성을 형이상학적 영원성의 대안으로 제시하고 있다는 점은 투키디데스에 대한 언급에서도 드러난다. 니체는 투키디데스를 플라톤주의의 "가장 근본적인 치유책"을 제시한 사람으로 평가하는데 그것은 투키디데스의 "현실주의자들의 문화"적 성향 때문이다. 니체의 정의에 따르면 현실주의자들의 문화는 '경기적 본능'의 문화이다(『우상의 황혼』, 15 : 199). 불멸성의 추구는 경기적 본능과 분리해서 생각될 수 없다. 니체는 "모든 재능은 싸우면서 만개해야 한다"는 그리스인들의 민중 교훈을 언급한다(「썩어지지 않은 다섯 권의 책에 대한 다섯 개의 머리말」, 3 : 337). 폴리스라는 기억공동체에 영원히 보존될 만큼 가장 명예로운 업적을 남기기 위해서는 경기적 본능이 반드시 필요하다는 것이다. 그리스인들은 이 유희의 경기적 본능을 통해서 자기를 발전시키고, 현존하는 공동체로부터 명예로운 이름을 얻으며, 그 속에서 행복을 느낀다. 니체는 명예와 자신들의 공동체적 삶 이외에 어떤 본질이나 이상에 관심을 두지 않는, 이른바 '표층적인' 그리스인의 문화를 현실주의 문화라고 명명한다.

 이와 같이 그리스인들의 표층성과 투키디데스의 현실주의 문화를 긍정함으로써 니체가 추구한 것은 '예술가-형이상학'(「"비극의 탄생"에 관하여」, 19:142)이다. 예술가-형이상학은 플라톤적 영원성에 대항하여 예술가적 불멸성을 추구함으로써 생성의 무구함에 좀더 가까워지려는 것이다. 즉 예술적 능력을 가진 인간이 변화하는 세계를 '고정화' 시켜서, 무상한 세계를 아름답고 의미 있게 만든다는 뜻이다. 예술적 능력을 통해 인간은 실존의 부정적인 측면을 잊고 죽음의 지배력이 미치지 않는 다른 곳으로 시선을 돌리게 된다. 또한 예술적 능력을 통해 삶의 기쁨을 증대시킴으로써 자신의 실존과 세계를 예술적 현상으로서 정당화한다. 그러나 여기에는 "**여전히** 생성과 고통에 대한 부정적 시각"이 남아 있다.[9] 이런 점에서 예술가-형이상학은 생성의 무구함에 이르기에는 불충분한 방법으로 판명된다.

2_그리스적 대안의 한계와 새로운 모색

1) 생성 철학의 단초들

경기적 본능과 다원적 존재론

예술가-형이상학이 생성의 긍정을 위한 방법으로서 한계를 가짐에도 불구하고 예술가-형이상학에서 니체가 주목하는 특징들은 생성 철학으로의 발전가능성을 보여준다. 그리스인들은 경기적 본능을 통해 불멸하려고 했고 자신들의 공동체를 위대하게 만들려고 했다. 그들은 정치적 공동체를 창조하는 예술가다. 그런데 니체가 예술적 본능의 중요한 특징으로서 주목하는 경기적 본능은 함께 경기하는 동료들의 존재, 즉 다원성(Pluralität)을 전제한다. 이 때문에 예술가-형이상학을 주장하는 니체의 초기 사상에는 이미 다원적 존재론(plurale Ontologie)에 대한 관심이 들어 있다. 후기의 사상에서 니체는 다원적 존재론을 전통적인 형이상학을 극복할 수 있는 진정한 '생성의 철학'(Philosophie des Werdens)으로 발전시켜나간다. 물론 1881년 이전의 논의들은 다원적 존재론의 적극적인 기획보다는 현존재와 세계의 예술적 정당화라는 기획에 더 충실하다.[10] 그러나 그리스인의 특징들로 소개된 경기적 본능과 다원성의 사유는 단순히 불멸성이라는 예술적 정당화의 기획에 국한되는 것이 아니라 반(反)기독교적 영원성을 추구할 수 있는 철학적 단초들을 탐색하는 데 기여한다. 이러한 탐색의 성과들은 후기 철학에서 경기적·다원론적 성격을 띤 생성의 철학인 영원회귀에 대한 사유로서 드러난다.

니체는 그리스적 불멸성을 강조함으로써 근대적 사유의 한계를 비판하고 그 사유의 뿌리가 되는 기독교의 초월주의적 사유를 효과적으로 폭로했다. 그런데 여기서 한 가지 의문이 생겨난다. 니체가 말하는 그토록 위대한 그리스적 본능인 불멸성이 어째서 단지 하나의 타락만을 의미하는 소크라테스 학파의 영원성에 자리를 내줄 수밖에 없었던 것일까? 언제나 타락하고 부패한 본능들은 건강하고 위대한 본능들에 대해 승리를 거두는 것일까? 니체는 불멸성의 추구가 가진 한계점을 지적함으로써 이 물음에 답하고 있다. **불멸성의 추구는 삶의 진정한 구원이라기보다는 단지 "거짓의 천재"**(「힘에의 의지」, 20 : 523)**인 인간의 예술가적 능력에서 비롯된 "가상을 통한 구원(die Erlösung durch den Schein)"**(「내 친구들을 향한 연설」, 16 : 314)**일 뿐이다.**

그리스 철학의 발전 방향에 대한 아렌트의 지적은 이러한 가상적 구제의 문제점을 분명히 보여준다. "관조 또는 명상은 영원한 것의 경험을 서술하는 말이다. 철학자들이 영원한 것을 발견하게 된 것은 아마 이들이 불멸성 또는 영속성을 찾는 시민들의 가능성을 마땅히 의심해 보았기 때문이다. 그리고 이러한 발견의 충격은 불멸성의 모든 추구를 한갓 헛된 것으로 경멸하지 않을 수 없었을 것이다. 이 때문에 그들은 고대 도시국가와 그것에 활력을 불어넣었던 종교에 공식적인 반대 입장을 취했던 것이다. 그러나 영원성의 관심이 불멸성을 향한 다른 모든 열정에 궁극적으로 승리한 것은 철학 사상 때문이 아니다. 로마제국의 멸망은, 죽을 운명의 인간 손에 의해 만들어진 것은 그 어떤 것도 결코 불멸할 수 없다는 것을 분명하게 증명하였다. 서양에서 배타적 종교의 지위를 가지고 개인의 영원한 삶의 복음을 설파하는 기독교에 의해서도 이것은 증명되었다. 이 양자는 모두 지상에서의 불멸성의 추구를 헛되고 불필요한 것으로 만들었다."[11] 불멸을 믿는 것은 영원성을 추구함으로써 삶을 평가절하하고 본질의 이상적 세계로 관심을 돌리는 것을 막기 위한 하나의 가상에 지나지 않는다. 불멸은 하나의 환상일 뿐, 인간 존재와 관련된 모든 것은 다 사멸의 운명을 벗어날 수가 없다.

  이러한 이유로 니체는 예술과 문화의 가상을 통해 삶의 정당화를 시도하려던 초기와 달리, 후기에는 유한한 삶을 구제하는 영원성의 새로운 개념을 적극적으로 모색한다. 그의 새로운 영원성 개념은 비록 완성된 개념의 형태는 아니라 할지라도, 초기 저작에서 이미 고려되고 있다. 1873년에 발표된 「그리스 비극 시대의 철학」에서는 그가 이후 생성의 철학을 형성하는 데 도움이 되었던 사유들이 아이디어의 형태로 나타난다. 이 아이디어들은 그 자체로 하나의 체계를 형성하기에는 단편적이지만, 그럼에도 불구하고 중요한 가치를 지닌다. 『차라투스트라는 이렇게 말했다』의 경우, 생성 철학의 핵심적 사유가 되는 '영원회귀'를 중점적으로 다루기는 하지만 문학적인 서술방식으로 인해 의미가 모호하다. 반면 소크라테스 이전 철학자들에 대한 연구와 같은 초기 작품들에서 니체는 자신의 생각을 직접적인 철학적 어휘로 표현한다. 이 때문에 초기 작품들에 주목하는 것은 그가 이후에 완성할 영원회귀 개념을 보다 정확하게 이해하는 데 많은 도움을 준다. 실제로 니체는 영원회귀 사상이 청년기에 연구했던 그리스 자연철학자 헤라클레이토스의 가르침으로부터 왔다고 고백한다.

> 나는 나 자신을 최초의 비극적 철학자로서 — 말하자면 염세적 철학자에 대한 극단적인 대립이자 대척자로서 이해할 권리가 있다. 나 이전에는 디오니소스적인 것을 이렇게 철학적 파토스로 변형시키지 않았었다. 비극적 지혜가 결여되어 있었던 것이다. 나는 소크라테스 **이전**의 두 세기 간의 위대한 그리스 철학자들에게서 그런 지혜를 찾아보았지만 헛수고였다. 내가 다른 어떤 곳에서보다 그의 곁에서 더 따뜻하고 좋은 기분을 느끼는 헤라클레이토스만큼은 약간의 의문점이 남아 있다. 디오니소스적 철학의 결정적인 면, 즉 **유전과 파괴**에 대한 긍정, 대립과 싸움에 대한 긍정, 생성, '존재' 개념에 대한 극단적인 거부까지. 이런 점에서 나와 그는 그 어떤 경우에서라도 가장 유사하다는 점을 나는 인정하지 않을 수 없다. '영원회귀'에 대한 가르침, 즉 무조건적이고도 무한히 반복되는 만사의 순환에 대한 가르침 차라투스트라의 이 가르침은 결국 헤라클레이토스가 먼저 가르쳤을 수도 **있었으리라**(『이 사람을 보라』, 15 : 393~394).

「그리스 비극 시대의 철학」에서 니체는 디오니소스적 지혜를 찾아보기 위해 탈레스로부터 아낙사고라스에 이르기까지 소크라테스 이전 철학자들의 사상을 검토한다. 이 "디오니소스적 지혜"란 "삶의 영원회귀"(『우상의 황혼』, 15 : 201)를 의미한다. 이 언급대로라면 니체는 새로운 영원성의 지혜를 얻기 위해 그리스 비극 시대의 철학을 연구한 것이다. 그가 디오니소스적 지혜를 찾아내기 전에, 그에게 사멸하는 인간이 니힐리즘에 대응할 수 있는 방식은 두 가지뿐인 것으로 보였다. 첫째는 그리스인들처럼 삶을 긍정하기 위해서 불멸의 가상 뒤로 숨는 것이고, 둘째는 현상을 증오하고 이와 절연된 이상(理想)의 세계 속에서 불변하고 본질적인 삶의 영원성을 가장하는 니힐리즘의 방식을 택하는 것이었다. 그러나 이제 니체는 니힐리즘을 극복하는 제3의 방식으로서 영원불변하는 삶을 원하는 인간의 욕망 자체를 해결하는 길을 제안한다. 정확히 표현하자면, 니체는 이 새로운 길을 제안함으로써 오래되고 고질적인 철학적 문제를 해결이 아니라 해소해버렸다. 다시 말해 그는 영원불변에의 열망을 충족시킬 방법을 제공하는 것이 아니라, 그 열망은 제거되어야 할 것이라는 통찰로 나아간다.

영원불변하는 것에 대한 욕망은 유전(流轉)과 파괴에 대한 두려움에서 비롯된다. 따라서 그 두려움을 제거하고 변화 자체를 긍정하며 기꺼이 받아들일 수 있다면 영원성에 대한 욕망, 안정화되고 고착되려는 욕망은 완전히 사라진다. 그러나 이러한 욕망의 제거를 위해서는 무엇보다도 먼저 유전과 파괴가 허무한 소멸이 아니라는 점이 납득되어야 한다. 유전과 파괴는 생성이다. 그리고 영원한 생성에 대한 긍정만이 유전하고 소멸하는 자연과 삶에서 슬픔과 고통 대신에 평안한 기쁨을 가져다준다. 니체가 헤라클레이토스에 대한 언급*에서 보여준 이 통찰은 이후 그를 계속 생성의 철학에 몰두하게 만든다.

니체가 디오니소스적 지혜를 찾기 위해 중세나 근대의 위대한 철학자들을 제치고 유독 소크라테스 이전 시기 철학자들에 관심을 갖는

까닭은 무엇일까? 그것은 다른 철학자들과 달리 이 고대 철학자들이 지닌 독특한 철학적 성향 때문이다. 니체는 대다수 철학자들이 지닌 성향을 이렇게 지적한다. "철학자들한테서 나타나는 특이성질이 전부 무엇이냐고 내게 묻는가? …… 그들의 역사적 감각의 결여, 생성이라는 생각 자체에 대한 그들의 증오, 그들의 이집트주의가 그 예이다. 어떤 것을 영원이라는 관점에서 탈역사화하면서 그들은 그것을 영예롭게 만들고 있다고 믿는다. 그것을 미라로 만들면서 말이다"(『우상의 황혼』, 15 : 96). 생성에 대한 증오를 지닌 철학적 전통은 플라톤을 통해 서양 철학사에서 위세를 떨칠 강력한 기반을 다진다. 플라톤의 이원론적 철학은 엘레아 학파의 전통을 계승하여 생성의 세계를 철저히 부정한다. 이와 달리 소크라테스 이전 철학자들에게는 생성하는 세계에 대한 모호하지만 다채로운 통찰이 존재한다. 니체는 철학자들의 이집트주의에서 벗어나 있는 철학자로서 헤라클레이토스를 거론한다. "지극히 경의를 표하며 나는 헤라클레이토스라는 이름은 여기서 제외시킨다. …… 존재라는 것이 공허한 허구 중 하나라고 하는 한에서 헤라클레이토스는 영원히 옳다. '가상' 세계가 유일한 세계이다. '참된 세계' 란 단지 가상세계에 덧붙여서 날조된 것일 뿐이다"(『우상의 황혼』, 15 : 98).

---

* 니체는 헤라클레이토스를 거론하면서 불멸 추구의 무상성에 대한 자신의 견해를 직접적으로 표현하기도 한다. "세계가 영원히 진리를 필요로 하는 까닭에 …… 이 세계는 헤라클레이토스를 영원히 필요로 한다. 그러니 그에게 그의 명예가 무슨 상관이란 말인가? 영원히 흘러가버리는 가멸적인 존재들에게서의 명성이! 그는 이렇게 경멸하는 투로 외친다. 그의 명예는 인간들에게 중요하지만 그에게는 중요하지 않다. 인류의 불멸성은 그를 필요로 하지만, 헤라클레이토스 그는 인간의 불멸성을 필요로 하지 않는다. 그가 관조했던 것, 즉 **생성의 법칙과 필연성 속의 유희**에 관한 학설은 이제부터 영원히 관조적으로 파악되어야 한다. 그는 이 위대한 연극의 막을 올렸다"(「그리스 비극 시대의 철학」, 3 : 393).

니체가 소크라테스 이전의 철학을 비판적으로 연구함으로써 얻어낸 생성 긍정의 사유에는 몇 가지 계기가 존재하는 것으로 보인다. 이 계기들을 정리해 보면 다음과 같다.
— 질료적 통일성에 대한 사유(일원론)
— 다수자의 운동에 대한 사유(다원론)
— 두 계기의 결합(다원론=일원론)

질료적 통일성에 대한 사유 : 일원론의 계기

먼저 니체는 만물의 아르케(archē)를 추구한 탈레스에게 관심을 갖는다. 그는 그리스 최초의 철학자인 탈레스의 "만물의 아르케는 물이다"라는 명제가 "만물은 하나다"라는 신비적 직관을 표현하고 있는 것으로 본다(「그리스 비극 시대의 철학」, 3 : 365). 일반적으로 그리스 철학 연구자들은 만물의 아르케에 대한 그리스인들의 질문 속에서 니체가 '기원에의 추구'라고 비판했던 욕망을 발견한다. 예컨대 리지 수전 스테빙은 다음과 같이 말한다. "인간의 정신에는 변화를 꿰뚫고 영속하는 어떤 것을 …… 찾고자 하는 뿌리깊은 하나의 성향이 있는 것 같다. …… 밑에 놓여 있는 하나의 동일성, 하나의 영속하는 기본 물질, 질적인 변화에도 불구하고 보존되는 원질, 그리고 그것에 의해서 그러한 변화가 설명될 수 있게 하는 것에 대한 탐구는 이에서 비롯된다."[12]

따라서 탈레스처럼 불변하는 것을 질료에서 찾든, 플라톤처럼 형상에서 찾든, 그것들은 불변자·동일자를 추구한다는 점에서 한결같이 동일성의 철학이다. 니체는 탈레스의 명제가 사물의 '기원'(Ursprung)에 대해 말한다는 점에서는 종교적이고 미신적이라고 지적한다. 만물은 하나라는 직관은 일차적으로는 "다수성의 영역을 단순화시켜서 유일하게 존립하는 **하나의** 특성, 즉 물의 단순한 전개와 위장으로 격하시키고자 하는 욕망"에 불과하다(「그리스 비극 시대의 철학」, 3 : 375). 이와 같이 만물 속에서 하나의 불변하는 요소만을 찾아내는 철학은 사실상 니체가 가장 혐오하는 동일성의 철학이다. 그러나 동시에 그는 탈레스의 명제에서 색다른 통찰을 발견한다.

 니체는 탈레스의 명제에는 질료의 문제를 완전히 다르게 파악하는 사유방식이 들어 있음을 감지한다. 자신이 부정적으로 평가했던 이 명제에서 니체는 동일성이나 기원의 추구와는 전혀 다른, 심지어 그것과 대립되는 생성 철학의 핵심적 요소를 뽑아낸다. 첫째, "만물의 아르케는 물이다"라는 명제는 사실상 "만물의 실재는 인간이 아니라 물이다"라는 뜻이다. 탈레스가 물을 믿는다는 것은 인간이 아닌 자연을 믿기 시작하였음을 의미한다는 것이다. "그는 적어도 물을 믿는 한, 자연을 믿기 시작한다"(「그리스 비극 시대의 철학」, 3 : 368). 니체의 통찰에 따르면 질료의 도입은 인간학적 환상 없이 세계와 자연을 볼 수 있도록 만들며, 자연세계에서 인간이나 특정한 존재자가 존재론적으로 특권화될 아무런 이유가 없다는 점을 알게 해준다. 둘째, 이 명제가 내포하고 있는 '만물은 하나'라는 믿음에는 불멸하는 일자(一者)에 대한 관심이나 동일성을 향한 욕망이 아니라, 생성의 철학을 추구하려는 욕망이 들어 있다. 탈레스가 '만물은 하나'라고 했을 때 그 '하나'는 동일성과 통일성 속에서 모든 만물의 차이를 환원시키기 위해 전제된 하나가 아니라 오히려 만물의 흐름과 유통(流通)을 위해 철학적으로 요청된 질료적 통일성이다. 니체가 보기에 탈레스는 그러한 흐름과 유통을 위해 질료를 찾아 나선 최초의 그리스 철학자였다.

질료적 통일성에 대한 탈레스의 철학적 고려에는 사물들을 그 자체로 고착화시키려는 의도가 들어 있는 것이 아니다. 거기에는 변화와 운동이라는 불변성을 발견하고, 이를 통해 변화와 운동을 세계 해명의 제1원리로 자리매김하기 위한 시도가 들어있다. 탈레스는 물, 불, 공기, 흙의 네 가지 자연력 중에서도 특별히 사물들 간의 유통과 흐름을 가장 잘 표현할 수 있는 물을 만물의 아르케라고 주장함으로써 변화와 운동을 선호하는 철학적 취향을 드러냈다. 이 철학적 취향에는 두 가지 저항감이 표현되어 있다. 먼저 불변하는 존재가 변화보다 존재론적 우위를 점한다는 사유에 대한 근본적인 저항감이 숨어 있다. 또한 현실에 존재하는 개별 사물들 사이에서 존재론적 위계를 상정하는 일에 대한 저항감이 들어 있다.

탈레스의 철학은 **질료의 무차별적 동일성과 통일성을 전제함으로써 불변하는 본질과 변화하는 현상 간의 존재론적 위계, 그리고 변화하는 사물들 간의 존재론적 위계를 제거하고 변화와 생성을 그 자체로 긍정하는 효과를 발생시킨다.** 질료의 무차별적 동일성은 사물들 간의 불연속적 성격을 해소하고 사물들의 변화를 하나의 연속성을 통해 이해할 수 있게 만든다. 즉 질료의 무차별적 동일성이라는 관점에서 보자면 만물은 하나의 연속체이다. 이 경우 사물들의 변화는 자연스럽고 불가피한 것으로 간주된다. 이런 관점을 받아들이면 우리의 철학적 물음은 완전히 방향을 달리하게 될 것이다. 우리는 이렇게 물어야 한다. "왜 만물이 변화하는가?"가 아니라 "왜 우리는 불변하는 존재가 있다고 믿는가?", 또는 "변화는 진정 가능한가?"가 아니라 "**불변이 정말 가능한가?**"라고. 또한 "도대체 왜 우리는 사물의 변화와 파괴를 두려워하고 죽음의 공포를 느끼는가?"라고. 모든 것이 동등하여 자유롭게 교통하고 침투한다면 사물의 변화와 파괴는 자연스러운 것이며 삶을 덮쳐오는 죽음을 두려워할 이유도 없을 것이기 때문이다.

다수자의 운동에 대한 사유 : 다원론의 계기

소크라테스 이전 철학자들에 대한 니체의 견해들*에서 후기 생성 철학에 기여하는 또 하나의 계기는 헤라클레이토스의 '다수자의 투쟁'이다. 니체는 생성을 다수자들의 투쟁으로 파악하는 헤라클레이토스의 견해를 극찬한다.

> 우리에게 지속적인 것으로 나타나는 특정한 성질들은 한 전사의 순간적 우위만을 표현할 뿐이다. 그러나 투쟁(Krieg)은 이로써 끝나는 것이 아니라, 결투는 영원히 계속된다. 모든 것이 이 분쟁에 따라 생겨나고, 이 분쟁이 바로 영원한 정의를 계시한다. 분쟁은 영원한 법칙에 묶여 있는 엄격하고 통일적인 정의의 지속적 지배라고 고찰한 것은 헬레니즘의 가장 순수한 샘물에서 길어낸 경이로운 표상이다. 오직 한 명의

---

* 니체의 강의록 「플라톤 이전의 철학자들」 제2강에서는 소크라테스 이전의 철학자들을 일곱으로 분류한 후 이들의 철학적 성격에 대해 하나하나 고찰해나간다. 그 분류방식은 다음과 같다. "우리는 탈레스에서 소피스트들과 소크라테스에 이르기까지 일곱 개의 독립된 부류를 갖습니다. 즉 독자적이며 창의적인 철학자들의 출현을 일곱 번 갖습니다. 1) 아낙시만드로스, 2) 헤라클레이토스, 3) 엘레아 학파 철학자들, 4) 피타고라스, 5) 아낙사고라스, 6) 엠페도클레스, 7) 원자론(데모크리토스). 이들을 후계설들을 통해 연결하는 것은 자의적이거나, 전혀 잘못된 일입니다. 그것은 완전히 다른 일곱 가지 세계관입니다. 그들의 접점, 한 사람이 다른 사람에게서 배우는 곳에 통상적으로 그의 본성의 비교적 약한 면이 있습니다"(「플라톤 이전의 철학자들」, 2 : 287~288).

그리스인만이 이 표상을 우주 정당화의 토대로서 재발견할 수 있었다. 그것은 헤시오도스의 불화의 여신 에리스를 세계 원리로 변용시킨 것이다. 그것은 또한 개별적인 그리스인과 그리스 국가의 투기(鬪技) 사상을 체육관과 운동장, 예술인들의 경쟁장, 정당과 도시국가들의 분쟁으로부터 가장 일반적인 것으로 전용한 것이다(「그리스 비극 시대의 철학」, 3 : 380~381).

왜 생성을 위해 다수자의 투쟁을 상정해야 하는 것일까? 변화하고 유전하는 세계의 질료적 동일성에 대한 가정으로도 생성의 세계에 대한 충분한 답변이 되지 않는가? 무차별적 질료의 상정은 생성을 긍정하는 첫번째 단계일 뿐이다. 이 단계에서는 두 가지 사실이 드러난다. **ㄱ) 사물의 소멸은 소모를 의미하는 것이 아니다.** 질료의 차원에서 보자면 사물의 소멸이든 생성이든 양자는 모두 질료의 총합을 보존한다. 이 말은 생성의 가능성이 제한되지 않는다는 뜻이고 이를 달리 표현하자면 생성의 에너지는 무한하다는 것이다. **ㄴ) 사물의 보존은 사물의 파괴보다 우월한 것도 선호할 만한 것도 아니다.** 질료의 차원에서 볼 때 생성은 존재와 동일하다. 무한한 변화 속에서도 질료가 '존재'를 보장해 준다. 따라서 생성은 죄가 아니다.

그런데 이 원리들만으로는 생성의 긍정이 완전히 보장되지는 않는다. 헤라클레이토스에 대한 니체의 언급은 그가 생성을 긍정하기 위해 또 다른 단계의 원리가 필요하다고 생각했다는 것을 보여준다. 니체는 "무규정자에서 특정한 규정자가, 영원한 것에서 사멸하는 것, 즉 시간적인 것이 어떻게 생겨났느냐"는 아낙시만드로스*의 문제제기에 대한 위대한 답변으로서 헤라클레이토스의 견해를 제시한다(「그리스 비극 시대의 철학」, 3 : 376).

아낙시만드로스의 가장 유명한 주장은 생성을 죄의 대가로서 본다는 것이다. 니체는 아낙시만드로스의 단편을 인용한다. "사물들은 그들이 생성되어 나온 바로 그곳으로 필연적으로 소멸한다. 왜냐하면 그들은, 시간의 질서에 따라 벌의 대가를 치러야 하며 그들이 저지른 불의에 대해 심판을 받아야 한다"(「그리스 비극 시대의 철학」, 3 : 371). 사물의 근원인 아페이론(Apeiron)에서 사물들이 생겨난다는 것은 그들이 근원에서 분리되어 나왔다는 것이다. 그것은 우주적 악덕이며 따라서 처벌이 필요하다. 그러므로 아페이론에서 분리된 사물들은 소멸해야만 한다. 생성과 소멸은 악에 대한 벌인 것이다.

ㄴ)의 논의가 보여주듯이 질료의 상정은 이미 생성의 무죄를 설명하는 근거를 제공한다. 그럼에도 불구하고 아낙시만드로스가 생성의 문제에 도덕적 처벌의 논리를 도입하는 이유는 무엇일까? 이러한 도입을 단순히 의인론적 세계관의 오류라고 치부하는 것은 생성의 문제를 풀어나가는 데 있어서 중요한 점을 간과하는 것이다. 아낙시만드로스의 교설에서 우리가 주목해야 하는 것은 질문의 방식이다. 니체가 말했듯이, "만약 영원한 통일성이 도대체 존재한다면, 저 다수성은 어떻게 가능한가?"라는 아낙시만드로스의 물음은 위대하다(「그리스 비극 시대

---

* 아낙시만드로스(기원전 612~545)는 밀레투스 학파의 한 사람으로서 탈레스의 계승자이다. 그는 우주의 탄생을 '아페이론'(무규정자)으로부터 분리되는 과정으로 서술하였다. 아페이론은 '본래 규정되어 있지 않음', '한계가 없음'을 뜻하는 데서 '무한자'를 지시하는 것으로 발전하였다(프리드리히 니체, 이진우 옮김, 『비극적 사유의 탄생』, 문예출판사, 1997, 227~228쪽. 옮긴이 주 참조).

의 철학」, 3 : 375). 그것은 생성, 즉 운동에 대한 의문을 표시하고 있기 때문이다. 아낙시만드로스의 물음을 통해서 **운동을 설명하지 않고서는 생성을 진정으로 긍정할 수 없다**는 점이 드러나는 것이다. 따라서 니체는 이제 생성의 철학을 위한 또 다른 원리, 즉 운동에 대한 설명을 제공해 주는 헤라클레이토스의 철학에 주목한다.

질료들의 영원한 통일성으로부터 운동을 통해 형성되는 다수성을 설명하기 위해, 헤라클레이토스는 '다수적 대립자들의 투쟁'을 고려한다. 생성의 진정한 긍정을 위한 두번째 단계는 차이나는 다수자들이 투쟁한다는 것이다. 왜 질료들의 고요한 정지가 아니라 생성이 존재하는가? 그것은 질료들이 차이를 가지고 서로 대립하고 투쟁하기 때문이다. 헤라클레이토스는 생성을 하나의 불이 여러 갈래의 불꽃으로 나뉘어 스스로를 희롱하며 유희하는 과정으로 본다. "세계는 제우스의 **유희**(Spiel)이며, 또는 물리적으로 표현하자면 불이 자기 자신과 하는 유희이다. 일자는 오직 이런 의미에서만 동시에 다수이다"(「그리스 비극 시대의 철학」, 3 : 384). 여기서 앞서 일자라고 표현했던 질료가 사실은 차이를 가진 질료들, 즉 다수자라는 점이 분명해진다. 헤라클레이토스의 주장대로 "일자는 다자이다". 이런 방식으로 생성의 철학은 일자의 철학이 아닌 다수자의 철학으로 넘어간다. 이는 그리스 철학자로서는 당연한 결론이라고 볼 수 있다. 그리스인들의 경기적 본능은 언제나 다수성을 선호한다. 앞서 인용했듯이, 니체도 헤라클레이토스의 철학이 헤시오도스의 저술에 나타난 경쟁의 여신인 에리스를 세계 원리로 변용시켰다고 설명하고 있다. 생성은 질적 차이를 가진 다수의 질료들이 끊임없이 서로 대립하고 경쟁하는 과정 그 자체이다. 즉 차이나는 것들만이 운동하고 이 운동에는 차이 이외에 다른 종류의 운동인(運動因)이 끼어들지 않는다. 다수자들의 차이는 생성을 보장하며 생성의 철학을 완성시키는 중요한 원리인 것이다.*

두 계기의 마술적 결합 : 다원론은 일원론이다

헤라클레이토스는 다수자들의 차이라는 통찰을 통해 "아낙시만드로스가 감상적으로 평가하여 악의 장소인 동시에 생성의 불의에 대한 회개 장소로 천명하였던 이 세계"를 무구한 세계로 되돌려놓았다. 그는 자신의 "발견으로부터 생성 자체는 결코 악의적이거나 불의일 수 없다는 결론을 도출"하면서 아낙시만드로스의 중요한 문제제기에 설득력 있게 답하였다(『그리스 비극 시대의 철학』, 3 : 396). 그러나 여전히 한 가지 문제가 남는다. 다수자들의 차이와 차이로 인한 대립이 생성을 만들어내는 데 충분하다면, 헤라클레이토스는 왜 일자를 가정하는 것일까? 니체가 긍정했던 영원한 질료의 통일성, 다시 말해 일원론은 무엇 때문에 필요한가? 이에 답하지 않는다면 앞에서 제시한 생성 철학의 첫번째 단계의 원리들은 불필요하게 될 것이다.

헤라클레이토스에 대한 숙고를 통해 니체는 이 문제에 답변한다. 니체는 운동과 생성에 대한 잘못된 대답들, 이른바 비(非)헤라클레이토스적 해결책들로서 본질적인 다수성의 세계를 상정하는 견해들을 비판

---

* 이런 측면에서 들뢰즈는 니체의 생성 철학에서 다원론(Pluralismus)이 본질적이라고 지적한다. "모든 힘은 어떤 다른 힘과 본질적인 관계 속에 있는 것이다. 힘의 존재는 복수이다. 따라서 힘을 단수로 생각하는 것은 분명 부조리할 것이다"(질 들뢰즈, 이경신 옮김, 『니체와 철학』, 민음사, 1998, 25쪽).

한다. "사물의 본질 속에는 어떤 생성도 존재하지 않고 오직 다수의 진정한, 생성되지 않고 파괴될 수 없는 실재들의 병존만이 있"다는 생각은 "비헤라클레이토스적 해결책이며 잘못된 길이다". 일자는 다수라고 말할 때 이 "다수의 지각가능한 성질들은 영원한 실체들도 우리 감각의 환상들도 아니다(아낙사고라스는 훗날 전자로서 생각하며, 파르메니데스는 후자로서 생각한다). 그것들은 영속적인 독단적 존재도 아니며 인간의 머리 속에서 변하는 덧없는 가상도 아니다"(「그리스 비극 시대의 철학」, 3 : 383).

니체는 비헤라클레이토스적인 해결책 중 전자의 견해에서 차이를 고정시키려는 시도를 발견한다. 그가 보기에 차이는 다수자를 변별할 수 있게 하는 변별적 요인인 동시에 생성의 운동을 만들어내는 발생적 요인이다. 그러나 비헤라클레이토스적 견해들이 주장하듯이 차이가 고정된다면 그것은 다수자의 변별적 요인일 수는 있어도 생성의 운동을 만들어내는 발생적 요인이 될 수가 없다. 운동과 생성을 중시하는 사유는 고정된 모든 것을 거부한다. 그것이 차이일지라도 말이다.

차이가 고정되어서는 안 된다는 점은 데모크리토스의 원자론을 통해 보다 쉽게 이해될 수 있다. 원자론에서 원자와 허공은 세계의 두 원리이다. 허공은 원자들을 서로 분리시킴으로써 원자들의 차이를 만들어내는 변별적 요소이다.[13] 만일 원자들 사이의 차이(허공)가 변화하지 않고 고정된다면 원자들의 충돌과 운동은 불가능하다. 차이가 고정되는 순간 차이는 운동의 발생적 요인이기를 멈추는 것이다. 원자론이 허공을 고정시키지 않듯이 **운동과 생성을 진정으로 긍정하는 철학들은 차이를 고정시키지 않는다.**

"일자가 다수자"라고 표현했던 헤라클레이토스의 명제에서 니체가 발견했던 위대성은 바로 차이의 비고정성에 있다. 헤라클레이토스의 명제에는 "만물은 하나"라는 신비적 직관에서 비롯된 탈레스의 일원론적 명제를 보존하는 동시에 그것을 진정한 생성의 철학으로 만드는 통찰이 들어 있다. 헤라클레이토스의 사상은 다원론과 일원론의 결합이다.* 만물이 하나라는 사상은 다수자들이 지닌 차이의 고정성을 방해하고 다수자들 간의 영원한 흐름과 운동을 보장한다. 질료적 흐름을 통해 다수자의 차이가 끊임없이 지워지고 생겨날 때, 즉 차이조차도 차이를 형성할 때, 바로 그때에만 영원한 생성이 가능하기 때문이다. 여기서 차이의 고정화를 막고 차이의 차이, 다시 말해 차이의 운동을 산출하는 것은 질료의 영원한 통일성이다.

2) 영원성의 새로운 지평

영원회귀의 윤리적 함축

다수자들에 대한 숙고를 통해서 도입된 '차이'와, 일자로서 질료의 영원한 통일성이 보장하는 '차이의 운동'을 통해서 생성의 철학은 완전해진다. 이와 같은 원리들은 니체의 초기 철학에서는 단지 소크라테스 이전 철학자들에 대한 논평과 감탄의 형식으로 파편화된 채 부분적으로

---

* 생성의 철학에서 일원론과 다원론의 만남이 가지는 의의에 대해서는 들뢰즈·가타리도 이미 지적한 바 있다. 그들은 모든 이원론을 거쳐서 생성 철학이 도달해야 할 것에 대해 다음과 같이 표현했다. 그것은 "우리 모두가 찾고 있던 마술적인 공식, 즉 **다원론=일원론이라는 공식**"이다(질 들뢰즈·펠릭스 가타리, 이진경·권혜원 옮김, 『천의 고원』I, 연구공간 수유+너머, 2000, 26쪽; 김재인 옮김, 『천 개의 고원』, 새물결, 2001, 46쪽).

제시되었다. 그렇지만 니체의 후기 작품들에서는 새로운 개념이 창안된다. 니체 철학의 개념적 결정(結晶)이라고 할 수 있는 '힘에의 의지'(Wille zur Macht)와 '영원회귀'가 그것이다. 이 두 개념들은 초기의 단편들에 드러난 문제의식이 정교화된 것이다.

'힘에의 의지'에서 '힘'(Macht)은 헤라클레이토스의 불처럼 하나이면서 다수적인 질료들의 차이에 대한 니체 식의 표현이다. '의지'는 다수적인 힘들이 서로 관계를 맺으며 새로운 다수의 힘들을 산출하는 과정을 끊임없이 가능하게 하는 차이의 운동을 표현하기 위한 것이다. 그리고 차이와 차이의 운동이 만들어내는 끊임없는 생산, 혹은 생성을 포착하려는 사유가 바로 영원회귀이다. 이 점에서 '힘에의 의지'와 '영원회귀'는 동일한 목적을 갖는다.

영원회귀 개념에는 힘에의 의지가 지닌 존재론적 함축과 더불어 윤리적 함축이 강조되어 있다. 영원회귀는 생성의 영원한 회귀를 의미한다. '영원회귀'에서 윤리학적 함축을 지니는 표현은 바로 '영원'이다. 니체는 생성의 끊임없는 운동에 '영원성'을 삽입함으로써 영원성을 통해 열리는 윤리적 지평을 우리에게 보여준다. 그는 영원회귀에 대해 말할 때면 늘 생성의 무구함에 대해서도 함께 언급한다. 우리는 생성의 무구함을 받아들임으로써 어떤 특정한 윤리적 태도를 획득하는 것이다. 먼저 영원회귀의 '영원'은, 영원한 것은 인간이 아니라 생성이라는 점을 환기시킨다. 생성을 통해 영원성을 파악하는 사유는 불멸성을 추구하는 인간적 지평을 지워버린다. 우리는 생성의 영원성을 받아들임으로써 더 이상 가상적인 불멸성의 욕구에 호소할 필요가 없게 된다. 바로 이 순간, 우리는 진정으로 니힐리즘을 극복한다.

생성의 무구함을 받아들인다는 것은 무엇을 의미하는가? 그것은 사멸하는 순간이 무구한 순간이며 결코 고통스럽거나 슬픔을 주는 순간, 즉 허무한 순간이 아님을 받아들인다는 것이다. 사멸이 고통과 공포의 정서를 촉발시키는 것은 우리가 생성의 한 순간을 특화시킴으로써 잇따르는 생성의 순간을 부정할 때 발생한다. 니체는 다음과 같이 말한다. "죽음이 삶에 대립되는 것이라고 말하는 것을 경계하자. 삶은 죽음의 한 형태일 뿐이며, 그것도 매우 희귀한 형태이다"(『즐거운 학문』, 12 : 185). 생성을 인정한다는 것은 이와 같은 것이다. "삶의 가장 낯설고 가장 가혹한 문제들에 직면해서도 삶 자체를 긍정한다. 자신의 최상의 모습을 **희생시키면서** 제 고유의 무한성에 환희를 느끼는 삶에의 의지 ─ **이것을** 나는 디오니소스적이라고 불렀다. …… 오히려 공포와 동정을 넘어서 **파괴 시의 기쁨**도 포함하고 있는 생성에 대한 영원한 기쁨 그 **자체**이기 위해서이다(『이 사람을 보라』, 15 : 393). 생성의 철학에는 소멸하는 슬픔에 대한 위로 대신에 사물과 자신의 소멸을 철저하게 긍정하는 용기가 존재한다.

니체는 이미 청년기부터 이 냉정한 용기를 사랑했다. 이런 사실은 첫번째 작품인 『비극의 탄생』이 집필되기 전인 1860년대 후반에 이루어진 고대 그리스 철학에 대한 문헌학적 연구들에서도 분명히 드러난다. 그는 특히 데모크리토스의 원자론이 보여주는 윤리적 가치를 높이 평가하는데, 그 이유는 원자론이 종교나 신화, 심지어 이전의 철학이 주는 어떤 위로도 주지 않는다는 데 있다. "원자론자들이 처음이자 마지막으로 목표했던 것은 바로 '위로로부터의 구제'(redemption from solace)였다. 그리고 그것은 니체가 원자론에서 느꼈던 매력의 원천이다."[14] 그는 데모크리토스의 철학에 시적 비약(dichterischer Schwung)이 있다고 표현하면서 이 고대 철학자의 견해에 강한 공감을 표시한다. 데모크리토스의 윤리적 전망에서 보면 죽음은 원자들이 뿔뿔이 흩어지는 것일 뿐이다. 여기서 공허한 공포를 보는 것은 삶에 대한 사랑, 즉 운명애(Amor fati)가 아니다. 니체는 죽음의 공포를 느끼며 죽음으로부터 삶을 특화시키는 시도는 운명애가 아니라 삶에 대한 아부라고 말한다.*

그럼에도 우리가 여전히 세계와 우리 자신의 변화에서 공포를 느끼는 이유는 우리들이 목적, 질서, 본질 같은 허구적 개념들에 사로잡혀 끊임없이 니힐리즘을 유발시키는 물음을 되묻기 때문이다. "무슨 목적으로?(Wozu?)라는 허무주의의 물음은 목표란 외부로부터 설정되고, 외부에서 부여되며 요구되는 것처럼 ─ **인간을 넘어서 있는 어떤 권위에 의한 것으로** ─ 여기는 기존 습관에서 나온다"(「'무슨 목적으로?' 라는 허무주의의 물음」, 20 : 28). 이것은 생성하는 세계와 변화하는 삶 외부에 존재하는 어떤 권위인 목적이나 목표를 상정하지 않는 한, 니힐리즘적인 물음은 결코 성립하지 않는다는 뜻이다. 따라서 생성을 긍정하고 니힐리즘을 극복하려는 철학은 어떤 종류의 목적론도 거부하게 된다.**

반유기체적 일원론과 n-1개의 다원론

목적론을 상정하는 사유는 우리가 의식하지도 못한 사이 우리 사유를 침범한다. 생성의 철학이 일원론적 사유를 도입할 때도 목적론의 침투

---

* 이런 식으로 생에 대한 사랑인 운명애를 해석할 수 있는 것은 니체의 생 개념이 무생물의 대립자인 생명체 개념과 다르기 때문이다. 니체에게 "생명이란 다양한 투쟁자가 서로 동등하지 않게 성장하는 힘의 확립과정의 지속적인 형식"(「힘」, 18 : 371)일 뿐이다.

가 종종 발생한다. 만물은 하나라는 일원론이 우주 만물이 하나의 생명체, 유기체라는 의미로 오해되는 것이다. 그러나 니체는 만물이 하나라는 사유는 우주가 하나의 생명체, 유기체라는 사유와는 절대적인 차이를 갖는다고 주장한다. 유기체 개념에는 하나의 전체가 특정한 목적을 향해 나아가거나 본질을 실현한다는 사유가 내재해 있기 때문이다.

이와 달리 질료적인 일자에는 어떤 목적, 질서, 본질도 존재하지 않는다. 질료들의 운동을 촉발하는 원인이나 질료들이 운동을 통해서 도달하고자 하는 목적이나 본질은 없다. 그럼에도 불구하고 우리가 굳이 목적, 질서, 본질을 상정하고자 한다면 그것들은 운동의 원인이나 도달점이라기보다는 질료들의 다양한 운동의 결과이다. 우주는 "질서, 조직 구조, 형식, 미, 지혜, 그밖에 우리가 심미적 인간성이라고 부르는

** 이 점은 니힐리즘에 대한 하이데거의 언급에서 분명하게 드러난다. 니체가 말하는 니힐리즘의 기원에는 세 가지가 있다. ① 의미-목표-목적에 대한 추구, ② 모든 사건에 있어서 하나의 '통일'의 정립, 참된 세계에 대한 신앙, ③ 추정된 참된 세계의 몰락과 그 결과로서 오직 현실적인 것 안에서만 존재한다는 당혹감. 이 기원들은 역사학적 유래를 분석한 결과가 아니라 니힐리즘이 "생성될 수 있고 존재할 수 있는 본질 조건들"을 분석한 결과이다. 이 분석에 따르면 먼저 니힐리즘은 우리가 의미나 목표, 목적을 추구하지만 변화하는 현실세계에서 그것을 찾을 수 없다는 사실을 깨닫고 환멸을 느낄 경우 발생한다. 둘째, 모든 사건들의 근저에는 전체성과 체계화, 조직화가 존재한다는 것, 즉 일종의 통일성이 존재하기를 희망할 때 니힐리즘은 발생한다. 통일성을 추구하는 자는 "생성은 무목적적이고 무의미한 것"이며 "그 자체에 있어서 무게를 갖지 못"하고 "비현실적인 것"이라고 생각한다. 그리하여 인간의 고유한 가치를 확보하기 위해서는 가변성을 지닌 것이어서 비현실적이고 가상적이라고 여겨지는 생성의 세계 위에 "어떠한 변천과 결여 그리고 기만에 의해서도 저촉되지 않는 상주(常住)하는 것이 존재하는 '참된 세계'가 정립되어야 한다"고 믿는 것이다. 셋째, 피안적인 참된 세계가 단지 변화·생성하는 차안적 세계의 무상성을 견디기 위한 심리적 제욕구에 의해 구축된 것에 불과하다는 사실이 드러날 경우 니힐리즘이 발생한다. 형이상학적 세계에 대한 불신과 더불어 생성의 세계가 유일한 현실이라는 깨달음을 동반하는 이러한 니힐리즘은 "일종의 독특한 중간상태"라고 할 수 있다. 이 상태는 "단순히 현실적인 것이 무가치하다는 느낌"이 아니고 "유일하게 현실적인 것 안에서 어쩔 줄 모르고 당혹해하는" 상태이다. 이 상태를 극복할 수 있는 가능성에 대한 통찰은 아직 결여되어 있다(하이데거, 『니체와 니힐리즘』, 86~92쪽).

모든 것이 결여되어 있다는 의미에서" 혼돈이며 거기에는 아무런 목적, 본질, 질서가 들어 있지 않다(『즐거운 학문』, 12 : 184).

우리가 일원론에서 목적과 본질, 질서라는 일자의 전체주의를 제거하고 나면 일원론에는 생성의 장(場)으로서 무한히 펼쳐지는 질료들만이 남는다.* 무차별적 질료는 일자이지만 이 일자는 작용과 분리된 어떤 '존재'가 아니라 작용 그 자체이다. 니체는 현실성(Realität)에 대한 언급을 통해서 이 점을 강조한다. "현실성의 전체 본질은 단지 작용일 뿐이며 현실에는 다른 어떤 종류의 존재도 있지 않다고 말해야 한다"(「그리스 비극 시대의 철학」, 3 : 379).

그러나 목적론의 위협은 일원론에만 내재한 것이 아니다. 다원론에도 목적론은 빈번하게 침입한다. n개의 다수자를 상정하는 것만으로는 진정한 다원론에 도달할 수 없다. 다원론에도 초월적 일자가 쉽게 개입할 수 있기 때문이다. 만일 다수자들 사이에 그 다수자들을 지배하는 목적이나 법칙이 존재한다면, 혹은 다수자의 발생에 있어서 이미 발생의 과정이 미리 설정되어 있거나 다수자의 목적, 본질 등이 이미 수립되어 있다면 그것은 거짓된 다원론이라고 할 수 있다. 이런 점에서 진정한 다원론, 진정한 n개의 다원론은 목적, 본질, 법칙 등 어떤 종류

---

* 이러한 종류의 일원론적 일자를 지칭하기 위해서 들뢰즈·가타리는 '일관성의 평면(구도)' (plan de consistance)이라는 개념을 사용한다. 그들은 이것을 '내재성의 장'(champ d'immanence) 혹은 '기관없는 신체'(le corps sans organes)라고 표현하기도 한다(들뢰즈·가타리, 『천의 고원』 I, 8쪽; 『천 개의 고원』, 13쪽). 그들이 '일관성의 평면'을 한마디로 정의하고 있지는 않다. 그러나 그 용법을 통해 '일관성의 평면'이란 복수적인 것들이 무한히 융합하는 장이며 "어떤 신도 존재하지 않는 질료(Matière)"가 펼쳐진 평면임이 드러난다. 이 질료들이 또 다른 생성으로의 이행을 가능케 하는 일관성과 지속성을 갖는다는 의미에서 그것은 일관성의 구도라고 불린다.

의 초월적 일자도 제거한 n개, 즉 n-1개의 다원론이다.**

이러한 점에 주목할 때 우리는 니체가 그리스인들의 도편추방제(Ostrakismos)를 극찬했던 이유를 알 수 있다. 그리스인들은 최강자가 출현하면 그를 추방했다. 독보적으로 뛰어난 개인은 다수적 힘들의 경쟁을 방해하기 때문이다. "이 특별한 제도의 본래적 의미는 조절 장치의 의미라기보다는 자극 수단의 의미이다. 사람들은 힘들의 경쟁이 되살아날 수 있도록 뛰어난 개인을 제거한다"(「쒸어지지 않은 다섯 권의 책에 대한 다섯 개의 머리말」, 3 : 337). 도편추방제는 그리스인들의 경기적 본능을 지속적으로 보장하는 정치 제도이다. 독점은 다수자의 대립과 투쟁을 불가능하게 한다는 그리스인들의 통찰은 불멸을 추구하는 예술가-형이상학의 기획에 국한되지 않고 니체의 생성철학적 기획에도 흡수되는 것이다. 존재론에서 **초월적이고 중심화된 일자를 제거하는 공식, n-1은 존재론에서의 도편추방제이다.**

존재론에서의 도편추방제는 '다원론=일원론'의 공식을 만들어낸다. 왜냐하면 다수자들이 어떤 고정된 본질과 목적도 가지고 있지 않다면 다수자들의 다수성은 끊임없이 지워지며 새로운 운동의 흐름을 형성하는 일자로서 존재하게 되기 때문이다. 이와 같이 존재론에 도편추방제를 도입함으로써 존재자들은 탈중심화되어 평등성을 획득한다. 이런 평등성을 통해 우리는 특정한 사물이나 특정한 생성의 순간을 특화하는 태도를 제거하고 소멸에 대한 공포에서 벗어날 수 있다.

** "리좀은 주체도 대상도 없이 n차원의 선형적 다양성을 구성하는데, 그 다양성은 일관성의 평면 위에 수립되며 그로부터 언제나 일자가 감해지는 다양성(n-1)이다(들뢰즈·가타리, 『천의 고원』 I, 27쪽 ; 『천 개의 고원』, 47쪽).

3) 생성과 차이의 철학

게으른 영원성은 어떻게 극복되는가?

생성의 철학을 통해 우리는 안정화의 욕구를 제거함으로써 불멸에 대한 욕망을 버리게 된다. 예술가적 불멸을 꿈꾸는 것은 영원성을 거짓으로 흉내내는 시도이다. 그것은 모리스 블랑쇼의 말을 빌린다면 일종의 "게으른 영원성"이다. 이런 시도의 문제점은 게으를 뿐만 아니라 허약하다는 데 있다. 우리는 인간과 인간의 생산물들이 사멸할 수밖에 없는 운명임을 안간힘을 다해 망각할 때만 불멸성을 성취할 수 있다. 그러나 이러한 망각 너머로 유한함의 정조가 산처럼 덮쳐올 때 우리는 허약한 불멸성을 버리고 다시금 플라톤주의적이고 기독교적인 영원성을 추구하는 니힐리즘에 빠지게 된다.

유한함의 정조는 단지 죽음이나 사멸에 대한 공포의 형태로만 우리에게 덮쳐오는 것이 아니다. 변화하는 우주 앞에서 모든 것을 하나의 체계로 질서화하고, 안정화된 형이상학적 지점을 점유하려는 욕구도 유한자가 느끼는 불안과 공포의 감정에서 생겨난다. 니체는 형이상학 또는 그리스인들의 명예나 불멸성의 추구와는 무관하게 살아가는 듯한 근대인의 삶이 불안과 공포의 정조로부터 결코 자유롭다고 할 수 없다는 것을 강조한다. 무서운 속도로 변화하는 근대 사회 속에서 오히려 근대인들은 역사상 어느 시기의 사람들보다도 강한 불안을 느낀다. 근대인들은 거대화된 사회 조직과 공격적인 타인들이 자신들의 존재를 위협한다고 느끼기 때문에 부지런히 안정화의 지점들을 찾아 나선다. 니체가 보기에 반유태주의와 같은 국민국가적 유니폼, 자연과학적이거나 사회과학적 법칙성, 평균, 통계, 문화산업의 유행들, 그리고 이것들에 대한 근대인들의 광적인 흥분과 선호는 그들에게 내재한 맹목적인 안정화의 욕구를 전제하지 않고는 설명될 수 없는 것들이었다.

니체는 생성을 긍정하는 철학을 통해서 인간 삶에 깊이 정초되어 있는 맹목적 안정화의 욕망을 제거하고 근대를 극복할 수 있는 새로운 윤리적 태도를 창조하고자 한다. 그렇다면 니체가 추구하는 이 새로운 윤리적 태도란 어떤 것인가? 에피쿠로스가 퓌토클레스에게 보낸 편지를 통해 우리는 니체의 윤리학에 대한 중요한 통찰 하나를 얻을 수 있다. 그 편지에서 에피쿠로스는 윤리적 개념들로 마무리하고 있는 마지막 절을 제외하고는 온통 천체의 이론을 다루고 있다.[15] 윤리적 잠언들이 왜 천문대기 현상에 대한 가르침 뒤에 덧붙여지고 있는 것일까? 에피쿠로스의 설명에 따르면 천체 현상들에 대한 몰이해에서 공포가 생기며 그 공포로부터 미신이 생기기 때문이다. 따라서 **윤리학은 공포에서 발생하는 미신을 제거하는 것**으로 이해되어야 한다.

에피쿠로스의 이러한 윤리학적 규정은 윤리학에 대한 니체의 새로운 사유를 가장 잘 표현해 주는 것으로 보인다. 니체는 생성의 긍정을 통해서 공포와 미신을 제거하려 했다. 공포는 왜 제거되어야만 하는가? 그것은 바로 공포가 활동성의 감소를 가져오기 때문이다. 이것은 우리의 일상에서 공포가 어떤 상태를 유발하는지를 떠올린다면 쉽게 이해할 수 있는 것이다. 심한 공포를 느낄 때 우리는 제자리에서 옴짝달싹할 수조차 없다. 우리는 한 발짝도 떼지 못하고 덜덜 떨면서 차폐물이나 안전띠만을 찾아 더듬거린다. 사고도 행동도 정지해버린다. 공포감은 우리의 활동성을 제로로 만들거나 음(−)의 방향으로, 즉 문제를 악화시키는 부적절한 방향으로 나아가게 한다. 공포감에서 벗어날 때만 우리의 활동성은 다시 회복된다.

니체는 철학과 문화의 가장 중요한 목표를 우리의 활동성을 증대시키는 것이라고 보았으며, 활동성의 감소를 가져다주는 공포의 제거를 자신의 윤리학의 첫번째 관제로 삼았다. 그는 생성과 변화 속에 존재하는 "우연, 불확실, 급작스러운 것"에 대한 공포를 줄이는 것을 문화의 발전으로 여긴다. "가장 수준 높은 문화의 징후"는 **"우연과 불확실한 것, 급작스러운 것에서 느끼는 쾌감**이 기분 좋은 자극으로서 발현"되는 것이다. 도덕(moral)과 종교는 우연에 대한 공포에 "굴복하는 특정한 하나의 형식"이라는 점에서 니체가 말하는 윤리학(ethics)에 대립된다(「종교」, 20 : 156). 생성과 변화에 내재한 우연성과 불확실성을 자극으로 받아들여 활동성을 증대시키는 삶의 윤리적 태도는 "더욱 높은 존재 유형"이며 이것은 "도덕과 비도덕이라는 기존의 개념들에 의거해서 '비도덕적'"이라고까지 표현될 수 있다(「'긍정'으로 향하는 나의 새로운 길」, 20 : 143).

이런 니체적인 의미에서 생성의 철학은 근본적으로 윤리학적이다. 생성의 철학은 세계에 가득한 생성활동을 유리창에 비친 것처럼 투명하게 인식케 하는 철학, 즉 생성을 재현하는 철학이 아니다. 생성의 철학은 직접적으로 윤리학과 연결된다. 그것은 공포를 제거함으로써 새로운 방식으로 삶이 창조될 수 있다는 것을 보여주기 때문이다. 철학은 삶을 재현하는 것이 아니라 삶을 지금과 '차이나게' 생성하고 창조하는 것이다. 생성의 철학은 그런 점에서 이전과는 다른 삶의 차이를 끊임없이 생산하는 철학, 이른바 차이의 철학이라고 이름 붙일 수 있다.

영원성과 동양의 내재적 존재론

니체가 고백한 실스마리아에서의 위대한 체험이란 생성을 철저히 긍정함으로써 공포로부터 완전히 해방된 영원성의 체험이다. 이러한 체험은 생성과 차이를 사유하는 철학의 소중한 계기이다. 그러나 이런 체험은 서양의 문화적·철학적 전통에서 볼 때 낯설고 신비한 것이다. 서양에서 우주와 하나되는 체험은 대개 그노시스주의나 카발라주의와 같은 신비주의 종파에서만 찾아볼 수 있는 것으로서 학적인 전통과 다소 거리가 먼 체험이었다. 그러나 이 체험은 동양적 사유에는 학적 전통과 분리된 체험이 아니다. 우리는 빈번히 동양의 저술과 사상 속에서 다양한 방식으로 등장하고 있는 영원성의 체험과 만나게 된다. 하지만 이미 충분히 서양적인 우리에게 동양적 사유는 너무 멀리 있어 영원성의 체험을 학의 전통 속으로 끌어들이는 데 오히려 서양의 학자들보다 더 망설이게 된다.

    이런 점에서 포스트모더니즘의 유행은 우리에게 상반된 두 가지 방향의 영향력을 행사하는 것으로 보인다. 먼저 포스트모더니즘은 초월적 형이상학에 대한 비판을 통해 내재적 존재론에 대한 관심을 환기시킨다. 따라서 내재적 존재론의 구성에 대한 관심을 이끌어내고 내재적 존재론과 근친성을 가진 동양적 사유에 대한 연구 작업들을 이끌어낸다. 그러나 다른 한편으로 포스트모더니즘은 메타서사를 어리석은 욕구로 치부하면서 전통적인 철학적 작업들에 대한 회의를 불러일으키기도 한다. 이런 측면에서 사실상 메타서사와 완전히 분리될 수 없는 학문인 철학에 대한 강력한 회의가 생겨나고 철학의 종언이 거론된다. 철학의 지식 충동을 제어해야 한다거나 철학을 문화의 문제로 사유해야 한다는 니체의 주장들이 종종 철학이라는 학문 자체를 부정하는 데 사용되기도 한다.

그러나 철학을 문화의 문제로 사유해야 한다는 것은 철학에서 더 이상의 어떤 존재론적 지평도 거세한 채, 그것을 단순한 문화 비판의 영역으로 넘겨버리는 것을 뜻하지 않는다. 철학을 문화의 문제로 사유한다는 것은 하나의 존재론이 가지는 함의를 그 존재론이 구축해내는 문화, 정치, 윤리의 풍부함 속에서 검토해야 한다는 것을 의미한다. 그리고 그 풍부함들을 통해서 다른 존재론들과 대결해야 한다는 것을 의미한다. 하나의 존재론은 반드시 고유한 정치적·윤리적 지평을 열어 보인다. 역으로 그것은 어떤 정치적·윤리적 지평을 열어 보이는 시도는 새로운 존재론의 구성을 수반해야만 한다는 것을 뜻한다.

따라서 이후의 장들에서는 다음과 같은 방식으로 문제를 다룰 것이다. 먼저 영원회귀의 사유를 구체적으로 해명하기 위해 이를 불교 사상가인 용수의 공(空) 사상과 비교해볼 것이다. 이것은 니체와 근친성을 지닌 서양 철학자들과의 비교 못지 않게 영원회귀의 사유를 파악하는 데 효과적이다. 이와 같은 비교 작업을 통해 동양적인 내재적 존재론의 논의를 학적 영역에서 좀더 활성화시키는 데 기여할 수 있을 것이다. 다음으로 영원회귀의 사유를 통해 구성된 생성과 차이의 존재론이 어떤 종류의 정치적·윤리적 활동이나 문화적 실천을 가능케 하는지 검토할 것이다. 그리고 이 두 가지 작업을 통해 철학이 심각한 회의의 대상이거나 종언을 맞이해야 할 학문 분과가 아니라면 철학은 무엇이며 어떠해야 할지 함께 생각해볼 것이다.

2부

용수의 공(空)과 니체의 영원회귀
— 근대적 니힐리즘의 극복

논리적인 유럽은 끝없는 정신을 두 개의 끝이 달린 망치로 짓누르고서,
그 정신을 열었다, 닫았다 합니다. 그러나 지금 숨 막힘이 극에 달했습니다.
오래 전부터 우리는 갑옷을 입고 빵 반죽을 해왔습니다.
정신은 정신보다 더 위대하며 삶의 변신은 다양합니다.
당신들처럼, 우리는 발전을 거부합니다.
자, 이제 우리의 집들을 부숴주십시오. ……
오십시오, 우리를 이 벌레들로부터 구출해 주십시오.
새로운 집들을 우리에게 만들어 주십시오.
— 초현실주의자들이 불교 종파들에게 보내는 서한,『초현실주의 혁명』, 제3호(1925)

picture prologue

| 불교와 니힐리즘 |

앙리 마티스, 「왕의 슬픔」(1952)

니체는 문화적이고 예술적인 기억 공동체를 건설하는 것보다 더 근본적으로 니힐리즘을 극복할 수 있는 사유를 모색한다. 그는 이 새로운 사유를 영원회귀 사상이라고 부른다. 그리고 이 영원회귀 사상이 지닌 능동적 니힐리즘과 달리 불교는 수동적인 니힐리즘에 불과하다고 비판한다. 이런 비판은 매우 일반화된 편견에 근거한다. 불교는 생성과 변천의 무상함을 강조하는 허무주의적 사유라는 것이다.

불교에 따르면 우리는 세 종류의 경험을 가진다. 괴로운 경험, 즐거운 경험, 괴롭지도 즐겁지도 않은 경험. 괴로운 경험은 그 자체가 괴로운 것이고, 즐거운 경험은 그것이 사라질 때 괴로운 것이다. 그리고 괴롭지도 즐겁지도 않은 경험 역시 흘러가 버리기 때문에 사람들은 거기서 무상함의 괴로움을 느낀다고 한다. 그러니 삶의 모든 경험은 우리가 헛되이 겪어야 하는 괴로움이다. 소란스러움과 오락과 미래에 대한 생각 속에 온통 빠져 있는 젊은 녀석들을 빼놓고 이런 허무를 모르는 사람이 누가 있을까라고 파스칼은 말했다.

그러나 석가모니 붓다는 그런 '젊은 녀석'에 속하지는 않았다. 그는 슬픔에 빠진 왕자였다. 왕위에 오른다고 해서 그 슬픔이 사라질 것 같지는 않았다. 그래서 그는 29세에 자신의 왕국과 왕좌를 모두 버리고 출가한다. 파스칼은 왕위가 세상에서 가장 좋은 지위라고 말했다. "사람들은 죽음과 비참과 무지를 치유할 수가 없었기 때문에, 그런 것들을 결코 생각하지 않기로 마음먹었다"(『팡세』, 1670). 왕위가 최고의 지위인 이유도 여기에 있다. 왕은 언제나 최상의 오락을 제공하면서 왕 자신에 대해서는 절대로 생각하지 못하도록 방해할 궁리만 하는 사람들에게 온종일 둘러싸여 있을 수 있기 때문이다. 그는 좀처럼 슬픔이나 허무함의 위협을 받지 않는다. 노름이나 여인들과의 교제, 전투, 높은 지위들이 그렇게 추구되는 이유도, 사람들이 시끄러운 것과 활동적인 것을 좋아하는 이유도 똑같다. 그런 것들에는 우리로 하여금 삶과 우리 자신의 조건을 생각하지 못하게 하고 우리 마음을 딴 데로 돌리게 만드는 소동이 있기 때문이다.

그러나 대부분의 평범한 '젊은 녀석들'은 이런 소동들에 온통 정신이 팔려 있다. 이들에게 무상변천의 괴로움이 눈동자를 찌르는 속눈썹처럼 견딜 수 없는 것이 되려면 얼마나 많은 것들이 필요할까? 젊은 날은 다 가고 죽음

앞에 덩그러니 홀로 남겨졌다는 노년의 감수성, 숱한 실패로 마모된 정신, 그런 것이 아니라면 어린 나이에 겪은 끔찍한 전쟁이나 호된 질병들. 꼭 이런 부정적 체험만이 우리 뒷덜미를 불교로 확 잡아끄는 힘일까?

이런 편견 때문에 대표적으로 오해된 불교 교리가 모든 것이 다 고통이라는 의미의 일체개고(一切皆苦)이다. 피상적으로 볼 때 이 교리는 고통의 감수성을 극대화시킨 병적 진술로 보인다. 스피노자주의자라면, 즐거움도 사라지기 때문에 고통스럽다는 불교도들에게 기쁨의 감수성을 키우는 방법에 대해 충고할 것이다. 좋은 도시에 가서 사시오, 좋은 날씨와 동료 시민들의 따스한 배려를 경험하시오, 이 경험을 통해 기쁨의 감수성을 키우고 이를 통해 능동적인 기쁨을 형성하는 방법을 배우시오.

그러나 문제는 그렇게 좋은 도시는 이 땅 위에 얼마 없고, 또 그곳에 거주할 행운을 누리는 운 좋은 인생도 얼마 되지 않는다는 것이다. 운 좋은 만남으로 가득한 삶이라는 이상주의적 전제 없이 명랑한 삶은 불가능한 것일까? 일체개고는 행운으로 가득한 삶이라는 달콤한 환상을 넘어서 명랑하게 살아갈 수 있기 위해 우리가 반드시 음미해 보아야 할 명제이다. 이것은 우리가 유한성을 지닌 인간이기에 받아들여야 하는 전제, 즉 "삶은 그나저나 고통이야"라는 주장과는 무관한 것이다. 이것은 "만일 지금 고통을 겪고 있다면, 그리고 만일 자유와 해방을 원하고 명랑한 삶을 꿈꾼다면" 반드시 분석해 보아야 할 진술이다.

모든 것이 고통이며, 즐거움도 사라지기에 고통이라는 진술은 '그러므로 헛되이 즐거움과 명랑성을 추구하지 말자'거나 '어머니 뱃속에서 태어나지 말 걸 그랬어'라는 결론으로 이어지지 않는다. 만일 일체개고가 그런 퇴행적 결론을 유도할 뿐이라면 그것은 니체의 표현대로 수동적 니힐리즘에 불과할 것이다. 그러나 불교의 진리는 니체가 능동적 니힐리즘이라는 용어를 통해 표현하려고 했던 것을 니체의 철학 이상으로 정치하고 풍부한 형태로서 보여준다.

| 불교, 무자성(無自性)의 철학 |

실체적 사유를 철저히 반대한다는 점에서 니체의 철학과 불교는 깊은 친화성을 가지고 있다. 니체는 거의 대부분의 저술들 속에서 서양 정신사에 침투해 있는 실체적 사유에 대항하는 전투를 수행했다. 그리고 불교의 전 역사는 인간사유에 깊게 뿌리내린 실체론을 제거하고 끝없이 변화하는 삶의 참모습을 있는 그대로 받아들이게 하려는 논쟁과 수행의 역사이다.

붓다가 열반에 든 후 인도에는 아비달마 불교가 생겨났다. 아비달마 불교의 위대한 스승 구마라다(鳩摩羅多 ; Kumaralta, ? ~ ?)에 따르면 즐거운 경험은 그 자체로 실재하는 게 아니다. 즉, 즐거운 경험은 무자성(無自性)을 지닌다. 니체가 사용한 철학 개념으로 표현하면 비실체성(unsubstance)을 지닌다고 할 수 있다. 맛있는 음식이나 옷도 허기나 추위라는 조건과 만날 때만 즐거움의 원인이 되며, 필요 이상으로 주어질 경우 오히려 괴로움의 원인이 된다. 즉, 즐거움의 원인은 고정되어 있지 않은 것이다.

구마라다의 분석에서 우리가 주목해야 할 것은 고통이든 즐거움이든 모든 것은 특정한 만남의 결과라는 점이다. 눈 내리는 벌판과 털외투가 만날 때, 한없이 고독한 마음과 누군가의 말 건넴이 만날 때 우리는 기쁨을 느낀다. 그러나 8월의 뜨거운 햇빛과 털코트가 만날 때 우리의 신체는 고문에 가까운 느낌을 받고, 숱한 말들에 지쳤을 때 누군가의 다정한 한 마디에도 짜증을 낸다. 모든 조건들이 변화하며, 그에 따르는 만남들과 그 만남의 좋고

안스 마르쿠스, 「얽매인 자유」(1982)

슬픈 느낌들도 모두 변화한다. 하지만 왜 이런 변화의 문제를 고통이라고 표현했을까? 변화를 바라보는 우리의 특정한 태도가 고통을 주고 있다는 점을 밝히기 위해서이다. 종종 사람들이 오해하는 것처럼, 모든 것이 고통이라는 불교의 교리가 변화하는 생이 허무하고 고통스러울 수밖에 없다는 수동적 니힐리즘을 의미하는 것은 아니다. 붓다는 이렇게 말했다. "친구여, 그때 나에게 이와 같은 생각이 일어났다. '이 세상에서 변화하고 달라지는 것 때문에 나에게 우울, 슬픔, 고통, 불쾌, 절망을 일으키는 일은 없을 것이다'"(『잡아함경』雜阿含經). 붓다의 이 말은 우리의 고통은 변화 때문이 아니라 단지 변화를 거부하고 회피하려는 태도로 인해 발생하는 것임을 보여준다.

우리가 변화에 대해 갖는 두려움과 공포는 매우 크다. 인정하고 싶지는 않겠지만, 우리는 상태의 악화만큼이나 상태의 개선을 두려워한다. 대중들은 왜 자신의 예속을 자신의 해방이라도 되는 듯이 열망하는 것일까? 철학자들이 던졌던 이 당혹스런 물음은 바로 새롭고 더 나은 상태로의 변화 대신에 최악의 현상유지를 택한 대중들의 보수적 성향을 목격했을 때 생겨난 것이다. 왜 그럴까? 대답은 의외로 간단하다. 그들은 중독되었기 때문이다. 중독된 사람은 새로운 습관을 붙이는 데 무능력하다. 따라서 자유와 해방의 능력은 베르그송이 소박하게 말했듯이 **"무한히 옛 습관을 새로운 습관으로 대체시키는 힘"**이다. 이것은 옛 습관을 끊임없이 무화시키는 능력 이외에 다름 아니다. 붓다가 말한 해탈도 **탐욕과 증오와 어리석음이라는** 세 가지 독(三毒)의 중독에서 벗어나 변화(無常)의 진리를 가장 극한의 수준까지 받아들일 수 있는 능력이다. 우리는 우리를 스스로 얽매여 놓고 결코 풀어놓으려 하지 않는다.

습관은 얼마나 완고한 것인가! 좋은 도시를 알려주고 차표까지 끊어주는 데 짐조차 꾸리지 않는 사람들. 모든 아방가르드의 절망은 이런 대중들의 태도에서 기인한 것이다. 그러나 예술적 아방가르드는 정치적 아방가르드보다는 유능하다. 예술가들은 인간을 움직이는 것은 앎이 아니라 감응(affect)이라는 것을 재빨리 알아차렸다. 개념의 발명이 변화를 가져온다면 그 개념이 그것을 받아들이는 자에게 새로운 감응을 주는 데 성공할 때뿐이다. 이 때문에 모든 지혜로운 자들은 비유로서 말한다고 붓다는 말했다. 개념보다는 비유가 감응을 촉발시키는 힘이 크기 때문이다. 언제나 문제는 한 이론이 지닌 감응의 생산 능력이다.

| 아비달마 불교도, 또는 인도의 책벌레들 |

칼 슈피츠벡, 「책벌레」(1850)

붓다가 활동하던 시대에 유행했던 인도의 종교 사상들은 모든 것은 사라진 다는 단멸론(斷滅論)과 모든 것은 영원하다는 상주론(常住論)으로 나뉘어 있었다. 사유의 이러한 이분법이 횡행하던 무렵 붓다는 연기법(緣起法)을 통해 새로운 진리를 설한다. 연기법은 "이것이 있을 때 저것이 있고, 이것이 생겨날 때에 저것이 생겨난다. 이것이 없을 때 저것이 없어지며, 이것이 사라질 때에 저것이 사라진다"는 불교의 가장 중요하고 위대한 지혜이다. 『아함경』(阿含經)이나 『잡아함경』 등에는 다른 종파의 수행자들이 붓다의 연기법을 듣고 그 자리에서 깨치는 장면이 등장한다. 우리에게 그들이 단박에 아라한(阿羅漢), 즉 궁극의 깨달음을 얻은 자가 되는 순간은 너무 갑작스러워서 어이가 없게 느껴질 정도이다. 그러나 그들에게 연기법은 수천 년 간 내려오던 무쇠 같은 사유의 습관을 깨는 충격적인 것이었다. 연기법은 그 진리를 듣는 순간 그들이 완전히 다른 존재로 변화할 만큼 놀라운 감응의 생산 능력을 지닌 이론이었던 것이다.

붓다는 이렇게 말한다. "갓짜야나여, '모든 것은 존재한다'는 것은 하나의 극단이다. '모든 것은 존재하지 않는다'는 것도 또 하나의 극단이다. 갓짜야나여, 여래는 그러한 양극단을 떠나서 중도(中道)로 가르침을 설한다"(『잡아함경』). 이 가르침은 우리 자신, 우리가 느끼는 고통, 우리가 고통스러울 정도로 증오하거나 사랑하는 사물들에 이르기까지 그 어느 것에도 고정불변하는 실체성(自性)이 없으며, 단지 만남의 조건에 따라 모든 것들이 생성·소멸을 거듭한다는 것을 보여줌으로써 집착을 제거하는 것이다.

이런 연기 개념을 통해 붓다 당대의 인도인들은 새로운 사유의 국면으로 이행할 수 있었다. 붓다가 열반에 든 이후 인도 대륙을 휩쓸었던 아비달마(Abhidharma) 불교의 흥성은 그의 제자들이 이 새로운 종교적 촉발력을 극대화하고 오래 지속시키기 위해 기울였던 노력의 산물이다. 아비달마란 말은 다르마, 즉 "법(法)에 대하여"라는 뜻이다. 당시 불교도들의 가장 큰 관심사는 붓다의 말씀을 어떻게 정확히 이해하고 설명할 것인가였다. 붓다의 교법에 대한 해석이 사람들마다 달랐기 때문에 "법에 대하여" 다양한 입장을 가진 불교 종파가 생겨났는데 이를 아비달마 불교라고 부른다. 이들은 자신들의 입장을 정리하는 책들을 쓰고 서로간의 논쟁들을 기록했다. 그래서 불교 경전으로 다 포함시키기 힘들 만큼의 논서들이 쏟아졌다. 백과사전 분량의 어마어마한 논서들과 주석서들 중에는 왕실의 지원 아래 수백 명의 불교 전문가가 모여 20년 넘게 편찬한 책들도 있다.

아비달마 불교의 시대는 진리를 깨닫고 그 진리를 전파하려는 모든 이들이 엄청난 책벌레가 되어 방대한 분량의 책들을 읽고 쓰던 시절이다. 설일체유부(說一切有部)와 경량부(經量部)는 이 불교 시대에 가장 유명한 부파(部派)였다. 치열한 탐구정신과 논쟁정신을 가지고 이 인도의 책벌레들은 모든 가능한 사유 실험을 다 했다. 그 정교하고 치밀한 논리는 위대하고 놀라운 것이었지만, 한편으로는 아비달마 불교의 논리를 접하는 이들에게 번쇄함과 복잡함으로써 큰 위압감을 주는 것이었다. 그로 인해 아비달마 불교에 반대하는 흐름이 점차 생겨나게 되었는데 이 새로운 불교를 '대승 불교'라고 부른다. 이 새로운 불교도들은 아비달마 불교의 경전들에 반대하는 반야부 경전을 쓰고 자신들의 도를 '대승'(大乘 ; Mahayana)이라고 부르면서, 아비달마 불교도들을 폄하하여 작고 천하다는 의미의 '소승'(小乘 ; Hinayana)이라고 불렀다.

| 용수, 반(反)시대적 사상가 |

많은 위대한 사상가들은 시대의 아들이다. 괴테는 이렇게 말한 적이 있다.

우리가 원하는 대로 행동한다 할지라도 근본적으로 우리 모두는 집합체이다. 아주 엄밀한 의미에서 우리 소유라고 부를 수 있는 것은 얼마나 빈약하며, 또 우리

작자미상, 「용수의 조각상」(1970년 캘커타의 인도박물관에서 촬영)

자신은 얼마나 빈약한 존재인가! 우리 모두는 지나간 시대의 사람들로부터, 그리고 동시대의 사람들로부터 받아들이고 배워야만 한다. 아주 위대한 천재라도 모든 것을 자신의 내면에서만 끌어내려고 한다면 그는 많은 것을 이루지 못할 것이다. 그러나 대다수의 아주 선량한 사람들은 이것을 깨닫지 못하고 독창성을 꿈꾸면서 반생을 어둠 속에서 헤매게 된다. 대가(大家)에게서도 아무것도 배우지 않고 모두가 자신의 천재성 덕분이라고 자랑하는 예술가들을 나는 알고 있다. 얼마나 어리석은가! 그것이 어디서나 통할 것이라고 생각하다니!

용수는 대승 불교의 가장 위대하고 독창적인 사상가들 중 하나였다. 괴테의 말처럼 그의 빛나는 천재적 독창성은 전통이나 시대의 분위기와 무관한 것은 아니었다. 그는 기원 후 2세기 인도의 한 바라문 가문에서 태어났으며, 아비달마 불교의 형이상학적이고 개념적인 논쟁들을 접하면서 치밀한 사유 훈련을 받았다. 이와 더불어 그는 반야부 경전을 공부하며 모든 존재들이 공(空)하다는 것을 깨달아야 한다는 반야부파의 직관주의적 경향을 지니게 되었다. 대승 불교의 이론적 근거를 마련한 책으로 평가받는 용수의 『중론』에는 그의 이런 이론적 편력들이 녹아들어 있다.

아비달마 불교 시대의 설일체유부는 **우리의 자아를 비롯해 세계의 모든 사물들을 "단지 변화하는 물질적·정신적·심리적 요소(法 ; dharma)들의 복합체"**라고 이해했다. 그래서 이들에게 연기론은 요소들의 이합집산 또는 인과관계를 뜻했다. 이러한 연기론을 통해 세계의 무자성(無自性)을 설명하려는 시도는 나름대로 성공을 거두었다. 여러 지역에서 이론적 입장을 같이 하는 승가 공동체가 세워지고, 교리상의 치열한 논쟁은 승가 집단들 사이에 건강한 긴장감을 불어넣기도 했다. 그러나 활성기가 짧게 끝나자 이들 아카데미는 종교적 촉발력을 상실한 채 점차 고집 센 노인처럼 고립되어 가는 경향을 보이기 시작한다. 이에 대한 반발로 여기저기서 대승 불교의 공동체가 생겨났다. 아비달마 불교도들은 이들을 아마추어 사상가로 취급하여 철저히 무시하거나 심하게 멸시하여 대승 불교를 공부한 자들이 이용하는 강에서는 물조차 길어 마시지 않을 정도였다고 한다. 이것이 용수가 등장했던 무렵의 분위기였다.

용수는 아비달마 불교의 연기 개념을 비판함으로써 사상적인 차원에서 불교에 일대 혁신을 가져왔다. 불교학자 T. R. V. 무르티에 따르면 이것은 불교 철학의 "코페르니쿠스적 전환"이라고 표현할 만큼 충격적인 것이었다.

용수의 이론적 혁신은 과격하게 표현하자면 "부처님의 말씀을 새롭게 해석한 것이 아니라 새로운 부처님의 말씀을 결집"한 것으로 당시 기성 불교의 교단에서 보기엔 불교라고 부를 수도 없을 만큼 이질적인 주장을 담고 있었다. "중생이 생사윤회에 빠져 허덕이는 것은 12인연법을 알지 못하기 때문"(『증일아함경』增一阿含經)이라고 붓다가 말했을 만큼 연기법은 불교의 핵심 원리이다. 그러므로 아비달마 논사들은 연기법을 공(空)하다고 주장하는 용수의 사상을 접했을 때 큰 충격을 받았을 것이다. 그런 강력한 충격이야말로 용수가 의도했던 것이었으며 그것은 완전히 적중했다.

설일체유부는 불변하는 실체의 존재를 비판하고 무아(無我)와 사물들의 무상(無常)을 강조하기 위한 방법으로 모든 사물들을 구성하는 75개 요소를 가정하고 그 요소들의 연기관계를 설명했지만, 용수는 설일체유부의 연기법에 스며든 실체론을 날카롭게 간파했다. 용수는 그들이 가정한 **요소, 연기, 업, 열반의 자성을 부정**하며 공 사상을 통해 불교에서 실체론적인 사유를 완전히 몰아내는 데 성공했다. 이를 통해 그는 자신이 살던 시대의 가장 보편적이고 상식적인 사유를 파괴한 철학자, 이른바 니체가 말했던 "반시대적인 사상가"의 의미에 가장 부합할 만한 철학자가 되었다.

1_니체와 불교의 만남

18세기 말부터 유럽 지성인들 사이에서는 인도 사상 및 불교에 대한 관심이 높아졌다. 칸트는 여행책자들을 통해서 중국 불교와 일본 불교를 간접적으로 접한 후 지리학 강의시간에 불교 사상을 설명하기도 했다. 칸트는 엥겔베르트 캠퍼라는 사람이 네덜란드 군대에 복무하던 시기(1690~91년)의 경험을 바탕으로 일본을 소개한 책에서 일본 불교를 접했고, 또 『여행의 일반 역사 또는 여행기 총서』(1747)라는 책자의 중국 편에서 불교의 교의를 접했던 것으로 보인다.

그러나 본격적으로 불교를 대중화시키는 데 기여한 사상가는 쇼펜하우어라고 할 수 있다. 쇼펜하우어의 책에 나타난 인도의 베단타 철학과 불교 사상은 당시 독일 젊은이들에게 많은 영향을 미쳤다. 니체 역시 쇼펜하우어를 통해 불교 사상에 관심을 가지게 되었고 동양학자인 헤르만 브로크하우스, 파울 도이센 등을 통해 인도의 사상세계를 포괄적으로 접하였다.* 그러나 니체가 불교 서적을 본격적으로 공부한 것은 아니었다. 그가 자신이 읽은 불교 서적으로 유일하게 밝히고 있는 것은 헤르만 올덴베르크가 쓴 『붓다: 그의 생애, 그의 학설, 그의 공동체』

(1881)뿐이다.[1] 쇼펜하우어를 통해서 바라본 불교는 니체에게 생의 의지를 부정하고 삶을 혐오하는 사상으로 비춰졌다.

그렇지만 니체는 기독교와 불교를 비교하면서 자신이 '데카당스한 종교'로 간주했던 불교에 호감을 느끼게 된다. 따라서 그의 불교에 대한 평가는 이중적 양상을 띤다. 그는 특히 『안티크리스트』(1888)와 같은 후기 저작에서는 불교를 긍정적으로 평가한다.

> 불교는 역사가 우리에게 보여준 단 하나의 진정한 실증적 종교이며, 그것의 인식 이론(엄밀한 현상주의)에서도 마찬가지다. 불교는 더 이상 '죄에 대한 싸움'을 말하지 않고, 오히려 현실을 인정하면서 '고통에 대한 싸움'을 말한다. 불교는——이 점이 불교를 그리스도교로부터 철저히 갈라놓는다——도덕 개념의 자기기만을 이미 뒤로 하고 있다. 내 언어로 말하자면 불교는 선과 악의 **저편**에 서 있는 것이다"(『안티크리스트』, 15 : 236).

불교는 "복수 감정과 혐오 감정과 원한 감정을 경계"하라고 가르친다(『안티크리스트』, 15 : 237). 이 때문에 니체는 불교를 "그리스도교 같은 비참한 것들과 섞어버리지 않기 위해서는 그것을 **위생법**이라고 명명하는 편이 더 나을 것"(『이 사람을 보라』, 15 : 342)이라고 주장한다.

그러나 전반적으로 볼 때 니체의 불교 이해는 19세기 유럽 지식인

---

* 19세기 서구의 불교 사상 유입과 니체의 불교 연구에 대해서는 다음을 참조하라. 성진기, 「니체와 불교」, 『니체 이해의 새로운 지평』, 철학과현실사, 2000, 452~456쪽; 김정현, 『니체, 생명과 치유의 철학』, 책세상, 2006, 214~229쪽.

의 피상적인 이해 수준과 제한된 견해에서 크게 벗어나지 않았다. 예를 들어 쇼펜하우어와 그 이후 서구의 불교 연구가들에게 불교는 삶의 무상함을 강조하는 니힐리즘과 동일시되었다. 그들은 불교의 열반(涅槃; nirvāṇa)을 모든 생성의 소멸(無爲)을 의미하는 것으로 이해했기 때문이다.* 니체에게 "불교는 노년의 인간을 위한, 쉽게 고통을 느끼는 호의적이고 부드럽고 지나치게 정신적이 되어버린 인간종을 위한 종교이다(유럽은 아직도 불교를 받아들일 정도로 성숙하지 못하다)". 그는 불교가 기독교에 비해 "백 배나 더 냉정하고 진실되고 객관적"이며 성숙한 종교라는 점을 부정할 수 없다고 보았다. 그러나 그는 "불교는 문명의 종말을 위한, 지쳐버린 문명을 위한 종교"(『안티크리스트』, 15 : 240)라는 점에서 여전히 수동적 니힐리즘의 한계를 갖는 사유라고 진단한다.

그럼에도 불구하고 니체의 철학은 시대적 한계와 니체 자신의 오해를 넘어 불교적 사유에 매우 근접한 통찰들을 보여준다는 점에서 아이러니한 유사성을 지니고 있다.** 이 장에서는 2세기 인도의 승려 철

---

* 이에 대해서는 다음을 참조할 것. 테오도르 체르바츠키, 연암종서 옮김, 『열반의 개념』, 경서원, 1994, 184~185쪽. 열반이나 무위(無爲)를 생성의 세계(有爲)와 별도로 존재하는 일종의 피안적 세계로서 실재한다고 보는 견해가 순전히 서구 연구자들의 오해라고 치부할 수만은 없다. 아비달마 불교의 대표 부파인 설일체유부에서는 무위법(無爲法)을 불생불멸의 무제약적·초월적 실체로서 보는 사상이 분명 나타난다. 무위의 본래 의미는 "현실세계의 괴로움이 소멸된 세계"였다. 아비달마 불교 시대에 이르면 "무위의 개념이 보다 확대되어 경험의 세계를 생성시키는 온갖 존재들의 사실이 끊어진 불사감로(不死甘露)의 세계인 열반을 포함하여 생성과 소멸로부터 벗어난 존재"까지도 포함하게 된다(권오민, 『아비달마 불교』, 2003, 민족사, 91쪽). 이것이 우리가 일반적으로 생각하는 초기 불교의 열반이다. 따라서 번뇌의 속박에서 벗어나 열반을 추구하는 불교의 사상은 니체가 '두 세계 이론'이라고 비판하는 형이상학적 사유로 분류될 소지를 지니고 있다. 그러나 설일체유부의 무위, 열반의 실재성이 경량부에 의해 비판되면서 이러한 아비달마교학 체계가 부정되었다는 점을 상기한다면 이것을 불교 일반에 대한 비판의 근거로 내세우기는 힘들다(권오민, 『유부아비달마와 경량부철학의 연구』, 경서원, 1994, 111, 143쪽).

학자 용수(龍樹; Nāgārjuna, 150?~250?)의 철학을 살펴보게 될 것이다. 용수의 『중론』(中論)은 일종의 논파서로서 동일성의 철학과 실체론 옹호자들에 대항하여 생성과 차이를 긍정하려는 철학이 해명해야 할 점들을 선명하게 보여준다. 무엇보다도 『중론』의 논파적 서술방식은 니체의 시적이고 문학적인 문체 속에서 모호하게 남아 있거나 쉽게 오해되곤 하는 니체의 핵심 개념들을 이해하는 데 많은 도움을 줄 수 있다.***

『중론』은 인과론(因果論)에 대한 정확하고 강력한 비판을 펼치고 있는 저술이다. 니체의 철학에서도 인과론에 대한 비판은 매우 중요한 문제이다. 인과론은 니체가 니힐리즘의 근대적 양상으로 파악하는 과학적 사유의 토대이기 때문이다. 그래서 인과론 비판은 근대적인 의미의 니힐리즘을 비판하려는 니체에게 필수적 작업인 동시에 영원회귀라는 사유에 도달하기 위한 핵심적 작업이기도 했다.

** '아이러니한 유사성'(ironic affinity)은 모리슨이 불교와 니체의 관계를 설명하면서 사용한 표현이다. 그는 니체가 불교를 유럽의 미래를 위협하는 문화적 파국으로 보았음에도 불구하고 니체의 철학과 붓다의 가르침 간에는 유사성이 있다고 주장하면서 이 표현을 사용한다. 모리슨의 주장에 따르면 니체가 수동적 니힐리즘의 대안으로 제시한 힘에의 의지는 붓다가 말한 갈애(渴愛)와, 그리고 힘에의 의지의 개체화를 의미하는 '자기극복'은 불교의 마음 수련과 유사성을 갖는다(Robert G. Morrison, *Nietzsche and Buddhism*, Oxford: Oxford University Press, 1997, pp.223~224).

*** 니체와 불교의 친화성에 대한 연구는 불교에 대한 통속적 오해를 제거하는 데도 큰 역할을 한다. 불교를 비롯한 아시아적 사유에 대한 허무주의적 오해를 제거하기 위해 니체 철학을 사용하는 생산적 독법의 가능성이 이미 제기된 바 있다(이진우, 「니체와 아시아적 사유」, 『철학연구』[제53집], 철학연구회, 2001, 220쪽).

2_근대적 니힐리즘의 실체론 비판

1) 정교화된 실체론 비판의 필요성

훌륭한 적이 훌륭한 무기를 만든다

용수의 공 사상은 정교한 반(反)실체론적 사유를 보여준다. 인도에서는 석가모니 붓다에 의해서 실체론적인 전통 철학에 대한 철저한 비판이 이루어지고 불교라는 새로운 사유가 등장하였으며, 붓다 사후 그의 말씀을 올바로 이해하기 위해 아비달마 불교의 정교한 교학적 전통이 수립되었다. 그러나 실체론적 사유는 뿌리깊은 것이어서 불교의 이론 체계 속에서 또 다시 실체론적 경향이 고개를 들기 시작한다. 이 과정에서 등장한 용수의 철학은 매우 정교화된 반실체론의 성격을 띤다. 용수는 아비달마 불교의 연기(緣起) 개념에 세련되고 치밀한 형태로 침투한 실체론적 사유를 물리치기 위해서 보다 정교한 비판을 수행해야만 했다. 훌륭한 적과의 만남을 통해서 자신의 사유를 훌륭한 무기로 벼려낼 수밖에 없었던 것이다. 그러나 니체는 그런 행운을 가진 철학자는 아니었다. 니체에게 실체론을 거부하고 생성 철학에 도달한 선행자들의 지혜는 오랜 시간 속에서 분실된 비의(祕義)였다. 니체는 "소크라테스 **이전의 두 세기 간의 위대한** 그리스 철학자들에게서 그런 지혜를 찾아보았지만 헛수고였다"(『이 사람을 보라』, 15 : 393)고 불평함으로써 숨겨진 지혜에 도달하는 것이 힘겨운 일임을 토로하고 있다. 디오니소스적 지혜의 유일한 단서는 그리스 철학자들에게 있지만 그들과 니체 사이에는 소크라테스로부터 시작해서 그리스인들의 지혜를 반(反)헬레니즘적으로 변질시킨 길고 긴 역사가 가로막고 서 있었다.

그런 어려움 속에서도 니체는 영원회귀와 같은 생성 철학의 중요 개념을 직관적으로 포착해낸다. 그러나 이 직관성 때문에 영원회귀 개념은 시적인 모호성을 띤 채로 등장할 수밖에 없었다. 그의 반실체론적 경향이 영원회귀 개념을 통해서만 확인될 수 있는 것은 아니지만 영원회귀 사상은 실체론적 사유와의 대결 속에서 그가 완성하고자 했던 생성과 차이의 철학의 정점에 위치해 있다고 할 수 있다.

왜 생성 철학은 철저한 반실체론적 입장을 견지해야만 하는가? 그것은 실체론이 필연적으로 우리를 니힐리즘에 빠뜨림으로써 생성의 세계와 그 세계 안에 놓인 우리의 삶을 부정하고 증오하도록 이끌기 때문이다. 더 정확히 말하자면 삶과 생성에 대한 증오가 실체라는 허구를 산출한다. 따라서 생성을 긍정하려는 사유자는 반드시 실체론과 대결해야만 하는 것이다. 실체론에 대한 가장 직접적인 비판은 신 개념에 대한 비판이다. 서양 사상의 전통에서 신은 불변의 존재자인 실체이며, 모든 것의 원인이되 스스로는 어떤 것도 원인으로 가지지 않는 제1원인이다. 니체는 이와 같은 신 개념을 니힐리즘의 한 표현으로 규정한 후 생성과 변화의 공포에서 벗어나려는 욕구가 불변하는 신을 허구적으로 조작해낸다는 점을 비판하고 있다.

그러나 니체의 실체론 비판이 여기서 멈춘다면 그의 비판은 큰 의미를 지니지 못할 것이다. 근대의 시작과 더불어 종교적인 실체론적 사유방식은 이미 효력을 상실한 듯 보였다. 신의 죽음은 "신은 죽었다"는 니체의 선언이 있기도 전에 사람들 사이에서 공공연하고 지배적인 진리로 자리잡았다. 따라서 니체의 이 유명한 선언이 지닌 철학적 함의는 다른 곳에서 찾아져야 한다. 그것은 신의 죽음이 새로운 니힐리즘의 도래를 고지하고 있다는 점이다.* 더 이상 신 개념에 호소하는 전통적이고 종교적인 방식의 니힐리즘이 아니라 이전까지는 경험하지 못했던 니힐리즘이 등장해서 유례 없이 강력한 방식으로 이 세계의 생성과 삶을 부정하고 있음을 그는 경고하고 있는 것이다.

신은 정말 죽었는가?

신의 죽음이라는 상황은 매우 기이하고 복잡하다. 데브라 베르고펜의 논의에 따르면 니체는 광인의 비유를 통해 이런 상황의 복잡성을 전달하려 노력했다. 신은 살해되었지만 신의 살해자들은 그들이 실행한 일과 그 실행이 의미하는 바를 깨닫지 못한다. 『즐거운 학문』에 등장하는 광인(Der tolle Mensch)만이 그 일의 의미를 이해한다. 광인은 신의 죽음이라는 엄청난 사건이 "아직도 진행 중"이라고 말하면서 이 소식이 아직 사람들의 귀에까지 이르지 못했음을 강조한다(『즐거운 학문』,

---

* 물론 이 새로운 니힐리즘의 도래는 이의적(二義的)이다. 이에 관해선 1부의 니힐리즘 논의를 참조할 것.

12 : 201). 그런데 광인의 외침과 그가 외치고 있는 상황 사이에는 모종의 아이러니가 존재한다. 만일 모두가 신의 죽음을 알고 있다면, 이미 잘 알려진 진실을 혼자 알고 있는 듯 외친다는 점에서 그는 광인으로 보일 것이다. 그러나 만일 광인이 신의 죽음을 외치는 순간이 신의 죽음이 아직 전달되지 못한 때라면, 광인은 일종의 예언자 혹은 선각자를 의미하게 된다. 그런데 『즐거운 학문』에서 신의 죽음을 전해 듣는 이들은 "신을 믿지 않는 사람"이다. 이 점을 고려해볼 때, 광인이 신의 죽음을 전하는 시기는 신을 믿지 않을 수 있을 만큼 무신론적인 근대 의식이 충분히 진행된 시기라고 볼 수 있다. 이로 인해 광인의 외침은 이해되기 힘든 것으로 남는다.

　　이 아이러니를 판독하기 위한 핵심은 시장에 서 있는 무신론자들에 대한 니체의 신원확인(identification)에 있다.[2] "그대들은 밝은 대낮에 등불을 켜고 시장을 달려가며 끊임없이 '나는 신을 찾고 있노라! 나는 신을 찾고 있노라!'라고 외치는 광인에 대해 들어본 일이 있는가? 그곳에는 신을 믿지 않는 많은 사람들이 모여 있었기 때문에 그는 큰 웃음거리가 되었다"(『즐거운 학문』, 12 : 199~200). 무신론자들은 신의 실재성을 거부하는 사람들이다. 따라서 광인이 무신론자들에게 신이 죽었다는 사실을 알지 못한다고 비난하는 것은 완전히 무의미해 보인다. 그러나 바로 여기에 니체의 가장 중요한 논점이 들어 있다.

　　무신론자는 신의 존재가 진리나 가치를 추구하는 것과 무관하다고 믿는다. 따라서 그들은 신이 살았건 죽었건 상관없이 자신들의 진리와 가치를 추구한다. 서양 문화 속에서 신은 진리, 힘, 선 등으로 정의된다. 이런 정의에 따르자면 신의 죽음은 곧 진리의 죽음이며 선의 죽음을 의미한다. 이 정의를 거부하기 때문에 시장의 무신론자들은 신의 죽음을 알고서도 그 상황을 허무한 것으로 경험하지 않는다. 그러나 그것이 그들이 초월적 진리를 전제하는 니힐리즘을 극복했다는 것을 의미하는 것은 아니다. 실제로 반대의 경우가 발생하는데, 이제 시장의 무신론자들이 새로운 초월의 진리를 대표하는 상황이 도래한 것이다.

이러한 상황에서는 종교적 니힐리즘은 거부되지만 초월적 진리라는 니힐리즘적 원칙은 남아 있다. 종교적 신은 근대의 확대된 세속적 영역 속에서 니힐리즘적 운동을 실현하기 위해서 부정될 뿐이다. 인간적 관점을 초월하는 절대적 진리를 통해 삶을 평가절하하는 방식이 과학적 자연법칙, 진보의 교설이라는 새로운 이름들 속에서 작동하게 된다.[3] 따라서 광인의 외침은 신의 죽음을 인정하지 않고 여전히 초월적 진리를 통해 새로운 방식으로 니힐리즘을 정교화하는 시도가 등장하고 있다는 사실에 대한 경고로서 의미를 지니게 된다.

더 이상 종교적 신의 권위에 호소하지 않는 무신론자들의 니힐리즘은 과학과 진보라는 근대의 지배적 형식을 통해서 표현된다는 점에서 '근대적 니힐리즘'이라고 부를 수 있다.[*] 『도덕의 계보』(1887)에서 니체는 과학을 금욕주의에 봉사하는 한 형식으로서 비판한다. "생리학적으로 검토해 보자면 과학은 금욕주의적 이상과 동일한 기반 위에 바탕을 두고 있다. 양자의 전제는 어떤 생명의 빈곤화이다"(『도덕의 계보』, 14 : 529). 유고에서도 과학적 사실에 대한 공격적 메모들이 발견된다. 그런데 이런 언

---

[*] 물론 니체가 직접 이런 명칭을 사용하고 있지는 않다. 그러나 이러한 명명법은 근대의 니힐리즘 현상에 대한 그의 강한 비판의식을 부각시키는 데 도움을 줄 것이다.

급들은 언뜻 보기에는 이해될 수 없는 것이다. 일반적으로 종교적 실체론을 부정하는 이들은 과학적 세계관을 수용하게 되거나, 이것을 수용함에 따라 신과 믿음을 부정하게 되기 때문이다. 그러나 광인의 비유가 보여주듯이 니체는 과학을 니힐리즘의 연속선상에서 파악한 후 오히려 과학 비판을 통해 반(反)신학적인 동시에 반(反)실체론적인 사유를 완성하고자 한다.**

  니체의 이러한 시도는 몇 가지 의문을 불러일으킨다. 그는 어떤 점에서 과학을 신학적이며 실체론적인 사유의 변종으로 파악하는가? 과학 비판과 힘에의 의지, 영원회귀와 같은 니체 철학의 핵심 개념들 사이에는 어떤 모순이 존재하는 것은 아닌가? 힘에의 의지는 에너지보존법칙과 같은 당대의 과학적 성과로부터 영감을 받은 것이라는 일부 해석가들의 관점을 고려한다면 오히려 그것은 과학에 기반하는 개념이라

** 반신학적 사유와 과학 비판의 연관성에 대한 논의로는 다음을 참조하라. Christoph Cox, *Nietzsche: Naturalism and Interpretation*, Berkeley : University of California Press : 1999, pp.16~27. 콕스는 '신의 죽음'의 선언을 유럽적 사유의 자기극복(Selbstüberwindung)이 시작되는 계기를 선언한 것으로 규정한다. 니체가 『즐거운 학문』에서 언급하고 있듯이 "기독교의 신에 대한 신앙이 몰락하고 과학적 무신론이 승리를 거둔 것은 모든 민족이 그 공로와 영예를 치하하는 데 참여해야 할 전 유럽적인 사건이다". 과학적 무신론은 유럽의 양심이 성취한 승리로서 이런 승리를 통해 근대 유럽인은 "가장 오래되고 가장 용감한 자기극복의 상속자"가 될 수 있다(『즐거운 학문』, 12 : 349, 351). 그러나 과학적 무신론자들이 "진정 스스로가 될 수 있는 한 금욕주의적 이상에서 해방되었다"(『도덕의 계보』, 14 : 530)고 믿고 있는 것과는 달리 현대 과학은 스스로 금욕주의적 이상의 핵심을 재현하면서 "금욕주의적 이상의 최상의 동맹자 …… 가장 무의식적인, 가장 의도가 없는, 가장 은밀하고 가장 지하의 동맹자"로 등장했다(『도덕의 계보』, 14 : 530). 이 때문에 금욕주의적 이상은 극복되기는커녕 더욱 강력해져 교묘히 달아나버리곤 한다. 과학은 "신이 진리이다"를 믿지 않는 대신 "진리는 절대적이다"라고 믿으며 "진리에의 의지"라는 형이상학적 믿음을 다시 재현한다(『즐거운 학문』, 12 : 320~324). 따라서 신학이 과학을 통해 자기극복을 이루었듯이 과학 역시 자기극복을 이루어야 한다. 콕스는 과학의 자기극복을 위해서 먼저 "진리에 대한 가치평가"라는 과제가 달성되어야 한다고 주장한다.

고 보아야 하지 않는가? 그렇다면 힘에의 의지와 밀접한 연관성을 지닌 영원회귀 개념도 자연과학적으로 정당화되어야 하지 않는가? 그리고 이처럼 힘에의 의지와 영원회귀 개념이 근대 과학을 통해 정당화될 수 있는 것이라면 니체 역시 과학을 옹호했어야 하지 않는가? 니체의 과학 비판을 의미 있고 정당한 것으로 받아들일 경우 힘에의 의지나 영원회귀 개념은 어떻게 이해되어야 하는 것인가?

첫번째 물음에 대해서 니체는 근대 과학의 근간이 되는 '선형적 인과성'이 낡은 신학적 개념의 변종이며 실체론이라고 답할 것이다. 잇따르는 물음들을 해결하기 위해서는 이 '선형적 인과성' 비판이 힘에의 의지와 영원회귀라는 두 개념과 어떻게 연결되는지를 고찰해볼 필요가 있다. 그러나 이 작업으로 곧바로 진입하기엔 곤란한 점이 있다. 두 개념에 대한 니체의 언급이 단편적으로 흩어져 있으며 모순적이기까지 한 내용들로 이루어져 있기 때문이다. 아비달마 불교의 연기적 인과성을 비판하는 용수의 공(空) 사상은 우리가 이런 곤경으로부터 벗어날 수 있도록 도움을 준다. 우리는 그의 사상을 살펴봄으로써 니체의 핵심 개념들과 과학 비판이 반실체론적 관점에서 어떻게 연관되어 있는지, 니체의 모호한 개념들의 의미를 보다 명료하게 해명할 수 있는 논리는 무엇인지 답할 수 있을 것이다.

2) 용수의 정교화된 반실체론 : 인과연기론 비판

연기법은 공(空)하다

일반적으로 생성과 변화에 대한 반응은 두 가지이다. 이 두 가지 반응이 고대 인도에서는 상주론(常住論)과 단멸론(斷滅論)으로 표현되었다. 상주론은 브라만교의 아트만(ātman ; 個人我)처럼 고정적이고 불변하는 자아를 상정함으로써 생성과 변화 자체를 허구로 간주하는 실체론적 견해이다. 반면 단멸론은 사후에도 존재하는 영혼인 아트만을 거부하며 모든 것은 생성·소멸하는 변화의 과정에 놓여 있다고 본다. 그리고 생멸하는 모든 것은 허무하다고 간주한다. 이 점에서 단멸론은 염세적 견해이다.

붓다는 실체론적 사유와 허무주의에 빠지지 않으면서도 고통을 제거하고 생을 긍정하는 새로운 길인 중도(中道)를 모색하려 한다.[4] 그 결과 그가 도달한 것은 상주하는 아트만을 거부하는 동시에 단멸론의 염세성을 제거하는 연기법(緣起法)이었다. 이 원시 불교의 연기법은 붓다 입멸 후 아비달마 불교의 논사들에 의해 매우 복잡하고 다양한 이론적 발전을 거듭한다. 그 중 대표적인 교파인 설일체유부는 붓다의 연기법을 이해하는 하나의 방식으로 원자론적 사유를 도입했다. 설일체유부에서는 우리의 자아와 세계의 모든 사물을 "다수의 …… 더 이상 분할할 수 없는 요소들의 상호작용"으로 본다. 세계에는 75가지의 "요소(法 ; dharma)들만이 실재"하고, 따라서 모든 사물은 실체성을 띤 것(常住)이 아니라 요소들의 결합을 통해서만 존재한다.[5] 그리고 이때 요소들의 인과적 결합을 '연기'라고 한다.

설일체유부의 상주론 비판은 현상적 사물의 실체성을 해체하기 위해 요소, 즉 다르마의 자성(自性)이라는 또 다른 제1원인을 전제함으로써 다시 실체론적 사유로 회귀하는 경향을 보인다. 용수는 이런 원자론적 사유의 문제점을 비판하고 연기법을 진정한 반실체론적 사유로 자리매김하기 위해 『중론』에서 여덟 가지 부정의 명제(八不偈)를 제시한다.* 만물은 "(새롭게) 생겨나지도 않고 (완전히) 소멸하지도 않으며, 항상되지도 않고 단절된 것도 아니다. 동일하지도 않고 다르지도 않으며 (어디선가) 오는 것도 아니고 (어디론가) 나가는 것도 아니다"(不生不滅, 不常不斷, 不一不異, 不來不出).[6] 팔불게(八不偈)의 핵심은 다르마의 자성을 부정하기 위해 인과를 부정하는 것이다. 원인·결과의 개념을 파괴하지 않고서는 다르마라는 실체의 파괴가 불가능하기 때문이다. 팔불게의 대표적 논리인 불생불멸(不生不滅)이 이 점을 정확히 보여준다. 불생불멸의 논리는 『중론』에 주석을 붙였던 청목(靑目 ; Pingala, 300?~350?)의 견해를 따라서 다음과 같이 재구성할 수 있다.

사물이 생겨날 수 있는 방법으로는 자(自), 타(他), 공(共), 무인(無因)의 네 가지가 있다. 즉 ㄱ) 자기가 원인이거나(自), ㄴ) 남이 원인이거나(他), ㄷ) 그 둘이 함께 원인이거나(共), ㄹ) 원인이 없다(無因)는 네 가지뿐이다. 이 중에서 가장 먼저 논파되는 것은 ㄹ) 무인론(無因論)이다. 무인론은 원인 없는 결과를 상정한다는 점에서 이미 논리적 모순을 범하고 있다. 그 다음으로 ㄱ)~ㄷ)은 한꺼번에 해결된다. 생멸(生

---

* 『중론』의 기획은 반야부 경전의 전통에서 영향받은 공 사상을 통해 아비달마 불교의 연기 이해를 비판하고 연기의 진정한 의미를 복원하려는 것이다. 아비달마 불교와 『금강경』 등의 반야부 계통 경전 사이에는 많은 차이가 있지만 이 글의 논의와 관련해 주목해야 할 것은 다음과 같다. 첫째, 반야부는 "온갖 번뇌를 능히 소멸할 뛰어난 방편으로 법의 이해(擇法)를 떠나 어떠한 것도 존재하지 않는다"(『구사론본송』 I-3)는 아비달마 불교의 견해를 거부한다. 둘째, 아비달마 불교가 법의 생성과 소멸을 통해 무아와 세계의 무상함을 설명하는 것과 달리, 반야부는 오히려 법의 비생성을 역설한다. 셋째, 아비달마 불교는 실재의 본질이 다수의 요소로 구성되어 있다고 보지만, 반야부는 다수처럼 보여진 것은 다만 망상의 산물일 뿐이라고 본다. 다음을 참조하라. 프레데릭 J. 스트렝, 남수영 옮김, 『용수의 공사상 연구』, 시공사, 1999, 41~42쪽.

滅)을 주장하려면 우선 생겨나는 사물/사라지는 사물이라는 식으로 사물들 간의 구별이 필요하다. 예컨대 사물들 A·B의 구별은, 자신은 가지고 있지만 다른 것과는 공유하지 않는 A·B 각자의 성질, 즉 자성(自性)에 따라 이루어진다. 타성(他性)은 그 구별이 일어난 후에 A의 자성에 대립해 세워진 B의 자성을 의미한다. 그런데 만일 사물들이 스스로 존재할 능력이 없고 인과에 따라 생겨날 뿐이라는 (아비달마 논사들의) 논리를 인정한다면 A의 자성은 없다(ㄱ의 부정). 그런 자성이 없다면 A의 타성인 B도 없으므로 자/타의 구분이 무효화된다(ㄴ의 부정). 그리고 자/타가 없다면 A·B의 결합(共)이 원인이 되어 사물이 생성된다는 주장도 불가능하다(ㄷ의 부정). 이처럼 사물이 생성될 네 가지 조건 중 어떤 것도 가능하지 않으므로 생성은 없다. 그리고 생성이 없다면 생성의 부정인 소멸도 당연히 없다.[7]

이 논리의 결과는 매우 역설적이다. 중도연기(中道緣起)가 상주론과 단멸론의 양극단을 피하고 생성과 변화를 긍정하는 진리의 길로서 모색되었다면, 연기는 생성과 소멸을 긍정해야 할 것이다. 그런데 여기서는 오히려 생성을 부정하는 논리를 펼치는 것이다. 그러나 불생불멸의 논리에서 부정되는 것은 생성 그 자체가 아니다. 용수는 귀류법을 사용해 자/타와 같이 불변하는 실체적 자성을 상정하는 한, 생성은 부정될 수밖에 없음을 증명하고 있을 뿐이다. 그 실체성이 경험세계 속 개별자의 차원에서가 아니라 설일체유부의 주장처럼 다르마의 차원에서 상정된다고 해도 결과는 마찬가지다.

그렇다면 설일체유부는 이런 문제적 개념인 다르마를 왜 상정했을까? 그것은 그들이 연기법을 일종의 인과로 이해했기 때문이었다. 인과 사유는 이미 원인이 되는 사물과 결과가 되는 사물의 독립적 실체성을 상정하지 않고서는 불가능하며, 이 때문에 그들은 그 원인이 되는 사물의 자리에 75개의 다르마를 세워놓을 수밖에 없었다. 따라서 연기법이 성공적인 생성의 사유가 되기 위해서는 연기에 대한 인과적 이해를 부정함으로써 다르마를 거부하도록 만드는 전략을 채택해야 한다. 용수는 연기법을 인과적 발생과는 다른 '상호의존적 발생'(dependent co-arising)으로 규정함으로써 이 전략을 수행하고자 한다. 가령 『중론』의 제4품(관오음품)을 살펴보면 다음과 같다.

① 색(色)의 인(因)이 없으면 결과인 색은 지각되지 않는다. 그리고 색이 없는 색의 인도 없다.
② 색의 인을 떠난 색이 있다면 원인 없는 결과를 상정한 것이므로 무인론(無因論)을 주장하는 셈이 되어 오류를 범한다.
③ 색이 없이 색의 인이 있다고 주장하는 것 또한 오류이다. 이는 원인 중에 없는 결과(因中無果)를 상정한 것인데 이 경우 사물은 비인(非因)으로부터 나타나게 된다. 이는 불가능하므로 색 없는 색의 인이란 잘못된 것이다.
④ 그러나 색이 색의 인 속에 있다(因中有果)고 말해서도 안 된다. 이미 색이 있는 것이라면 색의 인은 아무런 소용이 없다. 즉 원인 중에 이미 결과가 있다면 원인은 불필요하다.
⑤ 색이 존재해도 색의 인은 성립하지 않고, 색이 존재하지 않아도 색의 인은 성립하지 않는다.
⑥ 이러한 오류를 피하려면 공(空)을 떠나서는 답변할 수 없다.[8]

위의 논증은 우리가 원인과 결과를 독립적인 실체성을 지닌 것으로 정의하는 한, 어떤 방법으로도 모순을 피할 수 없음을 보여준다.* 따라서 **원인과 결과의 자성을 거부하고 원인과 결과 사이의 상호의존성에 주목해야 한다**는 결론이 나온다. 용수는 이런 상호의존성을 '공'(空)이라고 부른다. 상호의존적 발생을 의미하는 연기의 공성(空性)을 비유적으로 설명해 보자면 다음과 같다.

풋사과를 먹고 아담이 배탈이 났다고 했을 때 흔히 우리는 풋사과의 덜 익음이 배탈의 원인이며 배탈은 풋사과라는 원인에 의해서 생겨난 결과라고 말한다. 그러나 풋사과의 덜 익음과 배탈은 서로 독립적으로 존재하는 두 사건이 아니다.

이때 우리는 아담이 배탈이 나기 이전에도 풋사과가 이미 나뭇가지에 덜 익은 채로 달려 있었으므로 독립적인 원인 사물이 아니냐고 반

---

* "색이 존재해도 색의 인은 성립하지 않고, 색이 존재하지 않아도 색의 인은 성립하지 않는다"에서 색이 존재하지 않을 경우 색의 인은 성립하지 않는다는 주장은 비교적 이해하기가 쉽다. 그러나 색이 존재해도 색의 인이 성립하지 않는다는 주장은 이해하기가 어렵다. 다음과 같이 물어보자. 색이 존재한다면 색의 인은 어디에 있는가? 달리 물어, 결과가 존재한다면 그것을 낳은 원인은 어디에 있는가? 이에 답하기 위해 원인과 결과의 관계를 정리해 보면 다음과 같은 네 가지 경우가 나온다. i) 원인 안에 결과가 들어 있는 것(인중유과), ii) 원인과 결과가 따로 있는 것(인중무과), iii) 결과 안에 원인이 들어 있는 것(과중유인), iv) 결과만 있는 것(무인론).

색이 존재하는데 색의 인이 없는 iv)는 무인론이므로 모순이다. i)은 ④에 의해, ii)는 ③에 의해 반박된다. 흥미로운 것은 iii)에 대한 고려가 없다는 점이다. 인도인들에게 결과가 원인을 포함할 수 있다는 생각은 낯선 것이었다. 결과는 원인 안에 있거나 원인 밖에 있어야 했다. 따라서 용수는 iii)의 논리적 가능성을 반박할 필요를 느끼지 못했다. 아래의 그림을 참조하라(○는 원인, ●는 결과, ○는 무인).

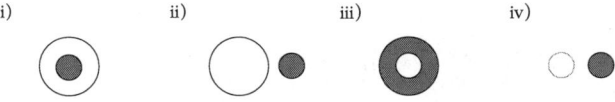

문할 수 있다. 그러나 그때의 풋사과란 배탈의 원인이 아니다. 만일 이것을 원인이라고 말한다면 우리는 아담이 먹지도 않은 풋사과가 아담이 앓은 배탈의 원인이라고 말하는 셈이 된다.

이처럼 우리는 원인과 결과를 상호배타적인 독립적 존재로 규정할 수 없다. 풋사과가 아담의 허약한 장과 '만날' 때만 풋사과는 비로소 배탈의 원인이 된다. 따라서 원인과 결과를 서로 분리해서 독립적인 것으로 사유할 수 없다. 그러므로 '사물은 다른 사물에 의존해서 생성된다'는 연기의 진리는 결과가 원인에 의존해서 생성될 뿐만 아니라 원인도 결과에 의존해 생성된다는 것을 뜻한다.

이런 점에서 연기의 상호의존성은 '상호인과성'(mutual causality)으로도 정의된다.* 그러나 이때 **상호인과성 개념은 '인과성' 이라는 표현에도 불구하고 내용상 인과성의 부정을 의미한다**. 일반적으로 우리가 사용하는 인과성은 과학의 선형적 인과성을 의미하기 때문에 인과성에 대한 확장된 재정의를 통해 이 개념을 구제하지 않는다면 상호인과성은 실제로는 인과론의 부정을 의미하게 된다.[9] 상호의존적 발생은 생성이 일방향의 연쇄적인 인과관계를 통해서가 아니라 모든 것들의 상호의존 속에서 형성됨을 의미하기 때문이다. 이러한 상호의존적 발생은 두 가지의 중요한 의미를 함축한다.

첫째, 상호의존적 발생의 관점에 따르면 사물은 자성을 가지지 않는다. 따라서 개별자들의 생멸에 근거하여 생성·변화하는 세계가 허무

---

* 서양의 불교 논의에서도 '연기'로 번역되는 팔리어 'paticca samuppāda'는 상호적 인과(mutual causality), 상호적 기원(mutual origination), 상호의존적 발생(dependent co-arising) 등 다양하게 표현된다(한자경, 『불교철학의 전개』, 예문서원, 2003, 47쪽).

하다고 주장하는 것은 잘못이다. 개별자들의 생멸은 단지 우리가 자성이라는 허구적 논리에 현혹되었을 때만 발생한다. 우리가 독립적 실체성을 지닌 개별자라는 허구적 관점에 대한 집착을 버리면 니힐리즘은 사라질 수밖에 없다.

둘째, 개별적 사물이나 원인/결과와 같은 분별의 허구적 논리를 산출하는 것은 언어나 개념이다. 풋사과, 아담, 사과나무가 심긴 땅, 그 나무 사이를 지나가는 바람, 이런 것들은 상호의존적 세계 속에서는 사실상 결코 구별되지 않는 하나의 사건이다. 단지 우리가 아담, 풋사과와 같이 마치 자성을 지닌 서로 독립적인 개별자들이 미리 존재하고 그것들이 인과적 사건을 구성하는 것인 양 인식할 뿐이다.

앞에서처럼 인과관계를 부정하기 위해 풋사과와 아담의 상호의존적 만남이 배탈이라는 사건을 구성한다고 말할 때조차 오해가 발생하지 않도록 해야 한다. 즉 풋사과, 아담 등의 개별 사물들이 있고 그것들이 사후적으로 만남으로써 사건을 구성한다고 생각해서는 안 된다. 오히려 **존재하는 것은 사건이며 사건 속에 우리는 개념의 논리로서 개별 사물을 구성하는 것이다.**

물론 이 허구성이 전적으로 무의미하고 무용한 것만은 아니다. 이성의 언어와 개념들은 유기체로서의 우리의 보존에 유용한 측면이 있다. 다만 언어와 개념의 논리를 절대화할 경우에 문제가 발생한다. 이 때문에 용수는 붓다의 설법이 언어나 논리를 절대화하는 온갖 희론(戱論)을 제거하였음을 찬양하면서(『중론』1-1) 논리의 극단적 적용을 통해서 논리의 자가당착을 보이는 방식으로 이 절대화의 미신성을 자각할 수 있도록 유도한다.

과거, 현재, 미래는 공(空)하다

용수는 설일체유부의 인과연기론의 시간관을 비판함으로써 상호의존성의 사유를 다양한 맥락에서 검토한다. 인과연기론은 찰나(刹那)를 시간의 원자로서 이해한 후 이 시간 원자들 간의 인과계열을 통해 시간의 흐름을 설명하는 것이다. 그는 『중론』의 19품 '관시품'(觀時品), 즉 시간에 관한 고찰을 통해 이를 비판한다. 청목의 소(疏)를 참고로 해서 그 비판을 다음과 같이 재구성할 수 있다.

① 과거를 원인으로 해서 현재와 미래가 생긴다는 인과론을 받아들이면 현재와 미래는 이미 과거 속에 들어 있음을 받아들여야 한다. 그러나 과거의 시간에 현재와 미래가 들어 있다면 삼세는 구분될 수 없다. 따라서 현재와 미래 역시 과거라고 불러야 한다.
② 만일 이 모순을 피하려고 과거 속에 현재와 미래가 들어 있음을 부정하면 삼세 사이에 존재하는 인과론의 성립 근거를 찾을 수 없다.
③ 이와 같은 인과론의 부정은 현재와 미래라는 시간 자체의 부정을 의미한다. 과거가 존재하고 다른 두 시간대가 과거에 의존한다는 가정 아래서만 현재와 미래의 시간이 성립할 수 있었기 때문이다.
④ 그렇다고 해(歲), 달(月), 일(日), 찰나와 같은 시간의 상(相)을 통해 시간을 파악할 수도 없다. 시간이 머무르는 것(時住)도 포착할 수 없고 시간이 흐르는 것(時去)도 포착할 수 없다면 시간의 상을 파악하는 것 역시 불가능하기 때문이다.
⑤ 시간이 사물을 원인으로 생긴다고 보는 입장 역시 불가능하다. 왜냐하면 사물이 존재하지 않으므로 시간 역시 존재할 수 없다.[10]

용수는 먼저 과거가 현재를, 현재가 미래를 낳는다는 인과적 시간관을 비판한다. 비판의 방식은 과거가 다른 두 시간대의 원인이라고 가정할 경우에 모순이 발생함을 보이고, 과거가 원인이 아니라고 가정할 경우에도 역시 모순이 발생함을 보이는 것이다. 관시품의 논의에서 설일체유부의 실체론적 시간관은 ⑤를 통해 비판된다. 물론 설일체유부에서는 시간 자체를 실체로서 직접 가정하지는 않는다. 그러나 그것은 시간을 75개의 법 중 하나에 속하는 것으로 보지는 않는다는 뜻일 뿐이다. 그들은 ⑤에서 제시되는 방식으로 실체론적인 시간 이해를 취한다. 설일체유부에서 찰나는 75개의 실체적 요소들이 생주이멸(生住異滅)의 작용을 하는 시간 단위로서 간주된다. 이는 시간의 인과를 사물의 인과로 환원하여 이해하는 방식, 즉 '시간은 사물을 원인으로 하여 생기는 것'으로 보는 입장이다. 이러한 설일체유부의 시간관을 '삼세실유설'(三世實有說)이라고 한다.

삼세실유설은 과거, 현재, 미래의 찰나가 각각 실체성을 지니고 존재한다는 시간존재론이다. 이 삼세실유의 근거는 법체항유(法體恒有)에 있다.* 즉 과거의 법들, 현재의 법들, 미래의 법들이 항상 존재한다는 것이다. 그러므로 그 법들이 생주이멸의 네 가지 상(四相)을 경과하

---

* 히라카와 아키라, 김재천 옮김, 「원시불교와 아비다르마의 시간론」, 『존재론/시간론』, 불교시대사, 1995, 189쪽. '법체항유'에 대해서는 다음을 참조하라. 권오민, 『유부아비달마와 경량부철학의 연구』, 184~185쪽. "'삼세실유'라고 하는 말은 말 그대로는 과거·현재·미래의 삼세(혹은 시時)가 실재한다는 뜻이지만, 설일체유부 법상에서 볼 때 시간 자체는 개별적 실체로서 존재하지 않으며, 다만 생멸·변천하는 유위제법(有爲諸法)에 근거하여 설정된 것일 뿐이다. 다시 말해 시간이란 유위의 이명(異名)이기 때문에 삼세실유는 바로 과거·현재·미래에 걸친 유위제법의 실유를 의미하며, 그것은 결국 '제법〈체〉항유'(諸法〈體〉恒有)와 다르지 않다.

는 시간 단위인 찰나도 항상 존재할 수밖에 없다. 그리고 삼세(三世)의 법들이 인과적 관계에 놓여 있기 때문에 과거, 현재, 미래 역시 인과적 연기의 관계를 맺는다. 그런데 용수는 한 찰나 안에서 작용하는 법의 자성을 거부하면서 각 찰나의 법들 사이에서 성립한다고 가정되는 인과성을 이미 비판하였다.[*] 이에 따라 법들의 자성, 달리 말해 법의 항유(恒有)와 인과관계에 의존하는 삼세실유설은 성립될 수 없다.

한 찰나가 원인으로서 바로 이웃한 다음 찰나를 발생시킨다는 인과관계에 기반한 시간관을 용수가 거부한 이유는 업(業)의 공성(空性)을 주장하기 위해서이다.[**] 업은 과거 행위의 결과로서 우리의 미래를 결정짓는 것이다. 그런데 이런 업의 인과론을 단 한번만이라도 받아들인다면 다가올 모든 찰나는 지나간 찰나의 업에 의해 결정된 것이 되므로 인과적 결정론을 피할 수 없게 된다. 이는 업으로부터의 해방, 즉 해탈이 불가능하다는 것을 의미한다. 용수는 설일체유부의 시간관을 비판함으로써 연기법이 업의 인과적 결정론을 의미하는 듯이 오해되는 것을 막는다.

---

[*] 설일체유부는 일체의 법들에 적용되는 인과관계를 6인(因), 4연(緣), 4과(果)로 설명하고 있다. 6인은 직접적인 원인으로서 능작인(能作因), 구유인(俱有因), 동류인(同類因), 상응인(相應因), 변행인(遍行因), 이숙인(異熟因) 등이 있다. 그리고 이 원인들은 4가지 결과를 만들어낸다. 이러한 6인설에 간접적인 원인을 의미하는 4연이 더해진다. 4연에는 인연(因緣), 등무간연(等無間緣), 소연연(所緣緣), 증상연(增上緣)이 있다(권오민, 『아비달마불교』, 109~118쪽). 용수는『중론』전반에 걸쳐 이러한 인과론들이 상호의존적으로 이해되지 않을 때 발생하는 오류를 치밀하게 논증하고 있다.

[**] 설일체유부의 인과연기론에서 과거의 수많은 찰나는 나의 현재 위에 무시무시한 업의 무게로 쌓여 있다. 칼루파하나 역시 이를 지적하고 있다. 시간 개념은 업의 과보(果報)를 설명하는 중요한 요인이다. 그런데 설일체유부의 시간 개념에 따르면 "어떤 사람이 과거를 알고 있다면 절대적 확실성을 갖고 현재와 미래가 무엇인지도 알고 있다는 것을 뜻한다". 관시품 논의의 초점은 이러한 설일체유부의 사변이 지닌 문제점을 비판하는 데 있다(데이비드J. 칼루파하나, 박인성 옮김, 『나가르주나』, 장경각, 1994, 359~360쪽).

용수에 따르면 삼세의 구분 자체는 이미 과거의 시간을 원인으로 상정하고 그 결과로 현재와 미래의 두 시간대를 도출하는 절차에 의존하는 것일 뿐이며, 이런 식으로 구분되는 과거·현재·미래를 우리는 경험할 수 없다. 그럼에도 불구하고 우리가 찰나를 시간의 원자로 이해하는 이유는 단지 습관 때문이다. 용수가 관시품의 마지막에서 "사물도 오히려 존재하지 않는데 어떻게 시간이 존재하겠는가?"(『중론』 19-6)라고 반문하는 것은 사물의 자성을 상정하는 데 익숙해진 우리의 습관이 시간에서조차 자성을 지닌 시간의 원자를 상정하고 그것들의 합으로서 시간을 이해하고 있음을 지적하기 위해서이다.

3) 니체의 반실체론적 사유의 재구성

선형적 인과성에 대한 거부

우리는 용수의 공 사상에 나타난 논점들을 통해 니체의 반실체론적 사유를 다음과 같이 정교화할 수 있다.

첫째, **실체론의 철저한 제거를 위해선 제1원인과 함께 인과성 자체가 거부되어야 한다.** 제1원인(브라만 신)을 제거하는 것은 실체론 비판의 첫 단계이다. 따라서 용수에게서 제1원인이라는 공리를 거부하는 태도가 엿보이는 것은 당연하다. 정말 중요한 것은 용수가 제1원인과 인과성 개념의 연관성을 간파했다는 점이다. 그는 인과성을 받아들이는 한 설일체유부의 법과 같이 변형된 방식의 제1원인이 계속 등장할 수밖에 없음을 보였다. 이 점을 고려한다면 니체가 신의 죽음을 선포한 후, 근대 사상의 경향을 따라 과학 예찬의 길을 걷는 대신 격렬하게 과학을 비판했던 이유 역시 분명해진다. 니체는 근대 사상가들이 신이라는 제1원인을 비판하면서 과학적 인과법칙을 선택한 점에 주목한다. 근대 사상에서는 제1원인과 과학적 인과성을 서로 다른 두 세계를 구성하는 원리로 가정한다. 이에 따라 우리는 종교적이고 도덕적인 관점에서 제1원인을 받아들이거나, 합리적 관점에서 과학적 인과성을 받아들여야 하는 양자택일의 상황에 서 있는 것으로 간주된다. 그러나 양자는 모두 원인과 결과의 선형적 연쇄에 따라 세계를 구성한다. 단지 제1원인이 자유에 의한 인과성(Kausalität aus Freiheit)을 통해 인과를 시작하는 최초의 매듭을 만들고 다른 하향의 연쇄는 열어놓는 데 비해, 과학적 인과성은 인과연쇄의 시작과 끝을 모두 열어놓는다는 점이 다를 뿐이다. 따라서 근대 사상의 일반적 전제와는 달리 제1원인과 인과성 개념의 거리는 그렇게 멀지 않다.

니체가 보기에 인과성 자체의 제거 없이 제1원인의 진정한 소멸은 가능하지 않다. 그는 제1원인과 인과의 연관성을 다음과 같이 지적한다. 과학적인 인과연쇄를 따지는 "'인식의 행동'은 하나의 재귀 행동이다. 그것은 본질에서 보자면 하나의 무한한 뒷걸음질이다". 그리고 제1원인은 인과연쇄의 무한 후퇴를 정지시키는 것에 불과하다. 이 경우 "(소위 제1원인causa prima에서, 무제약자 등등에서) 정지시키는 것은 게으름이고 피로다"(「사물들의 근거」, 19 : 163). 무한히 인과를 적용하는 데서 느끼는 철학적 피로감이 제1원인을 상정하게 한다는 것이다. 그러므로 제1원인이란 피로에 의해 중단된 인과계열의 한 항에 불과할 뿐 인과성과 질적으로 다른 사유가 아니다.*

제1원인이든 과학적 인과성이든 간에 원인-결과를 상정하려는

"소위 인과-본능은 단지 익숙하지 않은 것 앞에서의 공포에 지나지 않으며, 그 익숙하지 않은 것 안에서 무언가 알려져 있는 것(Etwas Bekanntes)을 발견하려는 시도"이다(「힘에의 의지」, 21:89). 이처럼 1885~88년 사이의 유고 단편에서 인과성을 비판하는 언급들이 지속적으로 발견되는 것은 니체가 신의 죽음을 니힐리즘의 끝이 아니라 시작으로 파악하고 있음을 보여준다. 신의 죽음 이후에 등장한 과학의 실체론이야말로 진정한 공격의 대상이 되어야 한다는 것이다.

둘째, **인과성 비판의 효과적인 전략은 원인과 결과의 상호의존성을 주장하는 것이다.** 다음과 같은 니체의 언급들은 인과성을 비판하려는 의도에서 서술된 것이다. "**원인도 없고, 결과도 없다**"(「힘에의 의지」, 21:89). 용수의 논리에 비추어 볼 때 니체의 이러한 언급은 원인과 결과의 상호의존성을 주장함으로써 인과성을 비판하려는 시도이다. 실제로 니체는 다음과 같이 주장한다. "여기서 문제되는 것은 차례차례의 연속(상속相續관계 ; Nacheinander)이 아니라, 서로 상대 속으로 맞물림(상입相入관계 ; Ineinander), 즉 이어지는 개별적 계기들이 원인과 효과로서 서로를 규정함이 없는 과정이다"(「"인과주의"를 위하여」, 19:166). 원인과 결과는 독립적으로 존재하는 것이 아니다. 물론 "언어상으로는 우리는

---

* 미스트리는 연기론을 분석하면서 용수와 니체의 사유가 공유하는 중요한 특징으로 제1원인에 대한 거부를 들고 있다. 그녀에 따르면, 연기론의 조건성(conditionality)과 니체가 유고의 단편들에서 언급하는 '공동작용'(coordination)(「원인과 결과가 아니라 병렬관계」, 17:210)은 모두 제1원인의 공리를 제거한다는 점에서 동일하다. 이것은 윤리적 차원에서도 양자의 유사성을 만들어낸다. 니체와 용수에게 개인의 고통을 구제하고 미래를 결정하는 것은 제1원인에 따른 인과가 아니라 현재의 수행자의 전념(concentration)이다. 개인의 구제는 지금 여기에 의해 좌우되며 세계 너머에 있지 않은 경험적 사건이다(Freny Mistry, *Nietzsche and Buddhism*, New York : Walter de Gruyter, 1981, pp.77~78).

원인과 결과에서 벗어날 수 없다. 하지만 이것은 중요하지 않다"(「힘에의 의지」, 21 : 89). 실제로 존재하는 것은 "생기(사건)의 복합체"이며 원인과 결과, 주체와 객체, 행위자와 행위 등의 실재성은 논리학의 환상에 불과하다. "대립관계란 없다. 우리는 단지 논리학의 대립관계로부터 대립이란 개념을 얻었으며, 그것으로부터 사물로 잘못 옮겨버렸다"(「결정론과의 싸움」, 20 : 62).

셋째, **원자론은 인과성의 논리에 의존하여 성립되는 실체론에 불과하다.** 용수가 설일체유부의 원자론을 비판하며 반실체론을 철저하게 고수했듯이 니체는 고대 원자론과 대결한다. 니체는 인과론을 논의하는 단편들에서 고대 원자론에 대해 다음과 같이 비판한다. "우리는 무언가가 왜 변화했는지를 설명하기 위해서 사물을 찾는다. 심지어 원자조차 그렇게 덧붙여서 고안된 '사물'이자 '근원주체'(Ursubjekt)인 것이다"(「힘에의 의지」, 21 : 88). 이 구절에서 니체는 초기 저술인 『플라톤 이전의 철학자들』(1869~76년 사이의 강의록)에서 보여준 원자론에 대한 호의적 논평과 상반되는 태도를 가지고 원자론에 들어 있는 주체성의 신화를 지적하고 있다. 이런 구절이 인과론 비판의 논의에 삽입되어 있는 이유는 분명하다. 용수의 설일체유부 비판이 보여주듯 실체론을 극복하고 변화와 생성을 사유하기 위한 방식으로 원자론을 도입하는 전략에는 분명한 한계가 있다. 원자 자체는 일종의 제1원인이며 생성을 설명하는 데 사용되는 인과성은 실체성에 기반한 개념이기 때문이다.

니체는 초기에는 실체론에 대항하여 변화를 포착하는 사유로서 원자론의 가능성을 검토했지만 후기에는 그것을 부적절한 것으로 판단한다. 그는 원자론의 윤리적 결론에 대해 적극적으로 긍정했음에도 불구하고 "마침내 우리는 사물, 따라서 원자 또한 아무런 작용을 하지 않는 다는 사실을 파악한다. 그것들이 전혀 존재하지 않기 때문이다. ······ 인과율(Causalität)이라는 개념은 전적으로 불필요하다"(「힘에의 의지」, 21:88)고 결론짓는다. 따라서 변화와 생성을 사유하는 철학을 위해선 완전히 새로운 개념의 발견이 요구된다.*

넷째, **변화와 생성의 사유는 인과의 상호의존성 논리에 입각해 구성되어야 한다.** 용수는 인과적 연기법을 거부하고 상호적 발생이라는 연기의 공성(空性)을 포착함으로써 생성을 긍정하려 했다. 용수처럼 니체역시 새로운 생성 철학의 개념들을 확립하는 과정에서 인과 비판을 통해 도출한 상호의존성의 아이디어를 적극 사용하고자 했다. 영원회귀와 함께 니체의 생성 철학을 구성하는 가장 주된 개념인 **힘에의 의지는 바로 이러한 상호의존성을 표현하기 위한 개념**이다. 그가 『힘에의 의지』를 완성하기 위해 여러 구상과 준비를 했던 1885~88년의 유고 단편에서 인과성 비판의 언급들이 유독 많이 발견된다는 점과 1888년의 한 유고에서 결정적으로 발견되는 "힘에의 의지. 원칙적으로 '원인' 개념 비판"(「힘에의 의지」, 21:86~87)이라는 표현은 이를 뒷받침해 준다.

---

*그러나 포터는 힘에의 의지 개념의 모태로서 원자론의 중요성에 주목한다. 그는 그리스 원자론에 대한 니체의 재발견을 1860년대 후반의 데모크리토스적 기획이라고 부르면서 니체 철학의 매우 중요한 계기로 평가한다. 니체는 원자론에 대한 사색 속에서 원자론에 필적할 만한 것으로 힘에의 의지를 찾아냈다는 것이 그의 주장이다(James I. Porter, *Nietzsche and the Philology of the Future*, Stanford, Calif.: Stanford University Press, 2000, p.82). 물론 원자론의 기본적 아이디어가 힘에의 의지 개념에 직접적으로 이어지고 있다고 볼 수는 없다. 오히려 실체론적인 토대(원자)를 고수하려고 했을 때 생기는 난점에 대한 사색을 통해 니체는 힘 개념을 찾아낼 수 있었다는 것이 더 타당할 것이다. 들뢰즈 역시 『니체와 철학』에서 이 점에 주시하면서 원자론은 태동하고 있는 역동론을 위한 가면이라고 논평한다. 질 들뢰즈, 이경신 옮김, 『니체와 철학』, 민음사, 2001, 26쪽.

힘에의 의지 개념과 상호의존성의 사유

힘(Macht) 개념은 사물과 원자의 실체성을 철저히 배제하고 상호의존성을 표현하기에 가장 적절하다. 힘은 언제나 다른 힘들 간의 상호의존적 작용을 통해서만 존재한다. 가령 우리가 5N의 힘이라고 부르는 것은 다른 힘과의 양적 차이이다. 즉 한 힘의 성질은 힘의 장(場) 전체 속에서 작용하는 다른 모든 힘들의 양들 간의 상호적 종합을 통해 형성된다. 5N의 힘이 새로운 3N의 힘으로 변화할 때 이는 역학장 전체의 변화를 의미한다. 힘들의 어떤 종합상태에서 다른 종합상태로의 이행을 뜻하는 것이다. 다시 말해 다른 모든 힘들이 그대로 보존된 상태에서 하나의 힘만이 변화할 수는 없다. 특정 힘의 감소나 증대는 언제나 모든 힘들 전체 상태의 변화를 의미하는 것이다. 힘과 힘 사이에는 우리가 원자들이나 혹은 사물들 사이에 있다고 가정하는 빈 틈(虛空)이 없다. 그리고 이것은 우리가 사물들 각각을 독립적 존재로 상정하듯 아무런 영향 없이 독립적으로 존재하는 각각의 힘들을 상정하기는 어렵다는 것을 뜻한다.* 니체는 힘에의 의지에 대한 이러한 통찰들을 다음의 구절을 통해 밝히고 있다.

> 그대들은 또한 내게서 "세계"란 무엇인지 알고 있는가? …… 이 세계는 곧 시작도 끝도 없는 거대한 힘이며, 커지지도 작아지지도 않으며, 소모되지 않고 오히려 전체로서는 그 크기가 변하지 않지만 …… 일정한 힘으로서 일정한 공간에 끼워 넣어지는 것인데, 이는 그 어느 곳이 "비어" 있을지도 모르는 공간 속이 아니라, 오히려 도처에 있는 힘이며, 힘들과 힘의 파동의 놀이로서 하나이자 동시에 "다수"이고, 여기에

서 쌓이지만 동시에 저기에서는 줄어들고, 자기 안에서 휘몰아치며 밀
려드는 힘들의 바다며, 영원히 변화하며, 영원히 되돌아오고, 엄청난
회귀의 시간과 더불어, 자신의 형태가 빠져나가는 썰물과 밀려들어오

---

* 뮐러-라우터는 여기에서 논의하고 있는 힘들의 상호의존성을 잘 설명해 준다. 그는 힘에
의 의지가 '하나이며 동시에 다수' 라는 니체의 언급에 주목함으로써 힘들의 상호의존성을
설명하고 있다. 뮐러-라우터에 따르면 힘에의 의지는 다음과 같이 이해될 수 있다.
 첫째, 힘에의 의지는 의지하기의 특별한 사례가 아니다. 즉 의지하는 것이 힘인 경우를
뜻하는 것이 아니다. 힘에의 의지는 어떤 종류의 것이건 힘의 범위를 끊임없이 확장하라
는 '명령의 정동' (affect of command)이다. 일반적으로 힘에의 의지는 세계의 형이상학적
인 근거로 해석된다. 이런 종류의 해석들은 대부분 힘에의 의지를 순수한 내재성의 세계
를 구성하는 원리로 보는 야스퍼스의 독해를 따른 것이다. 여기서 힘에의 의지는 형이상
학적인 원리이긴 하지만 그렇다고 생성의 세계 너머에 있는 초월적 원리인 것은 아니다.
하이데거 역시 의지가 가진 자기보존과 자기극복이라는 독특한 특성으로써 힘 개념을 사
유한다. 하이데거의 해석을 지지하면서 발터 슐츠 역시 힘에의 의지가 분투하는 대상으로
삼는 것은 "더 이상 외재적인 어떤 것이 아니라, 항상 그 자신일 뿐"이라고 강조한다. 이런
견해들은 모두 힘에의 의지가 초월적 원리가 아님을 강조함으로써, "세계는 힘에의 의지
이외에 아무 것도 아니다"라는 니체의 주장을 설명하고자 한다.
 둘째, 니체에게 세계는 하나이자 다수이다. 세계는 힘에의 의지이다. 따라서 힘에의 의
지도 하나이자 다수이다. 이때 하나와 다수와의 관계는 하나가 다수를 근거짓는 그런 관
계가 아니다. 니체는 신학적으로 혹은 형이상학적으로 모든 것을 근거짓는 하나의 단순자
(간단한 것)를 거부했다. "간단한 것은 전부 한갓 공상적인 것이며, '참'은 아니다. 하지만
현실적인 것, 참인 것은 하나가 아니며 하나로 환원될 수도 없다"(「히페르보레오스인의 잠
언들」, 21 : 335). 그에게 하나는 일종의 통일성(동일성)이다. 그리고 "모든 동일성(Einheit)
은 오직 조직과 합동(zusammenspiel)으로서만 동일성이다"(「동일성」, 19 : 130). 따라서 힘
의 통일성을 서로 충돌하는 다수의 힘들이 만들어내는 "조직화를 의미하는 것으로 받아들
일 때에만" 힘에의 의지는 단수의 의지일 수 있다.
 니체는 통일성을 형성하는 힘들을 '힘의 양자들' (Machtquanta)(「기계론 비판」, 21 : 66)
이라고 표현한다. 힘의 양자들의 집합이 증가하고 감소하는 것이 세계(통일성)이기 때문
에 우리는 통일성 자체에 대해서는 말할 수 없고 연속적으로 변화하는 통일성들에 대해서
만 말할 수 있을 뿐이다. 따라서 고정 불변하는 존재(being-steadfast, das Beständige)라
는 의미의 통일성은 없으며 그런 통일성은 허구로서만 존재할 뿐이다. 그리고 불변한 채
로 있는 하나의 통일성이 없다면, 단일한 불변자로서의 다자들도 없다. 조직화된 통일성
만 그런 '존재'를 갖지 않는 것이 아니라, 하나의 조직적 패턴 속에서 '협력하는' 다자도
그런 '존재'를 갖지 않는다. 즉 하나의 힘에의 의지를 조직화하는 최소의 단위인, 궁극적
으로 분할불가능한 힘의 양자들은 없다. "다른 모든 힘 양자들에 힘을 행사하는 것이 자신
의 본성인 힘 양자들"(「'원인' 개념 비판」, 21 : 70)만이 있을 뿐이다(Wolfgang Müller-
Lauter, "Nietzsche's Teachings of Will to Power", *Nietzsche Critical Assessments*, vol.2,
eds. Daniel W. Conway, and Peter S. Groff, London : Routledge, 1998, pp.205~208).

는 밀물 …… 스스로를 긍정하면서, 영원히 반복해야만 하는 것으로서 스스로를 축복하면서, 어떠한 포만이나 권태나 피로도 모르는 생성이다. 영원한 자기창조와 영원한 자기파괴라고 하는 이러한 나의 **디오니소스적인 세계 …… 이러한 세계가 힘에의 의지다. 그리고 그 외의 아무것도 아니다!**(「"세계"란 무엇인지 알고 있는가?」, 18 : 435~436)

이런 모델 속에서 변화와 생성을 설명하려면 힘들 전체의 한 상태에서 다른 상태로의 이행을 만들어내는 것이 필요하다. 니체는 이 힘의 장 전체의 변화와 이행을 만들어내는 것을 의지(Wille)라고 부른다. 의지는 '힘에의 의지'를 의미하며 이때 의지되는 것은 새로운 힘들의 상태이다. 힘에의 의지는 힘들의 장 전체를 바꾸는 것이므로, 그 장 안에서 하나의 힘을 개별적으로 실체화하여 원인으로 삼는 경우에는 포착되지 않는다. 힘에의 의지는 힘들의 장 전체에 끊임없는 변화와 생성을 만들어내는 것으로서, 20세기 초의 불교 연구가 리스 데이비스가 무상성(無常性)을 설명하기 위해서 사용한 개념*인 '공동작인(共同作因, co-

---

* 데이비스에 따르면 변화의 철학은 항상 다음을 가정한다. "시간이나 공간에서의 변화이든 물질적이거나 정신적인 변화이든 변화한다는 것은 기존의 X가 바로 다음 순간에는 비(非)X가 된다는 것으로서, X는 영원하지 않는 비-존재이다." 즉 영원히 존재하는 것은 없다는 뜻이다. 또한 "이때 변화하는 모든 X는 그 X를 지속적으로 비(非)X로 바꿀 수 있는 **공동작인 n**을 가진다"(Rhys Davids, *Buddhist Psychology*, London : G. Bell and Sons, 1914, p.218). 강조는 인용자. 메이시는 데이비스가 '작인'(causal agent) 개념과 결별하기 위해 공동작인 개념을 사용한다고 설명한다. A가 B의 작인이라는 말은 A가 B를 산출하는 힘을 가지고 있는 원인이라는 뜻이다. 이와 달리 연(緣, paccaya)은 단일하고 선형적인 작인을 가정하는 인과관계가 아니라 '나타나도록 돕는' 관계이다. 'paccaya'는 '돕고 있음'(upakaraka)으로 이해된다. 이것은 조건성(conditionality)을 뜻한다. 이에 대한 자세한 논의로는 다음을 참조. 조애너 메이시, 이중표 옮김, 「비선형적 상호인과율으로서의 연기」, 『불교평론』(제11·12호/여름·가을), 불교시대사, 2002.

efficient) n'과 동일시할 수 있다. 공동작인 n은 변화와 생성을 사유하되 선형적 인과론의 원인 개념을 도입하지 않고서 그것들을 사유하려는 용어이다. 공동작인은 선형적 인과론에 입각해 세계를 파악하려는 인식론의 관점에서 보면 일종의 비약이며 설명불가능한 것이다. 이런 관점에서는 니체가 말했듯이 "인식과 생성은 서로 배타"적인 것으로 여겨진다(「존재자를 가정하는 것」, 20 : 60).

3_근대적 니힐리즘의 극복과 영원회귀

1) 힘에의 의지와 영원회귀의 관계

상호인과의 두 가지 차원 : 동시적 상호인과와 이시적 상호인과

공동작인은 불교의 상호인과성 개념을 참조해볼 때 두 가지 의미로 규정될 수 있다. 그것은 동시적(同時的) 상호인과성과 이시적(異時的) 상호인과성이다. 동시적 상호인과성은 서로 기대어 서 있는 두 볏짚단의 경우에 성립한다. 두 볏짚단은 서로 상대를 서 있게 하는 원인이 되는 동시에 상대에 의해 서 있게 되는 결과가 된다는 점에서 상호인과적이다. 이것은 인과의 의존관계가 동시적으로 발생하는 경우이다. 이와 달리 이시적 상호인과성은 인과가 시간의 흐름 속에서 **이시적(異時的)으로 또는 계기적으로 발생하는 것**이다. 이는 결과가 원인으로부터 영향을 받을 뿐만 아니라, 원인도 결과로부터 영향을 받는 상호인과성 또는 상호의존성이다. 이 주장은 동시적 상호인과성 개념에 비해 이해하기 힘들고 받아들이기도 어려운 것이지만, 불교의 연기 개념을 숙명론이나 결정론과 명확히 구분해 준다는 점에서 중요하다.*

설일체유부가 12연기법을 이해하는 방식은 이시적 상호인과성에 대한 정확한 고려 없이 연기를 해석할 때 발생하는 문제점들을 보여준다. 설일체유부의 연기법은 분위연기법(分位緣起法)에 따른 삼세양중인과설(三世兩重因果說)이다. 분위연기법은 12연기를 인간 삶의 순서에 따라 기술한 것이다. 먼저 12연기의 과정을 설명하면 다음과 같다.

삶의 괴로움(老死)은 태어남(生)에서, 태어남은 태어나고자 하는 의지(有)에서, 의지는 정신적 집착(取)에서 각각 비롯된다. 집착은 대상에

---

* 12연기설에 의거하여 정의되는 동시적 인과와 이시적 인과의 개념은 다음과 같다. ① 12연기 : 무명-행-식-명색-육처-촉-수-애-취-유-생-노사. ② 동시적 인과 : 식과 명색의 경우, '식→명색', '명색→식'이라는 인과관계가 성립한다. 볏짚단의 비유처럼 양자가 서로 인(因)이 되고 서로 과(果)가 되는 경우가 동시적으로 성립한다는 점에서 상호인과이다. ③ 이시적 인과 : 시간의 흐름을 감안하여 계기적으로 이어지는 인과의 흐름을 파악하는 것. 인과관계의 비가역적 발생을 의미한다.

여기서 이시적 인과성이 이시적 상호인과성으로 이해될 수 있는 이유는 다음과 같다. "명색이 식의 원인으로서 상호인과라고 말할 수 있는 것은, 명색이 직접 식의 원인은 아니지만 명색에서 시작해서 육처와 촉을 거쳐 다시 무명과 행으로 이어지면서 결국은 식이 그 과로서 등장하게 되기 때문이다. 즉 '명색→육처 …… 노사→무명→행→식'의 방식으로 인과관계가 연속적으로 이어지기 때문이다"(한자경, 『유식무경, 유식불교에서의 인식과 존재』, 예문서원, 2000, 152쪽). 불경에서는 비록 일체의 상호의존성을 강조하기 위해 짚단의 예를 자주 사용하기만 하지만, 근본적으로 연기가 발생의 논리를 말하고 있다는 점에서 보면 그것은 일차적으로 이시적 상호의존성이라고 할 수 있다. 『유식무경』에서는 유식의 불교적 논리를 재구성하는 과정에서 이시적 상호의존성 개념을 사용하고 있으며 그 때문에 시간의 비가역성을 인정하는 범위에서 이 개념을 해석하고 있다.

그러나 여기서는 용수의 공 사상에 따라 이시적 상호의존성 개념을 과거에서 현재로의 일방향적 흐름을 폐기하는 개념으로 제안하려고 한다. 공 사상의 관점에서 보면, 인과의 비가역성은 이미 지나간 과거를 고정된 것으로 전제함으로써 과거의 시간을 암암리에 실체화하고 있다. 이런 해석은 일본 근대의 불교학자 우이하꾸주(宇井伯壽)의 연기 해석과도 유사하다. 그는 12연기설을 (좁은 의미에서의 시간적) 인과관계를 지시한 것이 아니라, 상의상관(相依相關)적 관계에 있는 것을 서술한 것이라고 주장한다. 권서용의 논평에 따르면 이러한 연기 해석은 화엄 철학의 연기관에 바탕한 것이다. 화엄은 시간의 가역성, 즉 현재 순간에 미래와 과거가 내재해 있다는 것과 공간의 무애성(無碍性), 즉 좁쌀 속에 우주가 있고 우주 속에 좁쌀이 있다는 철학을 기반으로 한다(권서용, 「연기緣起에 관하여 : 세친과 근대불교학자들의 해석을 중심으로」, 『철학논총』[제34집/4권], 새한철학회, 2003).

대한 갈망 또는 욕망(愛)에서 비롯되고, 욕망은 감각적 경험(受)에서 비롯되며, 감각적 경험은 감각과 대상의 접촉(觸)에서 비롯된다. 그리고 접촉은 여섯 가지 인식 기관(六入)에서 비롯되고, 그 인식 기관은 마음과 신체로 구성된 태아의 유기 조직(名色)에서 비롯되며, 그 유기 조직은 어떤 원초적 의식(識)이 없으면 발달할 수가 없다. 또한 원초적 의식은 전생의 경험에서 얻어진 성향(行)으로부터 주어진 것이며, 그러한 인상은 진리에 대한 무지(無明)에서 비롯된 것이다.[11]*

즉, 연기는 무명(無明)-행(行)-식(識)-명색(名色)-육처(六處)-촉(觸)-수(受)-애(愛)-취(取)-유(有)-생(生)-노사(老死)의 12지(支)를 갖는다. 이 연기법에서 무명은 전생의 결과이자 현재 생의 원인이고, 식이나 수는 무명-행의 결과이자 현재 생의 애-취-유의 원인이다. 다시 애-취-유는 미래 생의 원인이며 현재 생-노사의 결과이다. 이처럼 설일체유부의 연기법은 과거, 현재, 미래의 삼세에 걸쳐 인과가 중첩되어 있다고 주장한다. 과거의 원인이 현재의 결과고 현재의 결과가 다시 미래의 원인이 되는데, 이 경우 하나의 사건이 과거의 결과인 동시에 미래의 원인이기 때문에 인과가 동시적이라는 것이다. 이런 연기법은 삼세에 걸쳐 있는 연기의 각 지가 원인과 결과의 의미를 동시에 갖는다는 점에서 삼세양중인과설(三世-兩重-因果說)이라고 부를 수 있다.

---

* 초기 불교에서 12연기법은 괴로움의 원인을 해명하는 성스러운 진리이다. 연기법에서는 "무조건적인 것은 아무것도 없다. 모든 사물은 어떤 조건에 의지하여 존재한다". 12연기란 사물들이 존재하기 위해 의존하는 조건을 12개의 고리로 이어서 설명한 것이다. 다음을 참조하라. 디렌드라모한 닷타·사티스찬드라 찻테르지, 김형준 옮김, 『학파로 보는 인도 사상』, 예문서원, 2001, 137쪽.

설일체유부의 삼세양중인과설은 인과의 이시성을 주장하는 것처럼 보인다. 과거가 현재의 원인이 되고 현재는 미래의 원인이 된다는 점에서 원인과 결과의 관계가 서로 다른 시간적 계기 속에서 설명되고 있다는 점에 주목하면 그렇다. 다른 한편으로는 위의 언급처럼 각 지가 원인과 결과의 의미를 갖는다는 점에서 이것은 동시적 인과성을 주장하는 듯이 보인다.[12] 만일 이처럼 동시적 인과성을 한 사물이나 한 사건이 원인이면서 동시에 결과를 의미한다는 식으로 사용한다면 사실상 동시적 인과성은 이시적 인과성과 개념적으로 구별될 필요가 없다. 시간적으로 인과관계를 사유할 경우, 인과의 한 항이 다른 것의 결과이면서 동시에 다른 것의 원인이 되지 않는 경우는 없기 때문이다. 따라서 동시적 인과성은 한 사건을 구성하는 계기들이 실체적으로 구별되어 존재하지 않고 서로 상호의존적으로 연결되어 있음을 의미하는 것으로 이해하는 것이 더 타당하다.

그렇다면 설일체유부의 인과설을 이시적 인과성으로 파악한다면 어떨까?

이시적 인과성의 경우 두 가지 방식으로 해석할 수 있다. 먼저 시간적으로 선재하는 원인에 결과가 의존한다는 것을 의미한다고 볼 수 있다. 이 경우 이시적 인과가 동시적 인과와 구분되는 점은 12연기에서 인과의 방향은 오직 한 방향으로만 성립하고 그 역방향은 성립하지 않는다는 점이다.[13] 이 경우 이시적 인과성을 상호인과로 이해할 수 있는 것은 닭과 달걀의 예에서 찾아질 수 있다. 닭은 달걀을 낳고 다시 달걀은 닭이 된다. 닭은 달걀을 낳으므로 닭이 달걀의 원인이지만 달걀은 동시에 닭이 됨으로서 닭은 달걀의 결과라고 할 수 있다. 달걀이라는 결과가 닮이라는 원인에 영향을 미치는 것이다. 인과의 역방향을 상정하지 않을 경우 이시적 상호인과성은 이렇게 해명될 수 있다.

이런 해석을 통해 불교의 연기론은 과학적 인과론을 위배되지 않는 세계 발생의 논리로 파악될 수 있다. 그러나 이런 방식으로 이시적 상호인과성을 이해한다면 연기론에 대한 용수의 비판은 이해하기 힘들다. 즉 제1원인인 다르마를 상정했다는 점에서 설일체유부를 비판할 수는 있겠지만 설일체유부의 인과연기론을 비판하기는 힘들어진다. 설일체유부의 삼세양중인과가 대승 불교의 일반적인 연기론과 크게 다르다고 할 수 없기 때문이다. 그러나 용수는 제1원인인 다르마에 대해 비판했을 뿐 아니라 관인과품(觀因果品, 인과 관계에 대한 고찰)을 통해 설일체유부의 연기법 자체를 문제삼고 있다. 용수가 비판하는 논점을 분명히 하지 않을 경우 용수의 주장은 불교의 일반적 12연기론에 반대하는 것이 되고 만다.

이런 오해를 제거하기 위해서 이시적 상호인과성을 **시간적으로 선행하는 원인이 시간적으로 후행하는 결과에 의존한다는 주장**으로 이해해 보자. 이시적 상호인과를 앞서와 같이 이해할 경우 연기론의 인과사유는 과학적 인과성을 포괄한다는 장점을 갖지만 바로 그 동일한 이유로 과학적 인과성에 필연적으로 수반되는 결정론과 혼동될 수 있다. 만일 불교의 연기론에서 현재가 단지 과거에 발생한 수많은 사건들을 원인으로 하여 결정될 뿐이라면 그러한 연기론은 인도 상키아 학파의 전변설(轉變說)과 구별되지 않는다. 상키아 학파는 현재를 성립시키는 인자가 모두 과거세에 준비되어 있다는 것을 강조함으로써 현재의 창조적인 생성활동을 설명하지 못하고 결국 업(業 ; karma)의 숙명론에 빠진다. 이와 달리 연기론이 원인과 결과의 이시적 상호의존성으로 이해될 경우 불교의 연기론은 결정론이나 숙명론과 무관한 것이 된다.

　원인과 결과의 이시적 상호의존성은 우리가 존재하는 이 현재의 순간에 창조적 생성의 계기가 들어 있음을 보여주는 개념이다. 앞서 예로 든 풋사과와 배탈을 다시 떠올려 보자. 배탈이라는 결과는 다양한 원인들에 의존한다. 배탈이라는 결과는 독립적으로 존재하는 실체가 아니라 단지 다양한 원인들이 서로 만나서 서로를 배탈의 원인으로서 나타나도록 돕게 된 상황 자체를 배탈이라고 부를 뿐이기 때문에 결과(배탈)는 원인(풋사과)에 의존적이다. 동시에 원인(풋사과)은 결과(배탈)에 의존적이다. 이것은 풋사과에 배탈을 일으키는 독립된 자성이 있는 것이 아니라 그 다양한 원인들의 조합이라는 결과 속에서만 배탈의 원인으로 등장할 수 있다는 말이다. 만일 풋사과를 먹은 뒤 장을 보완해주는 다른 음식을 먹어서 배탈이 나지 않았다면 풋사과는 배탈의 원인이 아니라 소화라는 사건의 원인이 된다. 물론 과학적 인과론 역시 먹지 않은 풋사과가 배탈의 원인이라거나 풋사과가 모든 경우 필연적으로 배탈의 원인이 된다고 주장하지는 않을 것이다. 그렇다면 이시적 상호인과성이 과학적 인과론과 구별되는 지점은 어디인가? 그것은 **만남의 우발성**(contingency)을 인정한다는 점이다.

　약한 장을 가진 아담이 풋사과를 먹어 배탈이 나는 사건은 미리 인과적으로 결정되어 있지 않다. 아담은 풋사과를 먹을 수도 있었고 먹지 않을 수도 있었다. 이것은 단순히 풋사과를 먹는 사건을 자유의지의 문제로 환원할 수 있다는 의미는 아니다. 내가 풋사과를 먹으려는 순간 친구가 풋과일이 장에 나쁘다는 것을 환기시켰기 때문에 안 먹을 수도 있고, 또 그 사실을 환기시켰음에도 불구하고 다른 이가 한 입 베어먹은 풋사과의 새콤한 향기에 이끌려 먹을 수도 있었다. 혹은 너무 배가 고파서 먹지 않고는 견딜 수 없기에 먹을 수도 있다. **중요한 것은 하나의 사건이 발생하는 데 참여하는 원인들은 무수히 많으며 그것들은 조작하거나 통제하기 힘든 방식으로 주어진다는 것이다. 그리고 그 원인들 사이에는 깊은 상호연관성이 존재하기 때문에 아주 미세한 변화만 가해져도 매우 다른 결과가 산출될 수 있다. 그러나 어떤 미세한 변화가 돌발적으로 생겨날지는 예측할 수도 없고 미리 정해져 있지 않다.** 이런 이유로 우리는 다음과 같이 말할 수 있다. 만남의 결과는 필연적이지만 만남 자체는 결정되어 있지 않고 우발적이다. 수많은 인(因)과 연(緣)들이 만남으로써 어떤 필연적 결과를 낳는다는 점을 인정한다는 점에서 연기법은 과학적 인과론과 비슷하다. 그러나 연기법은 그 만남의 우발성을 고려함으로써 과학의 결정론 또는 상키아 학파의 숙명론과 차이를 지니게 된다.

    동시적 상호의존성은 하나의 사건이 발생하는 데 수많은 원인들이 참여하며 원인들이 서로 돕는 방식으로 상호의존함으로써만 사건이 발생할 수 있다는 사실을 보여준다. 물론 동시적 상호의존성은 만남의 우발성을 배제하지 않는다. 어떤 원인들은 한 찰나에 동시적으로 만나게 되고 그 우발적인 만남이 이루어지는 순간 필연적으로 무엇인가 생성된다. 그러나 동시적 상호의존성만으로는 만남의 우발성에 대해 적극적으로 사유하기가 힘들다. 이시적 상호의존성에 대한 고려와 더불어 연기법이 결정론이나 숙명론과 다르게 매번 새로운 생성의 계기가 될 수 있다는 점이 분명하게 드러난다. 바로 이 점에서 이시적 상호의존성은 개념적 유용성을 갖는다.

이시적 상호의존성은 과거 사건을 구성하는 원인들의 배치에 현재 발생하는 새로운 원인들이 참여함으로써 전혀 다른 새로운 사건이 구성될 수 있다는 것을 함축한다. 현재의 순간은 언제나 생성의 순간이다. 과거 사건의 원인들의 특정한 배치에 우발적으로 현재적 원인들이 끼어듦으로써 새로운 사건·배치가 발생하는 것이다. 그리고 이 새로운 배치 속에서 과거의 배치 속에 존재했던 원인들은 새로운 사건의 원인으로 다시 태어난다. 우발적으로 주어지는 새로운 원인 하나만으로는 사건을 독립적으로 결정할 수 없으며, 그 우발적 원인과 만나게 되는 원인의 집합들이 서로 도움을 통해서 새로운 사건이 발생한다는 점에서 결과는 원인에 의존적이다. 동시에 과거의 원인이라고 불렀던 것은 시간적 계기 속에서 발생하는 우발적 원인과의 만남을 통해 새로운 사건의 원인으로 표현된다는 점에서 원인은 결과에 의존적이다.

이처럼 연기의 동시적 상호의존성 개념을 통해 한 찰나의 만남(사건) 속에 수많은 것들이 서로 의존해 참여하고 있음을 사유할 수 있다면, 이시적 상호의존성 개념을 통해서는 동시적으로 모든 존재자들이 의존하고 있는 한 순간이 시간적 계기 속에서 또 다른 순간으로 솟아오르는 생성의 시간을 사유할 수 있다. 이를 통해 이시적 상호의존성은 연기의 동시적 상호의존성과 과학적 결정론의 변별 지점을 보여준다.

아비달마 불교의 인과론이나 12연기에 대한 용수의 비판 역시 이런 맥락에서 이해될 수 있다. 이시적 상호의존성의 관점에서 이해된 연기의 공성이나 업의 공성은 우리 삶이 모든 인연의 필연적 사건이되 결정된 것이 아니라 해탈의 의지를 통해서 새롭게 변화할 수 있는 사건이라는 점을 분명하게 보여준다. 무명에서 벗어나려는 한 찰나의 의지는 이전 찰나의 배치에 하나의 우발성으로 개입하여 새로운 배치로의 이행을 가져온다. 그 새로운 배치가 진정한 해방과 자유의 배치로 이어지는가의 여부는 다른 인연들과의 상호작용 속에서 결정되지만 깨달음을 의지하는 자의 능동적 참여가 만들어내는 생산적 효과는 결코 무시할 수 없는 것이다.

물론 이 능동적 참여는 새로운 사건을 형성하는 데 기여하는 아주 미세한 하나의 원인에 불과하다. 사건 형성의 효력의 측면에서 그것이 다른 수많은 미세 원인들에 비해 특별한 위치를 차지하는 것은 아니다. 그러나 동시적 상호의존성은 한 순간 동등하게 사건에 참여하는 미세 원인들이 서로 실타래처럼 복잡하게 얽혀 미세 원인 하나의 존재 유무만으로도 사건 전체의 발생 여부를 좌우할 만큼 상호영향을 미친다는 것을 전제하는 개념이다. 바로 이 때문에 우리가 내린 한 순간의 결단과 그를 통한 참여가 하나의 미세 원인임에도 불구하고 위대한 반전의 시간을 가져온다는 이시적 상호의존성 개념이 성립할 수 있다.

이와 같은 동시적 상호의존성과 이시적 상호의존성의 관계는 힘에의 의지와 영원회귀의 관계를 해명하는 데 도움을 준다. 힘 개념은 원자 개념에 비해 세계의 상호의존성을 파악하는 데 유용하다.* 그러나 힘 개념을 통해 시간적 생성의 계기를 적극적으로 사유하기에는 한계가 있다. 즉 힘에의 의지는 개별적 사물들의 실체성을 파괴하는 사유 모델로는 적합하지만 그 개념만으로 영원히 회귀하는 생성의 시간을 포착하고 과거의 시간을 고정된 것으로 실체화하는 사유를 극복하기에는 부족한 측면이 있다. 이런 점에서 힘에의 의지는 시간적 계기 속에서, 즉 이시적 상호의존성의 차원에서 다시 해명되어야 한다.

힘에의 의지 개념은 1882년 유고에 처음으로 등장하는데 이 개념은 니체가 1880년대 초 당시의 자연과학 서적의 독서로부터 많은 영향을 받은 것이다. 자연과학의 영향 아래서 니체는 힘에의 의지를 세계의 상호의존성을 의미하는 개념으로 정립해간다. 특별히 힘에의 의지 개념에 영향을 준 과학 이론은 독일인 의사 로베르트 마이어의 에너지보존 법칙이다.** 마이어는 음식물이 몸 속으로 들어가서 열로 변하고 이것이 몸을 움직이는 역학적 에너지로 변화한다는 생각에 기초해서 모든 종류의 에너지들이 서로 변환가능하며, 전체 에너지의 양은 보존된다고 주장했다.[14] 이것이 바로 열역학 제1법칙인 에너지보존 법칙이다. 이 법칙의 요점은 역학적 에너지와 열, 화학적 에너지 등이 서로 같은 종류의 물리적 양이고 이것들이 서로 바뀔 수 있다는 것이다. 열역학에서의 에너지 총량의 보존, 에너지의 상호변환의 개념들, 그리고 열역학 이전의 고전 역학에서의 힘들의 작용·반작용, 힘들의 합산을 통해서 힘을 규정하는 벡터 개념 등은 힘에의 의지에 대한 가장 중요한 언급들

---

* 니체의 경우가 아니더라도 힘 개념이 선형적 인과관계에 대한 거부를 용이하게 한다는 것을 보이는 철학적 사례들이 있다. 가령 제3이율배반의 논의에서 반정립으로서 "자유는 없다, 모든 것은 인과법칙에 따른다"라고 주장함으로써 신학으로부터 자연과학적 세계관을 보호하려고 했던 칸트조차도 힘에 대해 말할 때는 선형적 인과관계를 부정한다. 칸트는 힘이란 기하학적 형상으로 파악될 수 없으며, 이 힘으로부터 연장의 운동이 생기고 그 운동의 결과가 공간이라고 말한다(임마누엘 칸트, 『활력의 참된 측정에 관한 사상들과 이 문제에 관한 라이프니츠와 여타 역학자들이 사용한 증명에 대한 평가와 물체의 힘 일반에 관계되는 몇몇 선행하는 고찰들』, 제1권 129절, 1747년). 그에 따르면 이 연장운동은 활력(lebendige Kraft)과 연관지어져야 한다. 활력은 계산될 수도 없고, 어떤 인과관계에서 파악될 수도 규정되어질 수도 없다. 칸트는 활력을 "우연적"이라고 표현하면서 그로써 그것의 자유로운 본성을 표시하려고 하였다(프리드리히 카울바하, 백종현 옮김, 『칸트 : 비판철학의 형성과정과 체계』, 서광사, 1992, 36쪽).
** 니체는 1881년 에너지보존 법칙을 알게 되었다. 1882년 페터 가이스트에게 보낸 편지에서 그는 마이어의 글을 읽고 있다고 썼다(정동호, 『니이체 연구』, 탐구당, 1983, 225쪽).

과 직접적으로 연관된다. 유고에 나오는 "소모되지 않고 그 크기가 변하지 않는" 유한한 양의 힘이 질적 변화를 통해 새로운 힘들을 생산한다는 사유는 에너지보존 법칙에 대한 형이상학적 유비로 비춰진다(「"세계"란 무엇인지 알고 있는가?」, 18 : 435).

그러나 힘에의 의지 개념은 열역학 제2법칙과는 충돌을 일으킨다. 열역학 제2법칙은 물질이 질서 있는 상태로부터 무질서한 상태로 변할 수는 있지만 반대로 무질서한 상태가 자연히 질서 있는 상태로 변하지 않는다는 것을 의미한다. 그것은 열적 평형상태를 가정함으로써 우주에 더 이상 어떤 에너지의 생성도 가능하지 않은 순간이 존재할 수 있다고 주장한다. 미셀 세르에 따르면 열역학 제2법칙은 "물질 변화의 시간은 한 방향만을 갖는다"(비가역성)고 주장함으로써 생성의 "영구운동을 부정하는 것, 회귀를 허용하지 않는 시간이 나타나는" 것을 의미한다.[15] 이는 곧 차이와 생성의 영원성을 부정하는 것이다. 따라서 힘에의 의지 개념은 에너지보존 법칙에 대해 형이상학적 유비를 유지하는 한, 힘의 영원한 생산성을 담보하지 못하고 언젠가 힘의 생산이 소멸되는 순간을 가정해야만 한다.

이 때문에 힘에의 의지가 에너지보존 법칙에 대한 형이상학적 유비에서 벗어나 영원한 생산성을 담보할 수 있도록 하는 특별한 개념적 장치가 필요하게 된다. 영원회귀는 바로 힘에의 의지가 힘의 생성운동의 영원한 회귀를 의미함을 천명함으로써 힘에의 의지의 절대성을 보증하고 생성의 철학을 완성시키는 개념이다.* 즉 영원회귀 개념은 힘에의 의지가 진정으로 "생성에 존재의 성격을 각인"하는 원리가 되도록 하는 "고찰의 정점"(「최고의 힘에의 의지」, 19 : 380)이다.

영원회귀에 대한 두 가지 견해 : 우주론적 이해와 실존론적 이해

영원회귀 사상을 통해 힘에의 의지 개념을 과학적 맥락에서 분리해 생성 철학의 관점에서 갱신하려 했던 니체의 의도와는 달리 영원회귀 사상은 많은 오해를 불러일으켰다. 영원회귀는 신화적 순환의 시간을 의미하는 개념으로 이해되었다. 그리고 그런 한에서만 과학의 인과적 시간관을 거부하는 개념으로 이해될 수 있었다. 영원회귀에 대한 네하마스의 논의는 영원회귀에 대한 대표적 견해들을 정리하면서 그에 따른 문제점들을 명확히 보여준다.[16] 그의 구분에 따르면 영원회귀에 대한 해석에는 우주론적 견해와 비우주론적이고 실존론적 견해가 있다.

우주론적 견해는 영원회귀가 우주의 모든 사건이 특정한 주기로 동일하게 반복된다는 물리적 사실을 표현한다. 이 경우 영원회귀는 순환적·주기적 시간의 사유로 해석된다. 영원회귀를 시간 속에서 동일한 것이 절대적으로 반복되는 순환으로 이해하는 것은 『즐거운 학문』의 다음 구절에 근거하고 있다.

> 어느 날 밤에 악령이 너의 가장 깊은 고독 속으로 살며시 찾아들어 이렇게 말한다면 그대는 어떻게 하겠는가? '네가 지금 살고 있고, 살아왔던 이 삶을 너는 다시 한 번 살아야만 하고, 또 무수히 반복해서 살아야만 할 것이다. 거기에 새로운 것이란 없다. …… 모든 것들이 네게 다

---

* 백승영은 영원회귀의 의미를 다음의 세 가지로 규정하고 있다. 영원회귀는 '힘에의 의지'의 절대성을 보증하고 생성의 철학을 완성시키는 사유이다. 또한 영원회귀는 니힐리즘의 극복가능성을 보이는 사유이며, 순간(Augenblick)의 영원성을 보이는 사유이다(백승영, 「니체 철학 개념 연구 1 : 같은 것의 영원회귀」, 『철학』[제63권], 한국철학회, 2000).

시 찾아올 것이다. …… 이 순간과 바로 나 자신도. 현존재의 영원한 모래시계가 거듭해서 뒤집혀 세워지고, 티끌 중의 티끌인 너도 모래시계와 더불어 그렇게 될 것이다!"(『즐거운 학문』, 12 : 315).

그러나 영원한 시간 속에서 완전히 동일하게 반복되는 삶과 죽음이라는 교의는 증명할 수도 반증할 수 없다. 더욱이 이런 방식으로 이해된 동일한 반복의 교의는 숙명론적 체념을 불러일으킨다. 모든 것이 다 결정된 채 반복되기만 하는 것이라면 삶 속에서 우리의 분투하는 태도는 무의미한 것이 될 것이다. 그렇다면 영원회귀는 니힐리즘을 극복하는 사유가 아니라 도리어 니힐리즘을 강화하는 사유가 되어버린다. 어떤 노력도 무의미하고 무가치하게 느껴질 것이기 때문이다.

따라서 영원회귀에 대한 우주론적 이해를 거부하는 비우주론적 이해가 등장하게 된다. 비우주론적 이해에서는 영원회귀를 특정한 심리적 효과를 위한 개념으로 파악한다. 여기서도 영원회귀는 여전히 순환적이고 주기적인 시간 모델로서 가정된다. 비우주론적 이해가 우주론적 견해와 다른 점은 이 시간의 반복이 객관적인 것이 아니라 심리적인 것이라는 데 있다. 비우주론적 이해는 반복을 절대적 긍정이라는 위대한 실존적 감정을 발생시키는 것으로 여긴다. 우리가 만일 절대적 반복을 인정한다면 아무리 사소한 결정일지라도 결코 사소한 것이 아니게 된다. 지금 결정된 것은 절대로 바뀌지 않고 영원히 반복될 것이기 때문이다. 우리가 무언가를 선택하여 결정한 순간부터 그것이 결코 바뀌지 않는다면 우리는 그 선택을 철저히 받아들이고 긍정하는 수밖에 없다. 이처럼 절대적 반복의 심리적 효과는 우리의 크고 작은 행위 전부에 거대한 실존적 결단의 무게를 부과한다. 마치 양팔저울의 접시 한쪽에 놓인 행동의 무게가 엄청나다는 것을 보이기 위해 다른 쪽 접시에 '무한하게 동일한 반복'이라는 세상에서 가장 무거운 추를 올려놓는 셈이다. 영원회귀의 비우주론적 이해는 무한하게 반복될 무시무시한 실존적 결단을 감행하기를 촉구한다는 점에서 영원회귀에 대한 실존론적 이해라고도 불린다.

그러나 반복의 심리적 효과가 후회의 감정을 완전히 해소해 주지는 못한다. 매순간 최선을 다해 운명을 사랑하며 무엇인가 선택할 수 있지만 이미 지나간 과거 자체를 새로이 우리가 의지하거나 결단할 수는 없는 일이다. 하나의 사건, 한 번의 선택이 절대적으로 반복된다면 매순간 운명 전체를 건 선택을 해야 한다는 것은 자명하다. 그러나 만일 그 운명을 건 선택이 잘못된 선택이었다면, 한갓 실수이며 오류에 불과했다는 것이 드러난다면 절대적 반복은 절대 긍정의 원리가 아니라 절대 부정의 원리로 전락하고 만다. 오류가 영원히, 무한하게 반복될 것이기 때문이다.

결국 과거 시간의 실체성을 인정하는 한, 과거가 다르기를 희망하는 후회와 원한의 감정이 계속된다는 것은 분명하다. 영원회귀에 대한 비우주론적·실존론적 이해가 촉구하는 생의 위대한 결단은 매력적인 삶의 태도이기는 하지만, 니체 자신은 영원회귀에 대한 이런 이해를 거부한다. 차라투스트라는 "곧바른 것은 존재하지 않는다. 진리는 하나같이 굽어 있으며 시간 자체도 일종의 둥근 고리다"(『차라투스트라는 이렇게 말했다』, 13 : 264)라고 말하는 난쟁이를 중력의 악령이라고 부른다. 난쟁이는 절대적 반복의 시간을 이야기하지만 그것은 영원회귀 사상을 "너무 가볍게" 생각한 것이다. 영원회귀를 난쟁이처럼 이해할 경우 "만물 가운데서 일어날 수 있는 일이라면 이미 일어났고, 행해졌고 과거사가 되어버렸을 것"(『차라투스트라는 이렇게 말했다』, 13 : 264)이기 때문에 생성은 불가능하다.

만일 생성이 불가능하고 모든 것이 절대적인 반복이라면 니체에게 생은 역겨운 것이다. 그래서 난쟁이가 보여준 **영원회귀의 환영** 앞에서 차라투스트라는 공포와 증오, 역겨움을 느꼈다고 고백하는 것이다. 니체는 절대적 반복이 거론되는 순간이면 항상 역겨움의 감정을 토로한다. 차라투스트라를 따르던 짐승들이 존재의 수레바퀴가 영원히 돌아와서 "똑같은 존재의 집이 영원히 지어진다"(『차라투스트라는 이렇게 말했다』, 13 : 364)고 말할 때 또 다시 그는 "더 없이 왜소한 자들의 영원한 되돌아옴! 이것이 모든 현존재에 대한 나의 짜증스러움이었다! 아, 메스껍다! 메스껍다!"라고 대꾸한다(『차라투스트라는 이렇게 말했다』, 13 : 366~367). 절대적 반복은 영원회귀의 환영이자 수수께끼에 불과하며 환영이 지워지고 수수께끼가 풀릴 때 진정한 영원회귀의 사상이 드러나게 된다.

2) 이시적 상호의존성과 영원회귀

위대한 긍정과 위대한 부정의 시간

영원회귀를 순환적이고 주기적인 시간관으로 이해하는 입장의 가장 큰 문제점은 니체의 텍스트들 사이에서 발견되는 모순을 해결하지 못한다는 점이다. 우주론적 견해를 정당화하는 것으로 인용되는 『즐거운 학문』의 구절은 『반시대적 고찰』의 다음 주장과 모순된다. "자신이 단 한 번, 유일무이한 존재로 세상에 존재한다는 것을, 또 어떤 이상한 우연도 두 번씩이나 그토록 기이하게 다채로운 갖가지를 뒤흔들어 섞어 그 같은 하나의 존재를 만들지는 못하리라는 것을 누구나 다 알고 있다"(『반시대적 고찰』, 2 : 391). 가능한 해결책은 『반시대적 고찰』의 그 구절을 영원회귀 사상이 무르익기 전의 서투른 주장으로 이해하거나 니체의 아포리즘적 서술방식 때문에 서로 모순된 단편들이 공존할 수밖에 없음을 인정하는 것이다. 그러나 한 사상가의 무능력이나 미성숙을 통해 그의 사상을 해명하는 일은 더 이상 아무런 이해의 가능성이 보이지 않을 때만 허용될 수 있는 방식이다.

『즐거운 학문』과 『반시대적 고찰』 사이의 모순을 해결하는 한 가지 방법은 『즐거운 학문』의 절대적 반복의 교의를 영원회귀의 사상이 아니라 **영원회귀의 환영**으로 간주하는 것이다. 이 구절에서 우리가 주목해야 할 것은, 생에는 무엇 하나 새로운 것이 없고 모든 것이 순서조차 그대로 되돌아온다는 절대적 반복의 교의를 말하는 자가 악마라는 사실이다. 난쟁이가 중력의 영으로서 절대적 반복을 강조했던 것처럼 악마 역시 어떤 생성도 허용치 않는 절대적 반복의 교의를 말한다. 이 교의에 대한 이해는 두 가지일 수 있다. 먼저, 한번 일어났던 일은 절대로 바뀌지 않고 항상 반복된다고 여기면서 과거의 실체성을 받아들이는 것이다. 이런 태도는 왜소한 과거에 대한 저주와 원한으로 귀결된다.

또 다른 이해방식으로서, 절대적 반복의 교의를 신적인 교의로 바꾸어 받아들일 수도 있다. 신적인 교의는 진정한 영원회귀의 교의를 뜻한다. 니체는 이 교의를 통해 우리의 현존은 변화되며 심지어 분쇄되어

버릴 것이라고 표현한다. 만일 동일한 사건이 절대적으로 반복되는 것이라면 그것은 우리의 현존을 바꾸고 분쇄할 수 없다. 우리의 현존은 동일하게 남아 절대적인 반복을 되풀이 할 수 있을 뿐이다.

우리의 현존을 변화시키고 분쇄하기 위한 영원회귀의 물음인 "너는 이것이 다시 한 번, 또는 수없이 계속 반복되기를 원하느냐?"는 두 가지 의미를 지니고 있다. 먼저 그것은 위대한 긍정을 부르는 물음이다. 현존을 변화시키며 새로운 현존으로 나아가게 하는 생성의 사건이 다시 한 번, 수없이 반복되기를 원하는가? 이에 대해 '네'라고 대답할 때 우리는 생성을 철저히 긍정하는 것이다. 다음으로 그것은 위대한 부정을 부르는 물음이다. 지금 현존하는 왜소한 것이 하나의 변함 없는 과거로서 그대로 다시 한 번, 수없이 반복되기를 원하는가? 이에 대해 '아니오'라고 대답하면서 우리는 위대한 부정을 행하는 것이지만 이 **위대한 부정 속에서 진정으로 일어나는 사건은 생성에 대한 위대한 긍정**이다.

진정한 영원회귀의 사상은 이처럼 우리에게 긍정과 부정의 두 가지 권리를 부여한다. "오, 나의 영혼이여, 나는 네게 폭풍처럼 '아니오'라고 말할 수 있는 권리와 구름 한 점 없이 확 트인 하늘이 그러하듯이 '네'라고 말할 수 있는 권리를 부여했다." 그리고 영원회귀의 사상이 부여한 권리를 통해서만 우리는 "**이미 창조된 것과 아직 창조되지 않은 것들에 대한 자유를 되돌려**" 받을 수 있게 된다(『차라투스트라는 이렇게 말했다』, 13 : 371).

『즐거운 학문』의 절대적 반복의 교의가 이렇게 이해되는 한에서 우리는 영원회귀가 단 한 번만 존재하는 것이면서 동시에 반복되는 것에 대한 교의라고 표현하는 니체의 언급을 모순 없이 수긍하게 된다.

끝없이 변화하는 "디오니소스적 철학의 결정적인 면, 즉 **유전과 파괴**에 대한 긍정, 대립과 싸움에 대한 긍정, 생성, '존재' 개념에 대한 극단적 거부"가 "무조건적이고도 무한히 반복되는 만사의 순환에 대한 가르침"을 뜻하는 영원회귀의 진정한 의미이다(『이 사람을 보라』, 15 : 393~394). 반면 절대적 반복이 개개 사건의 차원에서 이루어진다고 보는 것은 영원회귀의 환영이다. 영원회귀의 수수께끼는 생성이라는 대사건의 차원에서 절대적 반복이 이루어진다고 이해할 때 비로소 풀리게 된다.

영원회귀의 시간이 생성의 시간, 행동의 시간이라는 점은 분명하다. 영원회귀의 시간은 끊임없는 생성이 일어나는 시간이며 동시에 이러한 생성을 위한 우리의 행동이 일어나는 시간이다. 그러나 여전히 해명되어야 하는 것으로 남아 있는 것은 영원회귀의 시간에 발생하는 생성이 어떻게 이미 창조된 것에 대한 자유를 되돌려 받을 수 있냐는 점이다. 아직 창조되지 않은 것이 일종의 미래적 가능성으로서 남아 있다고 생각하기는 쉽다. 그러나 이미 창조된 것, 그것은 흘러가버린 시간으로서 우리의 과거에 움직일 수 없는 사건으로 남겨진 것 아닌가? 영원회귀는 이 실체화된 시간을 하나의 새로운 생성으로서 만드는 교의, 과거에 자유를 되돌려주는 교의이다. 그리고 바로 이 점에서 영원회귀는 이시적 상호의존성으로 이해되어야 한다.

우리는 영화 필름 한 장 한 장이 순차적으로 연결되어 영화가 만들어지듯이 무수한 시간의 원자들이 순차적으로 연결되어 시간의 흐름을 만들어낸다고 가정한다. 이런 시간 개념은 시간 그 자체라기보다는 시간을 실체화된 것으로 파악하는 우리의 독특한 사유방식의 산물이다. 이시적 상호의존성의 차원에서 시간을 바라보면 시간은 실체화된 사물이 아니다. 그것은 이미 찍어버린 필름처럼 변경할 수 없이 고정된 슬라이스가 아니라 현재의 순간에 발생하는 생성작용을 통해 다시 새롭게 빚어지는 미결정의 시간, 자유의 시간이다. 이시적 상호의존성으로서의 영원회귀 사상 속에서 현재는 과거와 상호작용한다. 우리가 현재 속에서 이미 창조된 과거에게 자유를 돌려줄 수 없다면 우리는 아직 창조되지 않은 것들에게도 자유를 돌려줄 수 없다.

과거의 변화와 무관한 채 발생하는 단 한 순간의 현재적 생성은 수많은 과거의 고정된 사실의 축적에 비하면 사소하기 짝이 없다. 그리고 미래는 수많은 고정불변의 과거에 한 번의 현재적 생성이 합산된 결과로서, 미래가 도래하기도 전에 거의 결정된 사건이라고밖에 볼 수 없다. 도래할 미래에서 결정되지 않은 채 남아 있는 부분이라고는 그 미래가 현재가 되는 순간 발생하는, 그러나 과거와 다시 과거가 되어버린 현재에는 아무런 힘도 쓸 수 없는 한 번의 생성적 사건뿐이다. 이런 점에서 이시적 상호의존성이 강조하고 있는 것은 현재와 미래가 자유로운 시간이기 위해서는 과거가 자유로워야 한다는 점이다. 과거는 실체화된 시간이 아니라 현재의 단 한 번의 생성으로 완전히 새롭게 뒤바뀌는 시간이다. 단 한 번의 현재적 생성에 의존해 전 과거가 뒤바뀌는 것이라면 그런 현재의 시간은 가히 혁명의 시간이라고 불릴 만하다.

힘에의 의지는 자유의지와 어떻게 구별되는가?
그렇지만 이런 식으로 영원회귀를 사유하는 것은 우리의 의지에 지나치게 과도한 의미를 부여하는 결과를 낳지 않을까? 그것은 힘에의 의지를 자유의지와 구별할 것을 강조했던 니체의 의도에 위배되는 것이 아닐까? 또한 그것은 수많은 원인들의 상호작용을 통해 결정되는 사건에서 현재에 발생하는 생성의 영향력을 지나치게 특권화하는 사유는 아닐까? 따라서 영원회귀를 이시적 상호의존성의 관점에서 파악하기보다는 절대적 반복의 교의로서 받아들이는 것이 운명을 사랑하라는 니체의 운명애 개념에도 부합하는 것이 아닐까? 이런 의문들은 모두 영원회귀를 이시적 상호의존성으로 이해하는 것을 방해하는 것들이 아니라 오히려 영원회귀를 이시적 상호의존성으로 이해했을 때만 철저히 해결될 수 있는 것들이다.

이미 고찰했듯이 현재적 생성이 과거 전체를 뒤바꿀 수 있다는 이시적 상호의존성의 사유는 모든 것들이 상호의존적으로 복잡하게 얽혀 있음으로 해서 아주 미세한 원인의 변화만으로도 사건의 출현이 크게 좌우될 수 있다는 동시적 상호의존성에 기반한 것이다. 현재의 순간에 우리가 의지하는 바는 사건의 형성을 위한 미세 원인으로 작용할 수 있다. 이 미세 원인은 우리 의지의 영향력을 벗어나 발생하는 다른 수많은 미세 원인들이 사건에 영향을 미치는 정도만큼만 사건의 출현에 결정적이다. 우리의 의지를 통해 현재 순간에 발생하는 생성은 그것이 다른 것들보다 사건에 대해 특권적 결정력을 지녔기 때문이 아니라 사건이 참여하는 모든 미세 원인들 하나하나와 그 원인들의 상호관계에 의존하기 때문에 사건의 출현을 좌우할 수 있는 것이다.

바로 이런 이유로 해서 현재의 생성을 가져오는 의지는 자유의지와는 전혀 다르다. 자유의지는 우리가 다른 미세 원인들과의 상호관계와 무관하게 이성적으로 의지할 수 있음을 전제한다. **자유의지의 자유는 이성이 다른 미세 원인들로부터 무관할 자유이다. 그러나 우리의 의지적 결**

단은 우리의 신체적 상태나 주변 상황의 미세한 변화와 긴밀한 연관을 맺고 있다. 우리가 자유의지라고 부르는 것은 그 자체로 모든 미세 원인들이 우발적으로 형성한 사건이다. 이것은 사건을 형성하는 미세 원인들이 우리 자신과 무관한 외적 상황으로 철저히 환원될 수 있다는 의미는 아니다. 우리를 통해 어떤 의지가 발생할 수 있다. 단지 영원회귀 사상은 이 현재적 생성을 불러일으키는 우리의 의지를 세계로부터 독립적으로 존재하는 이성의 수준으로 환원시키는 것을 거부할 뿐이다.

따라서 전 과거를 새로 태어나게 하는 생성의 시간을 산출하는 우리의 현재적 결단은 실존주의의 자기창조와는 구별된다. 사르트르는 절대적인 존재론적 자유에 근거한 자기형성을 통해 실존주의적 결단과 의지를 표명했다. 이것은 무로부터의 창조를 전제한다. 무로부터의 창조는 창세기에서 거론된 신의 우주 창조처럼 철저히 아무 것도 없는 데서 완전히 새로운 것을 창조하는 것을 뜻한다. 그러나 니체가 말하는 생성의 사건과 자기창조는 무로부터의 창조의 인간적인 버전이 아니다. 니체가 보기에 이런 식의 창조는 신에게서조차 불가능한 것이다.[17]

니체는 무로부터의 창조를 이야기하는 대신 어떤 운명이 존재하고 우리는 그 운명을 사랑해야 한다고 말한다. 그는 무에서 유를 창조하는 기독교적 신 개념 대신, 신들임에도 불구하고 운명에 매여 있으며 그 때문에 마음대로 모든 것을 창조할 수는 없는 고대 그리스의 신 개념을 선호한다.[18] 이런 이해는 니체적 자기창조와 실존주의적 자기창조의 사유를 구별하게 해준다. 실존주의적 자기창조의 사유는 기독교적 세계관이 가정하는 신적인 자유와의 유비 아래서 신적인 절대적 자유를 인간적인 절대적 자유로 대체한 것에 불과하다. 그러나 이런 구분은 다른 한편으로 니체가 말하는 자기창조의 가능성을 의심하게 한다. 만일 니체가 신들조차 운명에 묶여 있다는 고대적 세계관을 받아들였다면 니체의 운명애는 모든 것들은 운명에 따라 결정된다는 결정론을 진리로 받아들이고 그 진리를 사랑할 것을 주장하는 것에 불과하게 된다. 이렇게 되면 니체가 말하는 자기창조의 가능성은 전무하다. 니체적 자기창조는 운명애 개념을 위반할 때만 성립가능한 모순적 개념이 되어 버리는 것이다.

그러나 니체의 운명론(fatalism)과 과학적 결정론(determinism)은 구별된다. 운명론은 모든 것이 과학적 인과율에 따라 결정된다는 사유가 아니다. 또한 운명론은 과학적 원인과 다른, 외부의 강력한 운명의 힘에 의해 모든 것이 결정된다는 사유도 아니다. 로버트 솔로몬에 따르면, 대니얼 더넷과 같은 이는 운명론을 "어떤 것에 대해 무언가를 행할 수 있는 행위자는 없다"는 '신비하고 미신적인 명제'를 주장하는 것으로 간단히 처리해버리지만, 운명론을 반드시 이렇게 이해해야 할 필요는 없다. 운명론은 무엇이 발생하든 그것이 발생 '해야 했다'고 주장하지만 그 '해야 했다'의 배후에 있는 어떤 인과적 원인론(etiology)을 서술하려고 노력하지 않는다.[19] 니체가 말하는 운명론이 모든 것이 운명적으로 예정되어 있기에 '될 때로 되라'라는 식의 사유가 아니라면 운명론은 우리가 앞서 언급한 불교적 상호의존성의 사유와 유사한 것으로 이해될 수 있다.

운명(destiny)은 미리 결정되어 있지 않다. 운명을 발생시키는 것들의 만남은 우발적이기 때문이다. 운명론이 인과적 원인론을 서술하는 데 무관심한 것은 이 만남의 우발성을 받아들이고 있기 때문이다.

우발성들은 인과적 원인으로 환원되어 기술될 수 없다. 만남은 우발적이지만 일단 만남이 발생하고 나면 그것은 필연적인 사건이 된다. 이 필연적 사건 속에서 형성된 상호관계에서는 인간뿐만 아니라 신들조차 자유로울 수 없다. 신들이나 인간은 그 운명적 사건 속에서 하나의 원인으로 참여하면서 다른 원인들에게 결정적 영향을 미치고 동시에 다른 원인들의 결정적 영향을 받으면서 살아간다.

따라서 운명을 사랑하라는 니체의 말은 모든 것들의 상호의존성을 전제로 우리가 새로운 생성의 사건을 만들어낼 수 있는 영원회귀의 시간 속에서 현존하고 있다는 것을 환기시키는 말이다. 그것은 모든 것들의 상호의존성을 무시하는 생성과 창조의 자유에 대해 말하지 않는다. 그 대신 그것은 **모든 것들과의 관계 속에 의존해 있으면서 바로 그 의존성으로 인해 열리는 생성과 창조의 자유시간**에 대해 강조한다.

이런 의미에서 이시적 상호의존성으로 이해된 영원회귀 사상은 운명애와 모순되는 것이 아니라 오히려 운명애가 체념적 숙명론으로 오해되는 것을 막아준다. 영원회귀 사상은 니체가 운명애를 통해 강조하고자 했던 삶의 태도에 접근하는 데 기여한다.

운명애는 절대적 반복의 교의를 통해 모든 것이 그대로 변함 없이 남아 있다는 사실을 사랑하라는 명령이 아니다. 그것은 언제나 '다시 한 번!'을 외치면서 도래할 사건의 다른 모든 원인들과 영향관계를 주고 받는 하나의 원인으로서 작용하도록 스스로 의지하라는 명령, 우리를 통해 이루어지는 생성을 사랑하라는 명령이다. 영원회귀의 생성적 시간에는 수많은 원인들과 더불어 하나의 원인으로 참여하면서 과거를 다른 사건으로 태어나게 하는 나의 의지가 있다. 이렇게 이시적 상호의존성의 차원에서 이해된 창조적 의지를 통해서만 비로소 의지는 "시간과 시간의 '그랬었지'(Es war)에 대한 의지의 적의"(『차라투스트라는 이렇게 말했다』, 13 : 239)에서 구제된다. 영원회귀의 시간 속에서만 의지는 "시간이 역류하지 않는다는 사실"에 더 이상 분노하지 않을 것이며, 과거라는 "의지가 굴릴 수 없는 돌덩이"에 압사당하지 않을 것이다(『차라투스트라는 이렇게 말했다』, 13 : 239).

3) 비개체성과 영원회귀

힘에의 의지와 더불어 영원회귀 개념은 사물들의 독립적 실체성과 시간의 인과성을 거부함으로써 개체를 넘어선 차원에서 생성을 포착할 수 있도록 해준다. 생성이 개체의 차원을 넘어설 때 생성된 것의 소멸은 더 이상 수동적 니힐리즘의 문제로 환원되지 못한다. 니체는 생성의 긍정을 통해 '인간을 넘어가는 사건'을 위버멘쉬(Übermensch)의 탄생으로 이해했다.

여기서 '인간을 넘어선다'는 것은 곧 개체의 차원을 넘어간다는 의미를 포함하고 있다. 위버멘쉬란 바로 그 넘어감을 통해 개체적 소멸의 공포를 우주적 생성의 기쁨과 교환한 자이다. 그리고 그 교환을 위해 가장 선행되어야 할 것은 시간의 상호의존성을 깨닫고 시간을 실체화하는 사유에서 벗어나는 것이다. 우리 시대의 맥락에서 이것은 무엇보다도 근대 과학의 선형적 인과론에서 탈피하는 것을 의미한다. 선형적 인과성의 사유는 현재 우리의 시간과 사건, 사물들을 실체화하는 주범이기 때문이다.

인과론적 사유는 우리가 세계와 만나는 수많은 방식 중 하나일 뿐이고 세계를 파악하는 보편적이거나 특권적인 원리가 아니다. 그런데 과학적 인과론을 유일무이한 보편적 원리로 절대화함으로써 우리 시대는 인류의 카타스트로피를 촉진하는 경향을 보이고 있다. 따라서 인과론을 비판하고 상호의존성을 통해 세계를 바라보려는 철학적 사유들은 종종 오해되듯이 비합리주의적 태도를 유포하는 것이 아니라 인과론에 대한 절대적 숭배가 만들어내는 해악을 지적하고 각성을 촉구하는 것으로 이해되어야 한다.* 니체가 늘 강조하듯이 무조건적인 것은 모두 병리적이다. 인과론에 대한 병리학적 집착에서 벗어나 이성의 원칙인 인과론의 잣대로만 자연과 세계를 재단하는 닫힌 사유를 넘어선다면 자연과 세계는 우리에게 또 다른 기쁨과 풍요를 열어 보인다.

니체의 철학이 보여주는 이러한 기쁨과 풍요는 일견 매우 종교적인 것으로 느껴질 수도 있다. 통념적으로 볼 때 니체의 철학이 종교적 색채를 띤 기쁨의 사유를 담고 있다는 것은 놀라워 보인다.** 니체는 아주 빈번하게 종교에 대해 비판했기 때문이다. 그는 종교가 개별자의 소멸을 공포로 간주하고 그런 공포를 담보로 해서 불변하는 피안의 세계를 열망하도록 만들 경우엔 종교를 맹렬하게 공격했다. 그렇지만 그는 고대 그리스인들의 종교를 긍정하기도 했다. "고대 그리스인들의 종교심에서 놀라운 점은 억제하기 힘들 정도의 풍부한 감사가 흘러 넘친다는 것이다. 그렇게 자연과 삶 앞에 서 있는 사람은 매우 고상한 종류의

---

* 용수의 공 사상에서도 이 점은 동일하다. 칼루파하나에 따르면 용수의 최종적인 충고는 "어떤 견해를 궁극적인 것으로 집착하는 것을 포기하는 일이야말로 결코 피해서는 안 되는 일"이라는 것이다(데이비드 J. 칼루파하나, 김종욱 옮김, 『불교철학사』, 시공사, 1996, 277쪽).

인간이다! 후에 천민이 그리스에서 우위를 차지하게 되었을 때, 공포가 종교에서도 만연하게 되었다. 그리스도교가 준비되었던 것이다"(『선악의 저편』, 14 : 87~88). 이러한 언급에서도 알 수 있듯이 종교에서 그가 문제삼는 것은 천민종교를 통한 공포의 만연이지 종교 그 자체가 아니었다.

    따라서 우리가 니체의 가장 핵심적 사상인 영원회귀에서 종교적이라고 표현할 수밖에 없을 비개체적 기쁨을 발견한다고 하더라도 그리 놀라운 일은 아니다. 또한 이런 기쁨이 니체 철학을 행동이나 실천과 무관하게 만드는 것은 더더욱 아니다. 오히려 니체가 실체론 비판을 통해 도달하는 비개체성의 사유는 실천적 행동주의의 동력이다. 우리가 실천과 행동 앞에서 머뭇거리는 것은 대부분 개체 차원에서의 자기보존 욕구에서 비롯된다. 그러나 이러한 자기보존의 욕구가 실제로 자기보존에 기여하는 것도 아니다. 그것은 많은 경우 익숙한 상태에 머무르거나 기존의 습관을 유지하려는 개체의 보수주의에 불과하다.

** 더구나 니체는 불교를 수동적 니힐리즘으로 보고 비판하였다. 이런 의문에 대해서는 다음과 같은 해명이 가능하다. 첫째, 앞서 밝혔듯이 불교에 대한 그의 제한적 지식으로 인해 그의 불교 비판은 부분적으로만 타당하다. 용수의 공 사상 연구를 통해 체르바츠키가 언급했듯이 대승 불교는 소승 불교가 주장하는 피안의 차원에 놓인 실체적 열반 개념을 비판하고 그와는 전혀 다른 새로운 종류의 열반 개념을 제시했다(체르바츠키, 『열반의 개념』, 407쪽). 그런데 니체가 접했던 불교 사상은 쇼펜하우어의 철학에 반영된 소승 불교였다. 니체는 쇼펜하우어와 그가 숭배한 소승 불교의 사상을 비판함으로써 오히려 대승 불교의 사유와 가까워졌다(미하엘 스코브론, 이희주 옮김, 「니이체와 역설종교」, 『동서정신과학』[제4권/1호], 한국동서정신과학회, 2001, 38쪽). 둘째, 무신론자인 니체의 사유에서 우리가 종교적 통찰을 찾아내는 것 역시 모순적이지 않다. 불교는 전통적인 종교, 특히 기독교적인 관점에서 보자면 신이 존재하지 않는 무신론적인 종교라고 할 수 있기 때문이다. 스코브론은 신의 존재를 부정하면서도 불교와 매우 유사한 종교적 차원의 통찰을 보여준다는 점에서 니체의 종교적 사유를 '역설종교'라고 명명한다(스코브론, 「니이체와 역설종교」, 31쪽).

이와 달리 비개체성의 사유는 현상유지를 선호하는 개체의 보수성을 넘어서 끊임없는 변화를 긍정한다. 이런 비개체주의에 기반한 실천이 종교적인 차원에서 가장 극한적인 양식으로 드러나는 것은 분명하다. 그러나 이것이 종교적인 영역에서만 비개체성에 기반한 실천이 가능하다는 것을 의미하는 것은 아니다. 그렇다면 영원회귀에 제시되어 있는 비개체성의 사유가 어떻게 광범위한 사회·정치철학의 맥락 속에서 실천과 확고하게 연관될 수 있는가? 다음 장에서는 이 점에 대해서 상세히 살펴보고자 한다.

3부

영원회귀와 차이의 철학
― 탈근대적 니힐리즘의 극복

나는 심판을 내리기 위해서가 아니라
사랑하기 위해서 태어났다고 믿는다.
— 파블로 네루다, 『내가 살아온 날들에 대한 고백 : 추억』(1974)

picture prologue

| 물랭루즈의 니체 |

앙리 드 툴루즈-로트렉, 「물랭루즈에서 춤을」(1890)

우리는 니체를 잘 알고 있다. 그는 신은 죽었다고 말한 불경한 자였으며 매우 자존심이 강한 독일 남자였다. 그는 아름답고 지적인 여성 루 살로메를 두고 절친한 친구 파울 레와 다투었으며 청혼을 거절당한 후엔 그녀를 원숭이 같은 여자라고 심하게 욕했다. 이 독일 남자는 자신의 중요 작품에서 유대교 사제와 여자에 대한 혐오증을 종종 드러냈다. 금발의 야수라는 표현을 쓰면서 게르만적인 것에 대한 자부심을 나타냈던 적도 있다. 그래서 나치주의 철학자 알프레드 보임러와 같은 이들은 니체의 철학을 통해 반(反)유대주의와 나치즘의 철학적 토대를 마련하려고 했다. 히틀러가 무솔리니를 만났을 때 니체의 책들을 선물했다는 일화도 있다.

이런 이야기들을 듣고 난 뒤 니체의 책을 뒤적이다 보면 게오르그 루카치가 그를 제국주의 사상가이며 반동적인 비합리주의자라고 비난했던 것도 그리 근거가 없게 느껴지지는 않는다. 또 하이데거의 주장처럼 니체의 '힘에의 의지' 사상에서 세계지배와 같은 권력 의지를 발견할 수도 있다. 어떤 이들이 니체에게 독일 장교의 제복을 입히고 그의 글들에서 유태인들에게 아우슈비츠 행을 명령하는 위엄 있는 목소리를 찾으려 한다면 아무도 그것을 막을 수는 없다. 니체가 독일에서 히틀러 집권 시기인 1933년보다 훨씬 전인 1900년에 사망했다는 사실이나 그에게 절친한 유태인 친구가 있었다는 사실을 제시하는 것으로 이런 혐의들을 지우기는 힘들다.

그러나 우리는 또 한 사람의 니체를 알고 있다. 그는 어느 니체 연구가의 재치 있는 표현에 따르면 "프랑스적인 너무나 프랑스적인" 니체이다. 이 프랑스적인 니체는 『이 사람을 보라』에서 이렇게 말한다. "언젠가 하이네와 내가 독일어권의 단연 최고 예술가로 불릴 것이다. 단지 독일어가 이루었던 모든 것으로부터 이루 말할 수 없는 먼 거리에 있기에." 니체가 하이네와 자신이 공통으로 가지고 있다고 한 것, 독일적인 것과 말할 수 없이 먼 거리에 있는 정신이란 무엇인가?

니체가 마치 자기 영혼의 쌍둥이라도 되는 듯이 사랑한 독일 작가 하이네는 『낭만파』(1833)라는 책에서 프랑스 혁명 사상을 예찬하며 독일의 낭만적 복고주의와 반동적 정치학을 격렬하게 비판하였다. 프랑스에서 프랑스어로 쓰여진 『낭만파』가 독일에서 검열을 거쳐 삭제된 채로 출판된 후 하이네의 작품에는 금지령이 내려지고 그는 죽을 때까지 조국 독일로 돌아갈 수 없었다. 니체는 이 불온한 유태인 예술가와 자신을 동일시하는 데 전혀 주저함이 없었다. 프랑스인들은 단지 축제 때 쓸 흥미로운 의상을 찾기 위해서 과거의 무덤을 들여다보지만, 독일인들은 중세의 낭만주의적 무덤 안에서 생명을 잃고 부패해간다는 하이네의 통찰에 니체는 열광했다.
니체는 독일 철학자들에 대한 하이네의 비판에도 진심으로 공감했다.

이전의 우리 철학자들이 가난과 체념 속에서 초라한 다락방에 쪼그리고 앉아 머릿속으로 체계를 짜냈다면, 오늘날 우리 철학자들은 권력의 하수인이 되어 화려한 제복을 입고 있다. 그들은 국가 철학자가 되었다. 즉 그들은 자신들을 고용한 국가의 모든 이해관계를 철학적으로 정당화하려고 시도했다. 예를 들어 신교가 지배한 베를린의 교수인 헤겔이 자신의 체계에 신교의 교의 전체를 수용했다면, 구교가 지배한 뮌헨의 교수 셸링은 이제 그의 강의에서 로마 가톨릭 교황청의 가장 극단적인 교리까지 정당화하고 있다.

우리는 이러한 하이네의 진단을 니체의 청년기 저술인 『반시대적 고찰』에서 거의 유사한 형태로 찾아볼 수 있다.
하이네만큼이나 니체가 혐오했던 "가장 독일적인" 정신에 대항하여 반(反)독일적 니체가 완성된 곳은 프랑스였다. 프랑스 철학자들은 니체의 힘에의 의지 사상에서 권력에 대한 낭만적 매혹과는 무관한 어떤 것을 발견했다. 물론 니체의 철학을 국가사회주의로부터 분리해내고 그를 철학자로서 명예회복하게 만든 공로를 전부 프랑스 사상계에 돌리는 것은 부당할 것이다. 하이데거나 야스퍼스, 뢰비트 등 독일 학자들의 이론적 성과를 고려하지 않고 오늘날 니체의 철학을 말하기란 불가능하기 때문이다. 그럼에도 불구하고 푸코, 들뢰즈, 데리다와 같은 프랑스 철학자들이 가장 매력적이고 현대적인 방식으로 니체로부터 차이와 생성의 철학을 이끌어내었다는 점을 부정하기는 어렵다. 그들은 나치즘과 국가주의의 대변자로, 니체 자신의 표현을 빌리자면 "중력의 악령"으로 변질시킨 일련의 해석적 경향으로부터 니체를 구출하여 그를 반국가적 소수정치학의 창안자, 또는 경쾌한 춤의 스텝을 아는 철학자로 부활시켰다. 그들이 초대한 몽마르트의 댄스홀 물랭루즈에 들어서며 니체는 이렇게 외쳤을 것이다. "나는 춤을 출 줄 아는 신만을 믿으리라. …… 이제 나는 가볍다. 나는 날고 있으며 나 자신을 내려다보고 있다. 이제야 어떤 신이 내 몸 속에서 춤을 추고 있구나"(『차라투스트라는 이렇게 말했다』).

1_니체 철학과 탈근대 철학

1) 차이에 대한 두 가지 접근 : 승인과 생산

하버마스는 『현대성의 철학적 담론』에서 하이데거, 아도르노와 호르크하이머, 푸코, 데리다와 같은 이들이 니체를 계승하는 탈근대 철학자들이라고 규정한다. 이들을 포함하여 탈근대 철학자들로 분류되는 이들은 대부분 근대 철학이 동일자나 보편자를 사유의 전제로 삼아 중시하는 것에 반대하면서 차이 개념을 철학적 주제로 부각시킨다. 그러나 차이 개념에 대한 다양한 접근방식이 있는 만큼 차이에 대해 이야기한다고 해서 모두 동일한 철학적 결론을 공유한다고 볼 수는 없다. 니힐리즘을 극복하려고 했던 니체의 문제의식에 입각해서 차이에 대한 다양한 사유들을 조망해 보자면 탈근대 철학자들의 사유는 크게 두 가지 경향으로 나눌 수 있다. 하나는 차이를 '승인'의 문제로 보는 경향이고, 다른 하나는 차이를 '생산'의 문제로 보는 경향이다.

먼저 차이의 승인을 강조하는 이들은 다양한 차이들이 동일자의 이름으로 희생되어왔다는 사실을 지적하면서 차이들을 있는 그대로 받아들여야 한다고 주장한다. 이러한 접근은 동일자에 의해 소외된 타자들의 존재를 환기시킨다는 점에서 의의를 지닌다. 그러나 차이를 무조건 승인해야 한다는 생각은 차이 자체가 고정되고 불변된 것이라는 견해를 전제로 한다. 이 경우 서로 다른 존재자들 간에는 아무런 관계맺음도 가능하지 않다. 즉 차이를 승인한 후에는 서로 무관심한 상태에 머무를 수밖에 없는 것이다. 만일 이질적인 타자들이 서로 소통하고자 할 때는 다시 서로가 공유하는 최소한의 동일성을 상정해야만 하는 상황에 놓이게 된다. 이때 최소한의 동일성을 상정하는 것은 동일성의 철학이 반복해서 제기하는 문제지형 속으로 회귀하는 것을 의미한다.

예를 들어 인륜성(Sittlichkeit)과 같은 개념은 동일성 사유의 전형인 헤겔 철학 속에서조차 이질적인 타자들 사이의 소통과 합의에 대한 고심이 있었음을 보여준다. 헤겔은 인륜성 개념을 통해 개인을 원자적 개체로 파악하는 홉스적인 인간관의 문제점을 해결하고자 했다. 홉스의 주장대로 개인들이 아무런 공통의 기반도 갖지 않는 고립된 원자적 실체라고 가정한다면 조화로운 사회적 삶은 불가능하다. 개인들이 정치적·경제적으로 완전히 상이한 입장들을 취할 뿐 상호 간의 어떤 공동 기반도 가지지 않는다면 이들 간에는 도저히 화해할 수 없는 상태, 즉 홉스가 『리바이어던』에서 표현하고 있는 것처럼 "모든 사람에 대한 모든 사람의 전쟁"만이 있을 뿐이다.[1] 홉스는 만인이 자신들의 권리를 절대 권력인 국가에 양도함으로써, 만인의 권리 주장에 따라 필연적으로 발생하게 될 전쟁상태를 예방해야 한다고 주장했다. 이런 주장대로라면 개인은 공동체적인 삶을 사는 한 위압적 권력을 지니고 폭력을 행사하는 국가에 대한 복종을 필연적으로 감수해야 한다. 따라서 헤겔은 개인들 사이에 최소한의 공동 기반을 모색함으로써 근대 철학의 원자론적 가정에서 발생한 정치적·윤리적 문제들을 극복하고자 하였다.

헤겔은 개인들을 파편화된 원자들로 보지 않고 최소한의 동일성을 지닌 존재들로 간주한다. "개별자보다는 오히려 본성(Natur)상 국민이다. …… 개별자(der Einzelne)가 별개의 자립적 존재가 아니라면, 그것은 전체와 통일체를 이루는 부분일 수밖에 없기 때문이다."[2] 그는 개별자에는 본성상 국민으로서의 성격이 존재한다고 가정하고 이것을 인륜성이라고 부른다. 악셀 호네트의 지적대로 원자론적 사회론과 달리 헤겔은 상호주관적 공동 생활의 형태를 인간의 사회화를 위한 일종의 자연적 토대로 가정하는 것이다. 이러한 헤겔의 견해는 폴리스에서 완전한 실현에 도달하는 공동체 관계가 일종의 기체(基體; ein Substrat)처럼 인간 본성 속에 놓여 있다는 아리스토텔레스의 생각에서 도출되었다.[3]

개인들에게 인륜성이 공통의 본성으로서 상정된 다음, 헤겔에게 철학적 문제로 등장한 것은 역사 속에서 인륜성이 실현되는 과정에 대한 해명이었다. 자연적 초기 상태의 인륜성은 일종의 근원적 실체이며, 이 근원적 실체가 단계적으로 발전하는 과정이 역사의 과정이다. 인륜성의 완전한 실현을 목적으로 인간의 역사가 전개되기 때문에 이것은 일종의 목적론적인 과정이라고 할 수 있다. 역사적 과정에서 인륜성이 자연적 초기 단계를 넘어서 궁극의 실현을 달성하는 계기가 되는 것은 '차이의 실존'(Existenz von Differenz)이다. 사람들 사이에는 개별적 차이들이 있고 이로 인해 투쟁이 발생하고 그 과정에서 차이가 지양되면 잠재적 인륜성이 보편화된다. 이때 차이는 '인륜성의 생성'(Werden der Sittlichkeit)을 위해 극복되어야 하는 부정적인 것 또는 주관적인 것에 불과하다.[4]

헤겔의 철학에서 차이는 투쟁과 운동의 계기로서 중요한 역할을 하지만, 이는 단지 부정되고 극복되어야 할 대상이라는 의미에서만 중요할 따름이다. 차이나는 존재자들의 관계맺음은 결국 최소한으로 상정되었던 공동 기반을 점점 확장시키기 위해 차이들을 제거하는 과정이다. 따라서 차이가 사회적·역사적 전체화의 과정 속에서 사라지는 것에 반대하는 탈근대 철학자들로서는 어떤 최소한의 공동 기반을 상정하여 이질적인 존재자들의 관계맺음이라는 문제를 해결하기보다는 차라리 서로 무관하게 파편화된 차이의 상태를 유지하려는 입장을 택할 수밖에 없다. 탈근대 철학자들이 모든 관점이나 판단의 기준이 상대적이라고 끊임없는 강조하는 데에는 차이가 동일성에 포섭되는 것에 대한 깊은 우려가 들어 있는 것이다.

2) 차이의 승인에서 차이의 회피로?

그러나 이런 철학적 태도는 뜻밖의 효과를 낳는다. 모든 견해와 입장이 상대적이라는 주장은 차이를 철저히 긍정하는 것처럼 보이지만 동일성을 가정하지 않았을 뿐 결국 차이의 소거를 가져온다는 점에서 차이를 동일성에 포섭시키는 철학과 비슷한 효과를 낸다. 서로 상이한 존재조건과 관점을 지닌 개인들의 자유를 강조하는 자유주의적 견해는 차이에 대한 무조건적 승인이 어떤 식으로 차이의 소거 효과를 낳는지 단적으로 보여준다.

예를 들어 존 롤스의 정치적 자유주의에 의하면 다양한 가치들의 차이를 인정하지 않고 포괄적인 해결책을 추구할 경우 새로운 가치들의 갈등과 전쟁을 초래하게 된다. 따라서 롤스는 인종이나 민족, 성 등의 문제가 서로 다른 정의의 원칙들을 요하며 하나의 포괄적인 원리를 마련할 수 없는 문제임을 인정하는 것, 즉 철저히 상대적인 문제임을 받아들이는 것이 중요하다고 주장한다. 그는 이를 무시하고 차이를 조정할 수 있는 어떤 최소한의 보편적 토대를 찾으려는 입장을 비판한다. 그는 정치적 영역에서 이런 시도는 더 이상 성공할 수 없으며 자유주의를 위험에 빠뜨리는 큰 오류를 범하는 것이라고 본다. 그의 정치적 자유주의는 차이를 철저히 인정하자는 주장이다.

그런데 이 주장이 최종적으로 의미하는 바는 차이의 문제들이 합의의 가능성을 찾을 수 없다면 정치적 영역에서 이런 문제들을 다루는 것은 무의미하다는 것이다. 해소할 수 없는 차이의 문제를 정치적 공론의 장으로 끌어들이기보다는 질서의 유지와 안정성의 확보를 위해서 중첩적 합의의 가능성이 큰 문제들만을 정치적으로 다루는 것이 올바르다는 것이다. 왜냐하면 "안정성의 문제는 정치철학의 핵심"이므로 안정성을 해치는 차이의 문제들은 정치 영역에서 '회피' 해야 하기 때문이다. 이것을 롤스는 '회피의 방법' 이라고 부른다.[5]

미국의 탈근대 철학자 리처드 로티의 견해에서도 차이의 승인에 대한 강조가 차이에 대한 배제와 무관심으로 이어지는 것을 볼 수 있다. 로티는 롤스를 주요한 '탈근대적 인물' 로 간주하면서 롤스의 견해와 유사한 입장을 펼친다. 그는 "사회적 이론과 사회적 규칙(rule)은 종교적 물음들뿐만 아니라 철학적 물음들까지도 괄호로 묶어 제외하거나 폐기해야 한다"고 주장한다.[6] 그에 따르면 주체성을 구성하는 것은 수많은 차이들, 가령 경제적 차이, 성적 차이, 인종적 차이이다. 이런 차이들은 각 개인의 사적인 차원의 문제들이기 때문에 공적인 정치적 영역에서 다루어져서는 안 된다. 사적인 차원의 문제를 정치적 영역에서 다루고 차이들 간의 갈등을 조화시키려는 태도는 성공할 수 없기 때문이다. 차이들 간의 갈등을 해결하기 위해서는 차이들을 넘어서 존재하는 초월적인 원리가 필요하지만 그것은 형이상학적 열망에 불과할 뿐 가능하지 않다는 것이다. 그는 이런 형이상학적 열망을 견지하는 것은 근대의 거시적 진리관을 재생산하는 결과를 낳을 뿐이라고 진단한다.[7]

로티는 차이를 통해 자기를 창조하는 작업, 즉 새로운 주체화 활동을 아이러니스트의 활동이라고 부르면서 이 주체화 활동은 철저히 사적인 영역에서 이루어져야 한다고 주장한다

이런 로티의 견해는 니체와 하이데거에 대한 그의 입장에서 분명하게 드러난다.

> 니체와 하이데거가 자신들의 개인적 규준을 찬미하고, 그들에게 의미가 있는 작은 것들을 찬미하는 데 열중할 때, 그들은 프루스트만큼이나 훌륭하다. 그들은 우리들이 우리 자신의 옛 자아에 관한 교양소설을 씀으로써 새로운 자아를 창조하려는 시도를 할 때 모범으로 삼고 소재로 삼을 수 있는 인물들이다. 그러나 이들이 현대 사회에 관한 관점을 제시하거나 유럽의 운명, 혹은 현대 정치에 대한 관점을 제시하자마자, 이들은 잘해야 김빠진 인물이 되거나, 최악의 경우에는 사디스트적인 인물이 된다.[8]

아이러니스트로서 니체의 위대성은 '공적인 쓸모'를 철저히 배제할 때만 성립될 수 있는 것이다. 로티는 실제로 니체와 하이데거가 아이러니스트로서 자아창조의 동경을 사적인 영역으로 제한했다고 주장한다. 그러나 로티는 두 철학자와 달리 사적인 영역으로 만족하지 않았다는 이유로 푸코의 입장에는 반대한다. 푸코는 "우리의 자율성이 우리의 제도들 속에 구현되기를 요구하는" 입장을 취하는데 이것은 "자아창조적인 아이러니스트들이 찾고 있는 자율성은 사회제도 속에서는 영영 구현될 수가 '없었던' 유의 것"이라는 사실을 망각한 처사이다. 로티에게 "자율성이란 특정의 구체적인 인간들이 자아창조를 통해 얻고자 희망하는 것이요, 오로지 소수만이 실제로 얻게 되는 무엇이다".[9]

따라서 로티의 결론은 "자아창조와 정치 ─ 특히 우리가 자유주의자라면 ─ 를 결합시키려는 시도를 중단"함으로써 니체나 푸코의 시도를 사적인 것으로 만들라는 것이다.[10] 그러나 로티가 주체성을 구성하는 차이의 예로 들고 있는 경제적 차이, 성적 차이, 인종적 차이는 결코 공적 차원을 떠나 존재하는 것이 아니다. 사실상 다른 이들과 차이나는 자기창조의 작업을 사적 영역에 국한하라는 견해는 차이에 대한 어떤 현실적 고려도 배제하겠다는 것에 다름 아니다. 이 때문에 차이의 승인에 대한 강조는 차이를 중시해야 한다는 철학자 자신의 주장과는 달리 차이 철학의 중요성에 대한 강한 회의를 낳는다. 또한 이렇게 이해된 니체의 철학은 정치적·윤리적 함축을 지니지 못한 채 낭만적인 예술적 취향의 차원에서 차이의 문제를 해결하려는 입장들의 원조격으로 전락해버린다. 니체 철학에서 근대의 문제는 해결되는 것이 아니라 예술과 미학 영역으로의 도피를 통해 은폐되는 것으로 오해된다.

3) 왜 모든 사람의 삶이 예술작품이 될 수 없는가?

알렉스 캘리니코스의 비판은 이런 오해의 전형적인 사례이다. 그는 푸코를 니체의 전통선상에 서 있는 니체주의자로 지목하면서 "왜 모든 사람의 삶이 예술작품이 될 수 없는가?"라는 푸코의 반문에 강하게 반발한다. 캘리니코스가 보기에 후기자본주의 사회에서 "대부분의 사람들은 여전히 그들의 생산적 자산에 접근할 수 있는 길이 막혀" 있다. "살기 위해서는 자신의 노동력을 팔아야 할 필요에 의해서 대부분 사람들의 삶의 모습이 형성되기 때문이다. 버밍햄의 어느 병원에서 일하는 짐꾼, 상파울루의 자동차 공장 노동자, 시카고의 사회보장 담당 사무원이나, 봄베이의 부랑 어린이들을 초대하여 그들의 삶을 예술작품으로 만들고자 한다면 그것은 그들에게는 모욕이 될 것이다."[11]

캘리니코스가 보기에 어떤 사회적·정치적 실천과 무관한 자아의 예술적 창조란 특정 계급만이 누릴 수 있는 특권인 것이다. 만일 탈근대 철학자들이 주목하는 니체의 문제의식이 로티의 주장처럼 이해될 수밖에 없다면 이런 비판은 매우 정확하며 시의적절하다. 그러나 캘리니코스의 비판은 푸코가 아니라 로티에게 가해질 때만 타당한 비판이 된다. 푸코가 예술작품을 만들 듯이 개인들이 자기주체화의 방식을 마련해야 한다고 말한 것은 사실이지만 그는 이런 자기주체화의 방식을 사적인 영역으로 제한한 적이 결코 없기 때문이다.

차이는 사적인 차원에서만 인정될 수 있는 것이라는 견해는 암암리에 공적 영역에서의 무관심과 무책임을 양산한다. "모든 차이가 상대적이라는 이해방식은 결국 우리를 냉소주의로 몰고 가 인생에 대한 역설적 태도를 지니게 한다. 보편적인 것, 견고한 것들이 각자의 접근태도의 문제로 해소될 때 우리는 열정을 쏟거나 헌신할 가치가 있음을 발견할 수 없다. 그 결과 무관심, 싫증, 권태가 나타난다."[12] 그레고리 스미스가 차이의 승인을 주장하는 탈근대 철학들의 일반적인 문제점으로 지적하고 있는 이 부정적 정조들은 니체가 수동적 니힐리즘을 언급하면서 가장 강하게 비판했던 것들이다.

차이의 승인만을 강조하는 것은 이미 차이를 고정화해 서로 다른 존재자들 간에는 어떤 관여나 상호작용도 불가능하다고 보는 것이다. 이런 점에서 모든 판단의 상대성을 강조하는 철학적 입장에는 차이를 실체화하는 태도가 전제되어 있다. 이미 앞 장에서 확인했듯이 일체의 실체화는 수동적인 니힐리즘으로 귀결된다. 실체화되는 대상이 동일성이 아니라 차이라고 할지라도 결과는 마찬가지이다. 우리가 살펴본 로티의 견해는 차이를 실체화하는 탈근대적 사유가 우리의 활동성을 위축시키고 냉소와 허무에 빠져들게 하는 과정을 잘 보여준다.

니체는 신이나 이데아와 같은 형이상학적 실체를 상정하는 니힐리즘의 형식과 과학적 인과율에 기반한 근대적 니힐리즘의 형식을 수동적 니힐리즘으로 총칭했다. 니체가 수동적 니힐리즘의 한 형식으로 분류했던 근대 과학적 사유의 니힐리즘을 근대적 니힐리즘이라고 명명할 수 있듯, 차이를 실체화하는 탈근대적인 이 흐름을 '탈근대적 니힐리즘'이라고 이름붙일 수 있을 것이다. 탈근대적 니힐리즘이라는 용어를 사용하는 것은 관점의 상대성을 주장하면서 차이의 단순한 승인에 머무는 경향을 비판적으로 검토하도록 도와준다. 우리는 니체 자신이 사용한 적 없는 '탈근대적 니힐리즘'이라는 새로운 용어를 사용함으로써 오히려 니체의 문제의식에 한층 가까이 갈 수 있는 것이다. 니체는 근대 비판을 통해 수동적 니힐리즘의 시대적 형식에 대한 비판을 수행하였다. 만일 우리가 니체가 예견한 능동적 니힐리즘의 실현이 아직 이루어지지 않았다고 생각한다면 우리 역시 능동적 니힐리즘의 실현을 방해하는 니힐리즘의 시대적 형식에 대한 고찰이 필요할 것이다. 다양성을 강조하는 시대인 탈근대의 상황 속에서 여전히 수동적 니힐리즘으로 작동하는 경향성을 포착하려는 시도는 니힐리즘의 극복에서 니체의 근대 비판이 차지하는 중요성에 비견할 만한 가치를 지닌다.

근대적 니힐리즘이 신학적이고 형이상학적인 니힐리즘을 극복하는 외관을 띠었듯이, 탈근대적 니힐리즘은 근대적 니힐리즘을 극복하려는 외관을 띤다고 할 수 있다. 탈근대적 니힐리즘은 보편이나 전체에 반대하여 개인성을 옹호하고 일자에 반대하여 다수성을 긍정하는 듯 보인다. 그러나 차이를 실체화하는 탈근대적 니힐리즘은 근대적 니힐리즘을 진정으로 극복하는 대안이 될 수 없다. 근대 과학의 인과론적 사유가 신학적 니힐리즘의 본질을 극복하지 못하고 초월성의 논리를 반복한 것처럼 차이의 승인에 머무는 탈근대의 사유는 유사한 오류를 반복하고 있는 것이다. 따라서 탈근대적 니힐리즘에 빠지지 않기 위해서는 근대적 사유를 비판하는 새로운 논리가 필요하다. 이 논리는 차이의 철학의 또 다른 경향, 즉 차이를 생산의 문제로 보는 관점에서 찾을 수 있다.

푸코와 들뢰즈는 차이를 생산의 관점에서 파악하는 대표적인 탈근대 철학자들이다. 들뢰즈는 니체 철학에 의존하여 차이의 철학을 탐색해간다. 특히 그는 차이에 대한 새로운 사유를 정식화하는 데 영원회귀 개념을 적극적으로 도입하며, 영원회귀 사상을 통해 차이의 생산 문제를 고찰한다. 이어지는 논의에서는 영원회귀 개념에 대한 들뢰즈의 이해를 기반으로 하여 탈근대적 철학의 대표 개념인 '차이'를 반(反)실체론적으로 이해하는 방식을 살펴볼 것이다. 여러 탈근대 철학자들 중 들뢰즈를 선택한 이유는 두 가지이다. 먼저 들뢰즈의 주요 저작들은 다른 어떤 탈근대 철학자들보다도 니체 철학의 개념들을 지속적으로 사용하여 차이의 철학을 문제화하고 있기 때문이다. 둘째는 들뢰즈 철학이 지닌 실천적·윤리적 함축의 풍부함 때문이다. 폴 패튼이 지적하듯 들뢰즈의 철학은 "모더니티의 이론적·실천적 조건들에 대한 적극적 대응을 제공하려는 것을 주된 목적으로 하는 탈근대적 윤리학의 성격을 지니고 있다. 탈근대 철학에서 이런 윤리학적 구성의 실천적 시도는 보기 드문 것이다".[13]

2_니체의 차이 개념에 대한 들뢰즈의 이해

1) 변증법 비판과 영원회귀

니체에 대한 들뢰즈적 독법의 특징은 니체의 철학을 변증법의 대항 사유로서 상정한다는 점에 있다. 들뢰즈는 변증법이 차이를 동일자에 포섭하여 무력화시키는 가장 효과적인 논리라고 규정하면서 변증법 비판을 차이의 철학의 최우선 과제로 설정한다. 들뢰즈는 변증법의 주요 특징을 다음과 같이 규정한다.

첫째, **변증법의 논리를 통해 무한한 차이들은 두 개의 대립으로 변질된다.** 변증법의 기본 도식은 즉자존재인 A가 대타존재인 -A를 정립하여 모순을 이룸으로써 즉대자적 존재인 A'으로 이행할 수 있다는 것이다. 이행의 과정은 '지양(Aufhebung)의 과정으로서, 여기에는 보존-폐기-고양의 세 계기가 들어 있다. 그런데 변증법의 "지양이 지닌 모든 의미 가운데 들어올린다는 것(고양)보다 더 중요한 의미는 없"으며[14] 이 고양의 결정적 계기는 대립이다. 변증법은 대립적 차이를, 고양의 계기가 된다는 점에서, 한 존재와 다른 존재 사이의 **가장 큰 차이**이자 운동을 위한 **가장 좋은** 차이로 본다. 변증법에서는 대립자가 나타나지 않으면 운동이 불가능하기 때문이다. 주체의 고양을 위해서는 가상의 대립자라도 만들어 부정해야 한다. 따라서 변증법은 대립을 찾아내는 것을 주된 임무로 삼는다.

그러나 변증법적 대립의 논리에는 단순화의 논리가 들어 있다. 현실적으로 존재하는 수많은 차이들은 고양을 위해 단 두 개의 차이인 대립으로 환원된다. 이 두 개의 차이는 무수한 차이들 사이의 현실적 차이를 제거한 가상의 차이다. 즉 a, b, c, d……의 차이들은 A의 가상적 동일성으로 환원되고 이 가상적 동일성을 거부하는 차이들 e, f, g, h …… 등은 -A라는 가상적 동일성으로 규정된다. 결국 차이들이 대립으로 가정되는 것은 "차이가 미리 설정된 어떤 동일성 안에, 동일자의 경사면 위에 강제로 놓일 때이다".[15] 다시 말해 변증법의 대립은 단순화를 통해 만들어지는 "차이의 환영"[16]에 불과하다. 따라서 우리는 다음과 같이 결론지을 수 있다. "차이는 대립을 전제하지 않는다. 대립을 전제하는 것이 차이가 아니라 차이를 전제하는 것이 대립이다."[17]

둘째, **변증법의 논리는 원한(ressentiment)의 노예적 논리이다.** 니체에 따르면 운동에 대한 두 가지 발상이 가능하다. 그것은 고귀한 주인도덕의 발상과 비천한 노예도덕의 발상이다. "고귀한 모든 도덕이 자기 자신을 의기양양하게 긍정하는 것에서 생겨나는 것이라면, 노예의 도덕은 처음부터 '밖에 있는 것', '다른 것', '자기 자신이 아닌 것'을 부정한다. 그리고 이러한 부정이야말로 노예도덕의 창조적 행위인 것이다. 가치를 설정하는 시선을 이렇게 전도시키는 것(이렇게 시선을 자기 자신에게 되돌리는 대신 **반드시** 밖을 향하게 하는 것)은 것은 원한에 속한다.

노예도덕이 발생하기 위해서는 언제나 먼저 대립하는 어떤 세계와 외부 세계가 필요하다"(『도덕의 계보』, 14 : 367). 들뢰즈가 보기에 변증법적 운동은 대립하는 외부를 반드시 필요로 한다는 점에서 니체가 말한 노예적 운동의 전형이다. 그것은 주인의 운동과 대비된다. 그러나 그 양자의 대비를, 주인의 운동은 긍정만 있고 대립과 부정은 없으며 노예는 대립과 부정만 있고 긍정은 없다는 식으로 이해해서는 안 된다.

고귀한 도덕의 삼단논법이 "나는 선량하다. 너는 나의 반대이다. 그러므로 너는 악의가 있다"라면, 노예도덕의 삼단논법은 "너는 악의가 있다. 나는 너의 반대이다. 그러므로 나는 선량하다"이다. 주인의 전제는 자기긍정에서 시작된다. 부정적인 것은 "본질적이지도 거의 중요하지도 않으며" 니체가 말하듯 "후에 만들어진 것이며 …… 일종의 보색(補色)"(『도덕의 계보』, 14 : 371)에 불과한 것, 즉 활동의 부산물이다.[18] 즉 어떤 창조적 욕구의 발산이 선행하고 그것은 조건에 따라 주변 환경과 대립이나 부정의 관계를 맺을 수 있다. 이와 달리 노예도덕에서 부정적인 것은 니체의 표현대로 "근본 개념"(『도덕의 계보』, 14 : 368)으로서의 시작이며 "부정적인 것이 본질적인 것을 구성하고 긍정적인 것은 부정에 의해서만 현존한다".[19]

변증법에서 부정은 일차적이고 본질적인 계기이다. a, b, c, d…… 간의 다양한 차이들이 하나의 차이, 사실은 하나의 동일성으로 긍정되는 과정은 직접적이지 않다. 언제나 동일성에의 환원은 대립자 -A를 상정함으로써만 가능하다. 사실상 가상적 동일성 A는 존재하지 않는다. 즉자적으로 존재하는 것은 a, b, c, d 등의 차이들이다. 다시 말해 우리가 시선을 자기 자신에게 되돌릴 때 발견하는 것은 각각의 고유한 차이들이다. 그러나 변증법의 반정립은 시선을 외부로 돌리는 행위이다. a, b, c, d……는 외부에 자신들의 대립으로서 존재하는 −A를 상정함으로써 자신들을 하나의 동일성 A'으로 인식하게 된다. 다시 말해 대립을 통해 차이나는 개별자들은 자신을 하나의 동일자 A'으로 재발견하게 된다. A는 대립을 통해 존재하는 A'을 운동의 과정에서 역투사한 것에 불과하다. 이처럼 −A를 부정함으로써만 자기 자신을 긍정할 수 있다는 점에서, 즉 자기 자신으로 존재할 수 있다는 점에서 이것은 원한의 운동이다. 여기서는 a, b, c, d 등등의 "본연의 차이 자체가 악이고 또한 부정성을 띠고 있어서, 오로지 속죄할 때만, 다시 말해서 부정된 것과 부정 자체의 무게를 동시에 감당할 때만 긍정을 산출할 수 있는 것처럼 보인다".[20]

변증법적 대립 개념에 대한 들뢰즈의 분석은 우리가 변증법적 사회 모델의 잘못된 전제와 그 전제를 고수하게 만드는 병리학적 정조(Stimmung)를 포착하는 데 도움을 준다. 이 전제는 차이는 악한 것이라는 것이며 그 전제의 병리학적 정조는 **차이에 대한 공포**(Furcht)이다. 변증법에서 모든 차이가 공포의 대상이라는 것은 분명하다. 변증법에서 '자기 자신이 아닌 것'(타자)의 부정이 가장 근본적인 운동의 계기라는 점과 그 운동을 통해서 도출되는 결과인 자기인식이 개별자들이 스스로를 하나의 동일자로 발견하는 것에 다름 아니라는 점은 이것을 분명히 드러내 준다. 차이는 공포스러운 것이기 때문에 내적 차이든 외적 차이든 반드시 제거되어야 할 것으로 간주되는 것이다. 따라서 변증법은 이항대립을 사회적 제관계의 모델로 일반화한다. 즉 변증법은 다양한 대립을 이항대립으로 단순하게 환원할 뿐만 아니라 차이들이 나타나는 조건을 적대나 대립의 조건으로 일반화한다. 차이를 지닌 타자들은 무조건 '적'으로 규정된다. 그것은 주체가 타자를 만나기도 전에, 또한 양자가 경험적이고 구체적인 상황 속에 놓여지기도 전에 전제되는 만남의 도식(Schema)으로 작용하는 일종의 선험적 규정이다. 이런 선험적 규정은 차이에 대한 공포에서 비롯된 것이다.

들뢰즈는 니체에게서 차이에 대한 전혀 다른 태도를 발견한다. 그것은 차이를 부정하는 것이 아니라 긍정하고 열망하는 태도이다. "유형의 다수성, 자기 자신이고자 하는 의지, 자신을 두드러지게 하고자 하는 의지, 내가 **거리를 두는 파토스**(Pathos der Distanz)라고 부르는 것은 모든 강한 시대의 특성이다. 오늘날에는 극단적인 것들 사이의 긴장과 간격이 점점 더 줄어들고 있다"(『우상의 황혼』, 15 : 176). 거리의 파토스는 차이를 긍정하려는 열정이다. 차이의 긍정은 차이의 생산과 창조를 의미한다. 이 점은 니체가 『도덕의 계보』에서 고귀한 사람, 강한 사람의 도덕에는 거리의 파토스가 존재한다고 말할 때 더욱 분명해진다. "그들은 이러한 거리의 파토스에서 **가치를 창조하고 가치의 이름을 새기는 권리**를 비로소 가지게 되었던 것이다"(『도덕의 계보』, 14 : 353~354).

들뢰즈는 『니체와 철학』에서 니체의 차이를 통해 비로소 새로운 차이 개념이 등장했다고 주장한다. "니체는 부정, 대립, 모순의 사변적 요소를 긍정의 대상이자 향유의 대상인 **차이**라는 실천적 요소로 대체한다. …… '자신이 다르다는 것을 인지하는 것의 기쁨', 즉 차이의 향유(la jouissance de la différence), …… 변증법주의자들이 말하는 부정의 노동을 공격적이며 경쾌한 새로운 개념적 요소로 대체한다."[21] 차이는 변증법에서처럼 더 이상 공포스러운 것, 극복되어야 할 것이 아니라 추구해야 할 것, 추구할수록 좋은 것이다. 들뢰즈는 『차이와 반복』에서 이러한 니체의 차이 개념을 "부정 없는 차이"라고 부르며, 이 개념들을 통해 대립을 전제하지 않고서도 차이를 사유할 수 있다고 본다. 들뢰즈가 말하는 차이는 한 사물이 다른 사물에 대한 대립이나 부정을 통해서 자신을 규정하는 차이가 아니다. **"부정 없는 차이"는 한 사물이 미규정성 속에서 스스로를 자발적으로 드러내는 차이로서, 대립에 대한 본질적 의존 없이 운동, 변화, 생성을 포착하려는 개념이다.** 이런 차이를 통해 우리는 물에 녹기 전 설탕과 설탕물이 된 설탕의 차이, 어제의 나와 오늘 나의 차이, 우주의 이 순간과 다음 순간의 차이 등을 말할 수 있게 된다. 이때 자신의 한 상태에서 다른 상태로의 이행을 표시하면서 변화의 존재로서 <u>스스로를 반복한다</u>는 점에서 이 차이 개념은 부정성 없이도 성립되는 것이다. 들뢰즈는 이러한 차이 개념을 통해 비로소 다음과 같이 말할 권리를 획득하게 된다. "차이의 철학이 거부하는 것이 있다. '모든 규정은 부정'(omnis determinatio negatio)이라는 명제이다."[22]

2) 이중긍정과 영원회귀

당나귀의 피로한 긍정과 차라투스트라의 명랑한 긍정

들뢰즈에 따르면 변증법은 모든 규정을 부정으로 간주하고 부정을 통해 운동과 변화를 파악하려 한다. 따라서 차이의 철학이 부정으로서의 규정을 철저히 거부하려면 긍정적 규정에 근거한 운동을 찾아내는 것이 필요하다. 들뢰즈는 니체의 영원회귀 개념에서 긍정에 근거한 운동의 양식을 발견한다. 영원회귀는 "이중의 긍정"(긍정의 긍정)[23]으로서 차이를 생산하는 반복운동이다. 거리의 파토스가 모순 개념을 대체하듯이 영원회귀의 "이중긍정"은 변증법의 "이중부정"을 대체한다.

변증법적 운동은 다음과 같은 의미에서 이중부정의 운동으로 규정된다. 변증법에서 "부정은 확실히 발동장치(motor)이자 역량이다. 긍정은 그것의 결과, 말하자면 대용품이다".[24] 즉 A′에 대한 긍정은 항상 A의 부정으로 –A를 반정립하고(첫번째 부정), 다시 –A를 부정하는(두번째 부정) 결과로서만 나온다는 뜻이다. 이렇듯 변증법에도 긍정은 존재하지만 그것은 항상 부정의 부정이라는 이중부정을 통해서만 가능하다. 변증법의 긍정(Ja)은 니체가 말한 당나귀의 피로한 긍정(『차라투스트라는 이렇게 말했다』)이자 노예의 긍정(『도덕의 계보』)이다.

'니체는 당나귀의 '예'와 '아니오'를 디오니소스–차라투스트라의 '예'와 '아니오'에 대립시킨다. 이는 두 가지 관점의 대립이다. 그것은 '아니오'로부터 긍정의 환영을 끌어내는 노예의 관점, 그리고 '예'로부터 부정적이고 파괴적인 귀결을 끌어내는 '주인'의 관점"이다.[25] 디오니소스–차라투스트라의 긍정은 영원회귀의 긍정이기도 하다. 이것은 차이의 이중긍정을 통해 이러한 **부정의 부정**을 사라지게 하는 새로운 발상법이다. 이 "다른 발상법에 따른다면 긍정이 일차적이다. …… 긍정에서 따라나오는 것이 부정(Non)이다. …… 부정이라는 그림자를 후속으로 산출하기 위해서는 아마 두 개의 긍정이 필요할 것이다".[26]

영원회귀의 핵심은 긍정이 일차적이고 부정은 환상 또는 부대현상이며 이중긍정의 효과라는 것이다. 그렇다면 영원회귀는 어떤 의미에서 차이의 긍정이자 이중긍정인가? 이것은 니체의 유명한 '주사위놀이'에 대한 고찰을 통해 설명될 수 있다.

일찍이 창조의 능력을 지닌 숨결로부터, 그리고 아직도 우연이라는 것들을 강요하여 별의 윤무를 추도록 하는 저 천상의 필연이라는 것으로부터 한줄기 숨결이 내게 다가왔더라면,
내 일찍이, 행위의 긴 뇌성이 투덜투덜하면서도 고분고분 뒤따르고 있는, 저 창조의 능력을 지닌 번개의 웃음을 한 번 터뜨려 보았더라면,
내 일찍이 신들의 탁자인 이 대지에 앉아 대지가 요동치고 터져 불길을 토하도록 신들과 주사위놀이를 벌여보았더라면,
이 대지가 신들의 도박대이고, 창조의 능력을 지닌 새로운 말들과 신들의 주사위놀이로 인해 떨고 있기 때문이다.
오, 내 어찌 영원을, 반지 가운데서 결혼반지인 회귀의 반지를 열망하지 않을 수 있으리오?(『차라투스트라는 이렇게 말했다』, 13 : 385).

영원회귀는 우연을 강요하는 필연의 숨결이며 신들의 창조적 능력이 발휘되는 주사위놀이이다. 주사위놀이의 비유를 통해서 먼저 **영원회귀는 차이의 반복운동**이라는 사실이 밝혀진다. 우리는 여섯 개의 숫자가 번갈아 나오는 주사위놀이는 아무런 차이도 없는 동일한 숫자의 반복놀이라고 생각한다. 그 결정된 반복에서 벗어날 수 없음을 주사위 눈의 확률(각각 1/6)이 증명해 주고 있다. 그러나 놀이의 관점에서 보면 주사위놀이는 단지 여섯 개의 면만으로도 무수한 차이의 생산이 가능하다는 것을 보여준다. 주사위 던지기가 도박대 앞에서의 '놀이'(spiel)라면 4가 두 번 나온다 할지라도 그것은 반복이 아니라 차이이다. 처음 던졌을 때 4는 상대방의 앞선 숫자인 5와 이어질 경우 패배를 의미하지만, 만일 상대방의 2에 이어 또 다시 4가 나온다면 이때는 역전을 의미

한다. 이 경우 두 개의 4는 전혀 다른 숫자이며 따라서 동일한 4가 아니라 차이나는 4가 반복되는 것이다. 주사위 놀이의 4는 결코 차이 없이 되돌아올 수 없다. 그것은 차이를 산출하는 운동의 반복이다.

차이를 사랑하는 자는 '아니오'라고 말하기 전에 '예'라고 말한다

이러한 차이의 반복운동에서 **긍정의 일차성과 긍정의 이중적 성격**이 따라 나온다. 긍정의 일차성이란 부정보다 긍정이 앞선다는 것, 즉 운동의 첫번째이자 주요한 계기는 부정이 아니라 긍정이라는 사실을 의미한다. 이때 긍정되는 것은 우연이다. 이 때문에 니체는 영원회귀를 우연을 강요하는 필연의 숨결이라고 표현했던 것이다. 우연을 긍정한다는 것은 생성을 긍정한다는 말에 다름이 아니다.

또 다시 주사위놀이의 비유를 통해 이를 이해해 보면 다음과 같다. 주사위놀이를 시작하기 위해 우리는 주사위를 먼저 던져야 한다. 이때 던져지는 "모든 사물 위에 우연이라는 하늘, 천진난만이라는 하늘, 뜻밖이라는 하늘, 자유분방이라는 하늘이 펼쳐져 있다"(『차라투스트라는 이렇게 말했다』, 13 : 277). 이것은 주사위가 던져짐으로서 발생하는 사건, 즉 모든 생성의 사건은 우연이라는 것을 의미한다. 이 생성에는 대립과 부정이 없을 뿐만 아니라 어떤 목적이나 의도, 선(先)전제도 없다. 설령 주사위를 던지는 자가 특정한 목적이나 의도를 가진다 하더라도 던지는 사건은 우리의 의도대로 이루어지지 않는다.

다양한 미세 원인들의 상호작용 속에서 발생하는 사건은 우리의 의도와 달리 우연 속에 내맡겨질 따름이지만 그래도 우리는 던진다. 우리가 삶의 우연 속에서 공허함으로 몸을 떠는 대신 기꺼이 우연의 사건을 발생시키는 던지기를 감행할 때, 우리는 우연을 강요하는 필연의 한 줄기 숨결을 깊게 들이마셨다고 할 수 있는 것이다. 이처럼 우리가 우연을 긍정할 때만 생성의 사건, 한 번의 운동이 발생한다. 차이의 반복운동이 지속되기 위해서는 무엇보다도 긍정의 되풀이되는 반복운동이 일차적으로 필요하다.

그러나 우리는 또 다시 질문을 던지게 된다. 긍정의 반복운동이 어떻게 우연의 반복운동이 될 수 있으며 더욱이 차이의 반복운동이 될 수 있는가? "사람들이 한번 던지는 주사위들은 **우연**의 긍정이고, 그것들이 떨어지면서 형성하는 조합은 **필연**의 긍정이다."[27] 만일 이것이 우연은 발생한 순간, 벌써 되돌릴 수 없는 필연적 사건이 되어버린다는 점에서 필연의 긍정이며 필연의 반복임을 의미한다면 우연의 긍정, 우연의 반복이란 무엇인가?

주사위가 던져질 때 숫자는 니체의 표현대로 우연의 광대한 하늘에 맡겨지지만 떨어져 대지에 구르는 순간 주사위의 눈은 결정된다. 만일 4가 나온다면 이것은 이제 지나가버린 과거의 사건이며 절대로 바뀔 수 없는 하나의 필연이 되어버린다. 과거는 어떤 (긍정의) 시도로도 결코 다른 곳으로 옮겨놓을 수 없는 거대한 산과 같다. 어떤 힘센 의지로도 과거라는 산을 옮길 수 없기에 난장이는 차라투스트라를 심하게 비웃는다. "오 차라투스트라여, 너 지혜의 돌이여! …… 너 위를 향해 네 몸을 높이 투척했지. 위로 던져진 돌은 어김없이 도로 떨어지기 마련이거늘!"(『차라투스트라는 이렇게 말했다』, 13 : 261).

그러나 우리에겐 또 한 번의 긍정이 남아 있다. 이것은 "놀이의 두 번째 시간"으로서 "최초의 시간의 회귀", "우연 자체의 재생산이자 재

긍정"의 시간이다.[28] 재긍정의 시간은 난장이의 비웃음에 대한 차라투스트라의 대답 속에서 표현된다. "그것이 생이었던가? 좋다! 그렇다면 다시 한 번!(Noch Ein Mal!)"(『차라투스트라는 이렇게 말했다』, 13 : 263). 두번째 긍정은 덮쳐오는 '필연'의 산같은 흙더미에 우연이 묻혀버리는 것을 구제하는 긍정이다. 들뢰즈는 바로 이러한 긍정을 '이중긍정'이라고 표현한다. 이중긍정은 사건의 재실행이다. 이 재실행이란 과거의 사건을 그대로 남겨두고 다시 한 번 긍정을 통해 과거와 무관한 다른 사건을 실행한다는 의미가 아니다. 그런 의미라면 그것은 사건의 재실행이 아니라 실행된 사건들의 산술적 합산에 불과할 것이다. 이와 달리 이중긍정("다시 한 번!")은 과거 속에 묻힌 우연을 다시 태어나게 함으로써 차이를 되돌아오게 하는 것으로 이해된다.

주사위를 또 한 번 던진다는 것은 과거의 사건들을 하나의 필연으로서 그대로 남겨둔 채 거기에 하나의 사건을 새로운 우연으로 덧붙이는 것이 아니다. 과거의 사건들이 하나의 필연으로 그대로 남아 있다면 필연은 긍정의 대상이 아니라 부정과 증오의 대상이 될 것이다. 그러나 주사위 던지기의 사건이 다시 한 번 발생하는 순간, 과거의 낡은 사건들은 새로운 사건으로서 차이를 지니고 다시 태어나며 이 때문에 우연으로서 또 다시 긍정될 수 있다. 이 점에서 "필연은 우연이 그 자체로 긍정되는 한에서 우연에 의해서 긍정된다"[29]고 말할 수 있다.

가령 상대방이 첫번째 던진 주사위에서 '5'가 나오고, 그 다음에 내가 던진 주사위에서 우연히 '4'가 나왔다면, 그건 내가 뒤지는 사태를 형성하는 사건이다. 그러나 이어서 두번째로 상대방이 '2'를 던지고, 그 다음으로 내가 '다시 한 번' 던진 주사위에서 '6'이 나왔다고 하

자. 이때 '6'이라는 우연한 사건의 실행으로 인해 과거의 사건 '4'는 새로운 의미로 다시 태어난다. '패배의 사건'에서 '극적인 역전의 사건'을 구성하는 필수적인 계기로 변모하는 것이다. 만일 내가 앞서 던진 주사위에서 '4'가 아닌 더 큰 숫자가 나왔다면, 뒤의 '6'은 극적인 역전의 사건이 아니라 일방적인 우세를 나타내는 사건이 되었을 것이기 때문이다. 반대로 내가 두번째 던진 주사위에서 '6'이 아니라 '1'이 나왔다면, 과거의 사건 '4'는 나의 패배를 형성하는 필수적인 계기로 다시 태어나게 된다. 이렇게 매번 계속되는 우연의 긍정이자 필연의 긍정은 한 번의 우연의 실행이 아니라 모든 과거의 우연, 즉 필연을 새롭게 실행한다는 점에서 또 다른 긍정을 내포한다. 그리고 이 점에서 긍정은 언제나 이중긍정이며 이중긍정인 이상 언제나 차이를 생산하는 차이의 반복운동일 수밖에 없다.

영원회귀의 이중긍정에서 부정은 환상이며 효과이다. 하나의 새로운 실행은 어떤 식으로든 이전의 상황을 바꾼다. 이것은 일종의 부정이다. 그런데 여기서 부정은 하나의 실체나 독자적인 행위양식이 아니라 이전의 긍정을 새로이 실행하는 긍정이 생겨날 때 만들어진다. 이렇게 첫번째 긍정에 대한 두번째 긍정의 효과로서 과거 사건이 '부정'된다는 점에서 부정은 이중긍정의 효과이다. "부정은 보다 심층적인 발생적 요소의 그림자로서만 출현할 뿐이다. 부정은, 긍정을 분만하고 긍정 안에 차이를 분만하는 역량이나 의지의 그림자"[30]이다. 사물이 없는 곳에 그 사물의 그림자가 없듯이 새로운 실행이라는 긍정에의 의지가 없는 곳에서는 부정이 나타나지 않는다. 따라서 운동의 발동장치로서 부정과 대립을 상정하는 것은 그림자를 마치 독립적으로 존재할 수 있는 사물이라도 되는 양 바라보는 변증법주의자의 환상이다.

긍정은 부정을 통한 긍정이나 부정을 위한 긍정이 아니라 언제나 긍정 그 자체로서 실행되는 것으로 딱 한 번 실행될 때조차 이중의 긍정이다. 하나의 실행이라는 점에서 하나의 긍정이고, 바로 그 긍정이 그러한 실행 이전의 모든 것을 차이를 지니고서 새롭게 돌아오게 한다는 점에서 또 하나의 긍정인 것이다. 이런 방식으로 들뢰즈는 이중긍정으로서의 영원회귀 개념을 통해 변증법의 대립과 이중부정의 운동에 호소함 없이 생성과 운동을 사유한다.*

3) 차이의 반복과 영원회귀

영원회귀는 강도적이다

영원회귀에 대한 들뢰즈의 또 다른 핵심적 규정은 "영원회귀 안의 반복은 질적이거나 외연적이지 않고 다만 강도적"[31]이라는 점이다. 이 규정을 통해 그는 니체의 영원회귀가 동일자의 반복이 아니라 차이의 반복이며 생산임을 밝히고 영원회귀 개념을 통해 차이의 존재론을 확립하고자 한다. 들뢰즈는 "강도의 차이라는 표현은 동어반복"이고 "모든 강도는 미분적이며 차이 그 자체"[32]라고 규정한다. 따라서 영원회귀가 강

---

* 그러나 흥미로운 것은 들뢰즈가 대립과 이중부정의 운동을 의미하는 헤겔 변증법을 비판하면서도 변증법 개념 자체를 폐기하지는 않는다는 점이다. 그는 '문제들은 언제나 변증법적이다'라고 말하면서 자신이 '대립적 재현들 사이의 순환'을 의미하는 헤겔 변증법에 반대할 뿐임을 강조한다. 이에 대해서는 들뢰즈의 『차이와 반복』 4장 3절의 논의를 참조하라. 그리고 들뢰즈의 변증법에 대한 논의로는 다음을 참조하라. 소운서원 엮음, 『들뢰즈 사상의 분화』, 그린비, 2007, 112~114쪽.

도적이라는 말은 영원회귀 안의 반복이 차이 그 자체임을 의미한다. 이러한 동어반복을 통해 들뢰즈는 차이의 비고정성을 강조한다.

들뢰즈의 강도(intensité) 개념은 칸트에게서 온 것이다. 들뢰즈는 『차이와 반복』에서 영원회귀 개념을 니체의 텍스트에 가두지 않고 칸트 철학의 미묘한 자장(磁場) 속으로 던져 넣어 그 개념이 새로운 철학적 울림을 지니도록 한다. 『차이와 반복』에서 칸트의 여러 개념들은 칸트 철학을 벗어나 변용되며 니체의 개념들과 접목되어 차이의 철학의 용어로 창조된다. 강도 역시 그러한 개념들 중 하나로서, 이 개념은 칸트가 『순수이성비판』에서 경험의 원칙을 설명하며 사용했던 것이다. 그는 내포량(intensive Größe)을 "모든 현상은 내포량을 가진다"는 지각의 예견원칙에서 사용한다.[33] 내포량은 직관의 공리(모든 직관은 외연량을 가진다)의 외연량(extensive Größe)에 대립하는 개념이다.[34] 직관의 양화에서는 5개와 10개처럼 외연적 크기를 비교하는 양화가 이루어진다면, 지각의 양화에서는 5도, 10도의 온도처럼 서로 강도 차이를 갖는 크기인 내포량이 양화된다. 칸트의 이러한 설명에서 강도적 크기(강도량; intensive Größe)는 기온이나 색깔, 소음의 정도와 같은 질적 차이로서 가정되고 있음을 알 수 있다.

그러나 칸트와 달리 들뢰즈는 강도를 질적 차이와 동일시하는 것에 반대한다. "선험적 원칙에 해당하는 강도는 단순히 지각의 예견으로 그치는 것이 아니다. 그것은 오히려 어떤 4중의 발생 원칙이다. 다시 말해서 강도는 도식에 해당하는 외연의 원천, 외연적 크기에 해당하는 연장의 원천, 연장을 차지하는 질료인 물리학적 질의 원천, 대상의 지칭에 해당하는 감각적 질의 원천이다."[35] 강도는 연장과 다를 뿐 아니라

질과도 다르다. 오히려 **강도는 연장과 질을 생산하는 원천이며, 질적 차이에 대한 긍정 그 자체를 차이의 긍정으로 볼 수 없다는 것이 강도론의 요점이다.** 우리가 질이라고 부른 것들 사이의 차이, 즉 질적 차이는 하나의 고정된 상태를 표현하며 그것은 질들 간의 불연속성을 고착화하는 경향이 있다. 즉 질적 실체화를 통해 차이를 소멸시키는 효과가 생겨난다. 이처럼 양과 강도의 구분, 질과 강도의 구분을 통해서 들뢰즈는 차이 개념을 실체화하거나 본질주의화하려는 경향을 봉쇄하고, 강도 개념을 차이의 생산성과 비고정성을 환기시키는 데 사용한다.

강도는 질적 차이인가, 비질적 차이인가?

들뢰즈는 어떤 점에서 강도는 양과 다르며 질과도 다르다고 보는가? 강도는 "외연량과 같이 분할가능한 것도 질처럼 분할불가능한 것도 아니다".[36] 먼저 강도는 외연량과 같이 분할가능하지 않다는 특징을 지닌다. 외연량은 우리가 일반적으로 나눌 수도 있고 합칠 수도 있다고 가정하는 양을 뜻한다. 이 외연량은 세 가지에 의해 규정된다. ㄱ) "어떤 단위의 상대적 규정을 통해", ㄴ) "단위에 의해 규정된 부분들의 등가성을 통해", ㄷ) "부분들과 분할되는 전체의 동(同)-실체성을 통해".[37]

외연량에 대한 들뢰즈의 이해는 그가 『차이와 반복』에서 칸트와 더불어 중요하게 다루고 있는 철학자 중 한 사람인 베르그송의 견해를 수용한 것이다. 『의식에 직접 주어진 것들에 대한 시론』의 예에서처럼 양 50마리를 셀 경우 우리는 먼저 '마리'라는 상대적 단위를 통해 먼저 양(羊)을 규정해야 한다. 한 '마리', 두 '마리' 하고 세어나갈 때 이렇게 규정된 양들은 등가적인 것으로 규정된다. 만일 이 양은 뿔이 큰 놈, 저

양은 털이 긴 놈 하는 식으로 질적 차이를 부각시키면 '센다는 행위'는 불가능해진다. 마지막으로 이렇게 셈한 양 50마리는 어떻게 나누어 묶든 그 묶음의 합에 있어서는 동일한 것으로 규정된다.[38] 이런 규정을 고려한다면 외연량 개념에는 다음과 같은 전제가 들어 있음을 알 수 있다. 외연량에서는 "분할이 이루어지고 계속된다 해도 분할되는 것의 본성에는 아무런 변화가 일어나지 않는다".[39]

양(羊)의 예에서 볼 수 있듯이 질에 대한 고려는 센다는 행위 자체를 불가능하게 하므로 양(量)처럼 합할 수도 없을 뿐더러 분할할 수도 없다. 이런 점에서 내포량인 질은 "언급되는 것보다 훨씬 더 많은 안정성, 부동성, 일반성을 지닌다".[40] 즉 질은 다른 질과 차이나는 어떤 고정된 상태를 의미하는 개념이다. 이 고정된 상태를 고수하는 한, 질은 분할될 수 없다. 그러므로 들뢰즈는 "어떤 질적 차이가 강도의 차이를 재생하거나 표현하지 않는다는 것은 확실하다"고 주장하면서 질적 차이 자체로는 차이의 운동을 포착할 수 없음을 재차 강조한다.

강도는 질처럼 분할불가능한 것이 아니라는 점을 중요한 특징으로 갖는다. 강도량은 분할된다. 그러나 "본성을 바꾸지 않고서는 분할되지 않는다. 그러므로 어떤 의미에서 강도량은 분할불가능하지만, 이는 어떠한 부분도 분할에 선재(先在)하지 않고 또 분할되면서 똑같은 본성을 유지하지 않기 때문이다".[41] 양 개념이 본성이 바뀌지 않는 나눔의 운동을 전제하고 질 개념이 본성의 변화 때문에 나눔의 운동을 부정하는 것과 달리, **강도는 나눔의 운동은 가능하지만 언제나 본성의 변화를 동반한 채로만 가능함을 강조하는 개념이다.** 강도의 차원에서 한 사물을 본다는 것은 '분할에 따라' 무수하게 본성이 달라지는 차이들이 이미 그 사물 자체에 내재해 있는 것으로 바라본다는 것이다.

　자기 안에 내재한 차이라는 개념에서 우리가 주목해야 할 것은 분할하는 운동 자체이다. 내재적인 무한한 차이들이 이미 결정되어 안에 들어 있다면 이것은 다시 차이의 본질주의를 반복하는 것에 불과하다. 들뢰즈는 차이를 내는 분할운동에 따라 무한히 다양한 차이들이 나타난다고 말하면서 그와 같은 본질주의의 함정에서 벗어난다. 예를 들어 100도라는 온도는 50도의 온도로 변화할 수 있고 50도와 차이를 갖지만, 50도들의 합으로 구성되어 있는 것이 아니다. 100도는 70도, 10도, 0도 등 수많은 온도들로 변화할 수 있는 차이의 잠재력을 갖지만 100도 안에 그 차이들이 1도 간격이나 0.1도의 간격들로 이미 실체적으로 고정된 질서를 이룬 채 들어 있다고 할 수는 없다. 속도에 대해서도 동일한 설명이 가능하다.

　이러한 설명을 통해 들뢰즈가 영원회귀의 강도적 성격을 강조함으로써 의도했던 것이 분명히 드러난다. **차이는 결정되어 있는 것이 아니라 생산되는 것이다.** 영원회귀는 차이를 생산하는 '차이의 운동'을 존재론적으로 표현한다. 이를 통해 우리는 차이를 실체화하는 탈근대적 니힐리즘을 넘어선 차이의 철학을 사유할 수 있게 된다. 이제 고려해야 할 것은 다음의 질문들이다. 대립을 넘어선 차이 개념을 사유한다는 것은 어떤 가치를 갖는가? 또한 차이의 생산운동에 주목한다는 것은 어떤 가치를 갖는가? 우리는 이어지는 장에서 차이와 대립의 실천적 의미를 고찰하고 차이의 생산이라는 니체적 모티브가 차이의 철학의 현대적 유형 속에서 어떻게 표현되는지 살펴볼 것이다.

4부

차이의 철학의 실천적 함의
— 능동적 니힐리즘의 완성

나는 어떤 것도 거부하지 않는다.
나는 모든 것을 원한다.
하지만 나는 이미 존재하는 것을 원치 않는다.
— 리아 마갈레, 「여성적 젠더 속의 도시」, 『아우토노미아 : 포스트정치적 정치』(1980)

picture prologue

| 니체와 소수정치 |

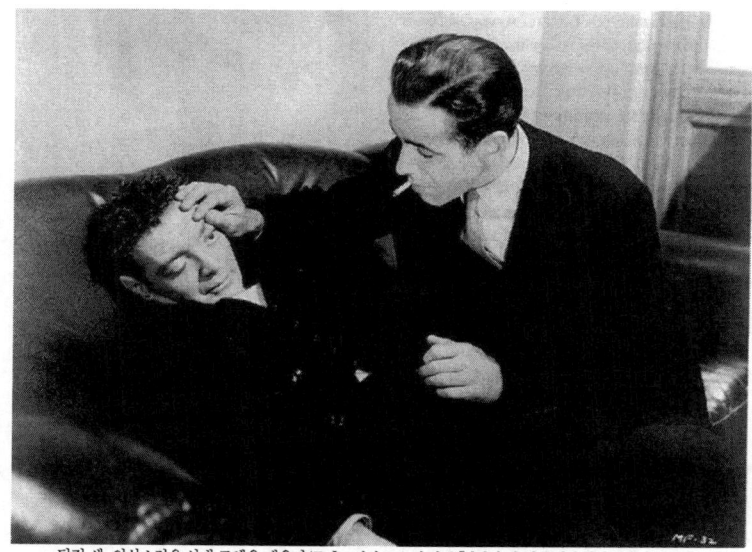

탐정 샘, 의심스러운 사내 조엘을 깨우다(존 휴스턴의 1941년 작품 「말타의 매」에 출연한 피터 로르와 험프리 보가트).

니체는 "다수의 특권이라는 원한의 낡아빠진 허위적 구호에 대해서 ······ 소수의 특권이라는 무섭고 매혹적인 반대구호가 예전보다도 훨씬 더 강력하고 단순하게 진지하게" 울려 퍼질 수 있도록 해야 한다고 말했다(『도덕의 계보』). 소수의 특권에 대한 강조 때문에 니체는 민주주의의 반대자 또는 반동적 귀족정치의 옹호자라는 비난을 받아왔다. 그러나 니체의 소수정치는 특정 지배계급이 다수의 사람들을 억압하거나 통제하는 정치와는 전혀 상관이 없다. 그가 말하는 다수자란 어떤 존재인가? 들뢰즈와 가타리는 『천의 고원』에서 다수자를 새롭게 정의함으로써 니체에 덧씌워진 오명을 걷어낼 계기를 마련했다. "다수는 상대적으로 큰 양을 의미하는 것이 아니라 …… 표준의 결정을 의미한다. 백인, 성인, 남성 등 다수성이 지배의 상태를 전제하는 것이 아니라 지배의 상태가 다수성을 뜻한다." 이런 정의는 우리의 통념에 위배되는 것이다. 대부분 우리는 다수자가 수적으로 우세한 존재들을 의미하며 소수자는 이에 비해 수적 열세에 놓인 사람들이라고 생각하기 때문이다. 그래서 어딘가에 숨어 있는 듯 드물고 낯선 소수자를 만나기 위해서는 남다른 관심과 특별한 노력을 기울여야만 한다고 믿는다.

그러나 소수정치를 강조하는 이 철학자들에 따르면, 다수자라는 "추상적 유형은 세계를 하나의 모델로 고정시키는 것일 뿐 구체적 형식 속에서 충만하게 실존할 수 없다. …… **소수는 모든 사람**(everybody)**이다**." 소수가 만인이라니? 이 이상스런 철학적 정의가 진실임을 보여주는 사례 하나.

헝가리 태생의 코미디 배우 피터 로르(1904~1964)는 멋진 연기로 1930~40년대 할리우드에서 가장 많은 사랑을 받은 배우 중 한 사람이었다. 찰리 채플린은 피터 로르를 '생존하는 가장 위대한 배우'라고 극찬하기도 했다. 1940년대 미국 전역에서 매카시 선풍이 불어닥쳤을 때 할리우드의 영화인들 역시 큰 고역을 치렀다. 어느 날 로르의 집에도 연방정보부 직원이 나타나 사상적으로 수상한 인물을 모두 대라고 협박했다. 그러자 그는 자기가 만난 모든 사람들의 이름을 말했다. 끝도 없이 줄줄이 나오는 이름들을 검은 수첩에 가득히 받아 적으며 그 연방정보부 직원은 어떤 기분이었을까? 그 후 연방정보부는 다시는 로르를 찾지 않았다.

"누가 사상 검증이 필요한 자인가?", 즉 "누가 소수자인가?"라는 연방정보부 직원의 물음에 대해 "내가 알고 있는 모두다!"라고 말한 로르의 유쾌한 답변이야말로 소수성의 철학적 정의에 정확히 부합한다. 연방정보부가 정한 '건전한 사상의 소유자'라는 다수적이고 표준적 모델은 그들의 서류철 속에만 존재하는 인물이다. 모든 사람에게는 의심스러운 구석이 있다. 모든 이들은 어떤 면에서든 항상 공식적인 신원확인이나 표준들에서 벗어나는 실존의 독특성을 지닌다. 소수자는 우리가 특별히 만나야 할 어떤 인물(person), 어떤 계층이 아니다. 그는 기준에 벗어나는 모든 순간을 만들어내는 우리 자신이다. 다수자는 어디에도 존재하지 않는다. **다수자는 아무도 아닌 자(nobody)이다.**

1_차이와 대립

1) 대립을 넘어선 차이란 무엇인가?

대립을 넘어선 차이 개념이 의미 있는가를 묻는 물음에는 대립이 아닌 차이에 대한 의심이 들어 있다. 그런 의심은 대부분 차이의 대립 모델이 역사적으로 큰 공헌을 하였다는 확신에서 비롯된다. 즉 대립 개념은 대립을 극복하려는 운동을 가능케 함으로써 역사적 진보를 추동해 왔으며, 따라서 노동자와 자본가, 여성과 남성, 흑인과 백인 등과 같이 현존하는 갈등관계를 설명하고 포착하는 실천적 개념으로서 현실적 유용성을 지닌다는 것이다.

    변증법적 실천운동에서 자기정체성의 확립을 위한 최초의 계기는 전면적인 타자 부정, 즉 생사를 건 투쟁이다. 그래서 그것은 언제나 남성에 대립하는 존재로서의 여성, 자본가에 대립하는 존재로서의 노동자를 전제한다. 그러나 차이의 철학은 실천을 위해 늘 대립자가 필요한 것인지를 반문한다. 차이의 철학자들이 보기에 실천운동의 최초의 계기는 대립이 아니라 **이행과 변화를 표시하는 차이**이다. 이 차이는 미리 전제된 차이가 아니다. 대립이 미리 전제된 것이 아니라 특정한 조건 속에서 발생하는 차이의 한 가지 형식인 것만큼이나 차이 역시 미리 전제되어 있지 않다. 차이는 특정한 문제화의 과정을 통해 생산된다.

예를 들어 여성운동의 맥락에서 여성의 수유권이나 모성권을 하나의 차이로서 승인해야 한다고 주장할 때, 그것은 여성이 남성과 본질적으로 다른 생물학적 조건을 가졌기 때문이 아니다. 여성의 수유나 출산이 중요한 차이로서 떠오르는 것은 특정한 사회적 조건 하에서이다. 수유와 출산을 사회적 재생산의 과정으로 이해하고 사회 전체가 책임져야 할 공동의 문제로서 전제할 때 그것은 문제화조차 되지 않는다. 그러나 수유와 출산을 여성 개인의 전적인 의무로 돌리는 특수한 사회적 조건 하에서는 그것들은 사회가 승인하고 보장해야 할 여성의 고유한 차이로 문제화되며 생산되는 것이다. 이는 한 개체에 본질적인 생물학적 특성에 근거해 발생하는 차이가 아니다. 한 개체는 피부색, 체취, 신장, 유전자 수준에서 자기만의 고유한 생물학적 특성들을 지닐 수는 있지만, 그 다양한 특성들이 언제나 차이로서 떠오르는 것은 아니다. 피부색이 차이의 문제로서 제기되는 것은 그것이 차별이나 억압의 근거가 되는 조건 하에서일 뿐이다. 신장이 차이의 문제로 제기되는 것 역시 직원 채용에서 신장에 대한 명시적 혹은 암묵적 제한 조항이 있을 때뿐이다. 우리는 현실의 특정 조건과 무관하게 키 큰 사람, 키 작은 사람, 백인종, 황인종 등으로 서로를 차이짓지는 않는다.

이런 점에서 승인되어야 할 차이이든, 아니면 이전에는 존재하지 않았던, 새로이 생산되어야 할 차이이든 간에 차이는 실체적으로 선(先)존재한다고 할 수 없다. 차이는 우리가 형성하는 문제화의 맥락 속에서 생산된다. 승인되어야 할 차이라고 부르는 것 역시 특정한 실천활동의 결과로 생산된 차이이다. 억압과 차별의 대상이 되는 차이 역시 마찬가지이다. 동일한 내용을 갖는 듯 보이는 차이일지라도 상이한 사회적 조건이나 환경 속에서는 다른 종류의 차이들이 된다. 우리는 동일한 차이에 대해 억압이나 승인의 태도를 선택하는 것이 아니라, 억압적인 차이화의 생산방식으로부터 다른 차이화의 생산방식으로 이전할 뿐이다. 이런 의미에서 **차이의 승인조차도 차이의 생산을 전제한다**.

예컨대 흑인 여성들이 자신을 백인 여성과 차이나는 존재로 실천적으로 맥락화하기 전까지, 이미 형성된 자유주의적 여성운동의 조건 속에서 모든 여성들은 서로 구별되지 않은 미규정적 동일성에 묶여 있었다.* 흑인 여성은 자신을 흑인 여성으로 생산할 때만 차이를 인정받을 수 있다. 이렇게 볼 때 본질적 차이도 본질적 대립도 없다. 가부장제 하에서조차 여성과 남성의 대립은 남성이 변화와 이행에 대한 여성적 욕망을 가로막는 특정 조건 하에서만 형성된다. 또한 성평등 사회가 실현되어 성적 대립이 제거된다고 해서 그 순간 순수하게 성적 차이만 남는 것도 아닐 것이다. 그 경우 우리가 성적 차이라고 부르는 것은 차이

---

*차이에 대한 사유는 페미니즘의 이론적 지형에도 큰 변화를 가져왔다. 초기 급진주의 여성주의 이론에서는 여성을 하나의 보편적 범주로 상정하고 여성의 고유한 생물학적 본질이나 철학적 본질을 가정하였다. 그러나 포스트모던 여성주의는 여성들 간의 차이에 주목한다. "여성의 본성을 인정하는 것은 여성적/남성적 본성이라는 이분법 자체를 인정하는 것"이라는 점에서, 그리고 무엇보다도 "여성과 남성을 결정적으로 구분할 수 있는 경험들을 모든 여성들이 공유하고 있다는 전제"가 의심스럽다는 점에서 포스트모던 여성주의는 동일성의 정치학을 거부하고 차이의 정치학을 제안한다. "남성과 여성 사이뿐만 아니라, 여성들 사이에도 차이가 있을 수 있으며, 그러한 모든 차이와 특수성이 한 개인의 주체성을 형성하게 되는 요인이다. 차이는 효율적인 저항에 장애가 되거나 위협이 되는 것이 아니라 **저항의 자원**이라는 것이 차이의 정치학이 주장하고자 하는 핵심이다"(이상화, 「같음과 다름의 존재론」, 장상·소홍렬 엮음, 『신학하며 사랑하며』, 문학과지성사, 1996, 190~191쪽).

를 문제화하는 다양한 실천들의 맥락 속에서 소멸할 수도 있고 더욱 분화된 차이를 생산할 수도 있다.

따라서 능동적 실천을 추동하는 데 근본적인 것은 **변화와 차이에의 욕망**이다. 이것은 대립과 구별되는 근본적인 순수 차이를 강조하는 것이 아니다. 실천 속에서 차이를 구성해내는 욕망, 즉 새로운 이행과 변화를 가능케 하는 문제화의 능력이 결정적인 것이다. 차이의 철학은 차이를 **무조건** 투쟁이나 적대와 무관한 평화로운 것이라고 주장하는 것이 결코 아니다. 차이, 대립, 적대는 모두 특정 조건의 산물이다. 이와 달리 변증법적 대립의 철학은 특정한 외적 조건과 무관하게 대립과 적대를 실천적 원동력으로 광범위하게 일반화하는 경향을 지닌다는 점에서 한계를 드러낸다.

2) 우리는 불안을 피하려고 공포를 만든다

파올로 비르노에 따르면 변증법의 이런 경향은 공포에 기반한다. 그가 공포에 대한 하이데거적 정의를 활용해 근대 철학에 내재한 공포의 논리를 분석한 것은 대립 모델의 문제점을 이해하는 데 도움을 준다. 하이데거는 『존재와 시간』에서 공포와 불안을 구별했다. 공포(Furcht)는 대상이 없는 불안(Angst)과 달리 분명한 대상을 가진다. 공포는 한정되어 있으며 우리는 그것에 '~에 대한 공포'라는 이름을 붙일 수 있다. 반면 불안은 도처에서 나타나지만 뚜렷이 구별될 수 있는 원인과 연결되지 않는다. 불안은 단지 우리와 세계의 관계가 불확실하고 미결정적이기 때문에 발생하는 것이다. 불안의 대상은 "아무 것도 아니고 아무

데에도 없다". 즉 불안은 "세계 그 자체"에 대한 불안이다.[1] 이와 달리 "공포의 대상, 즉 두려운 것은 그때마다 …… 세계내부적으로 만나게 되는 어떤 것"으로서 항상 확실하고 결정된 대상에 대한 공포이다.[2]

이런 하이데거의 분석에 의거하여 비르노는 다음과 같이 공포를 규정한다. "공포는 공동체의 내부에, 삶과 소통의 형식 내부에 위치한다. 반면 불안은 우리가 속해 있는 공동체로부터 거리를 둘 때, 우리가 공동체의 공유된 습성으로부터 거리를 둘 때" 모습을 드러내는 것이다. 따라서 "공포의 대응물은 공동체가 원리상 보장할 수 있는 안전이다. 불안의 대응물은 종교적 경험을 손에 넣는 방어이다".[3]

비르노의 통찰에서 주목할 만한 것은 공포가 언제나 어떤 대상에 대한 것이며 항상 원인을 갖는다는 규정으로부터 공포가 특정 위험과 대상에 대한 결과라고 추론하는 것은 타당하지 않음을 강조한다는 점이다.* "우리가 우선은 공포 그 자체를 겪으며, 그런 후에야 방어책을 찾으려 노력한다는 것은 완전히 잘못된 관념이다. 이러한 자극-반응 또는 원인-결과 도식은 완전히 부적합하다."[4] 사실상 "위험은 최초에는 보호책에 대한 추구와 더불어 시작되는 것으로 정의될 뿐 아니라, 일반적으로는 방어의 특정 형태로서 표명된다(이 두번째가 진정한 핵심이다)".[5] 이것은 우리가 느끼는 공포는 많은 경우, 이미 존재하는 위험

---

* 하이데거는 공포의 대상과 공포의 관계를 다음과 같이 규정한다. "두려워함 자체는 그렇게 성격규정된 위협적인 것이 자신에게 닥치도록 놔두는 자유롭게 내줌이다. 예를 들면 우선 어떤 장래의 재난이 확인되고 그래서 그 다음 두려워하는 것이 아니다. 그러나 두려워함 역시 먼저 가까워오는 것을 확인하는 것이 아니라 앞서 먼저 그것의 무서움을 발견하는 것이다. 그리고 그 다음 무서워하면서 공포는 분명하게 바라보면서 자신에게 두려운 것을 '명백히 해놓을' 수 있는 것이다"(마르틴 하이데거, 이기상 옮김, 『존재와 시간』, 까치, 1998, 195~196쪽).

한 대상에 대한 반응으로서 생겨나는 것이 아니라, 사실은 존재하지도 않은 불안의 대상을 창조하는 과정을 통해 만들어지는 것임을 뜻한다.

불안/공포의 구분이 보여주듯이 우리는 세계의 불확실성과 미결정성에서 커다란 불안을 느끼지만 그 불안을 일으키는 대상을 찾을 수가 없다. 그래서 우리는 공포를 만들어낸다. 공포가 불안에 대처하는 하나의 방식으로 등장하는 것이다. 우리가 "불안이 대두되지 못하게 억누르는 것"을 통해 불안으로부터 도피하려고 할 때 "불안은 전면적으로 나타나지 않고 …… 공포로 변형되어 나타난다".[6] 즉 불안의 기분 속에서 어떤 대상이 위험의 원인으로 상정되고 그 원인을 제거하면서 우리는 적절한 방어책을 찾았다고 안도한다. 불안의 변형태인 공포는 이렇게 고안된 방어책을 불러오는 신호로서 미결정된 세계 속에서 위험 대상을 표시함으로써 위험의 선을 결정하고 그만큼 세계를 확실한 것으로 확정짓는다. 세계는 위험 대상들의 분류와 그에 상응하는 대응방식의 분류가 이루어지는 만큼 안전해진다. 이 점에서 **공포는 그 자체로 하나의 방어책이다.**

그러나 공포라는 방어책은 왜곡된 것이다. 하이데거에게서 공포는 "비본래적인 실존에서 불안이 나타나는 방식"이며 "무의 심연에서 도피하여 기만적인 가치에서 삶의 안전을 도모하려는" 퇴락(Verfall)에 불과하다.[7] 이러한 통찰을 이어받아 비르노 역시 공포가 역사와 사회 속에서 "잔혹한 반응"을 유발시키며 "위험천만한 방어책을 추구하는 것으로 표현된다는 점을 어렵지 않게 알 수 있다"고 말한다. 가령 전체주의에서 맹목적으로 "주권을 신뢰하는 경향을(주권이 강력한 것이든 변변치 못한 것이든 간에 그건 중요하지 않다) 혹은 직장에서 최정상에 오

르기 위해 온갖 술수를 쓰는 것을, 외국인 혐오증을 생각하는 것으로도 충분하다".[8]

비르노의 공포 분석은 니체가『도덕의 계보』에서 행한 원한 분석과 유사하다. 니체에 따르면, 삶에서 고통에 직면할 때 모든 동물은 그 고통에서 벗어나려는 자연스러운 반사행동을 한다. 그러나 인간이 고통을 해소하는 방식은 독특하다. 인간은 "누군가 나의 불쾌한 감정에 비난받아야 할 것이다"라는 허구의 추론을 이용한다. 고통을 느낄 때 그 고통의 원인으로서 하나의 대상을 창조해내고 그 대상에 분노를 폭발시킴으로써 고통을 잊으려는 방식이 등장하는 것이다. 니체는 이것을 '원한'(ressentiment)이라고 부른다. 원한은 가상의 대상을 만드는 창조행위이다. **"원한을 지닌 인간이 생각할 수 있는 '적' ······ 바로 여기에 그의 행위가 있고 그의 창조가 있다"**(『도덕의 계보』, 14 : 371). 죽음의 불안으로부터 도피하는 기만적 논리에서 공포가 도출되듯이 고통으로부터 도피하는 기만적 논리에서 원한이 발생한다.

앞 장에서 분석했듯이 변증법적 대립은 차이의 현실을 이항적 대립으로 가상화함으로써 발생한다. 이런 가상화에 활용되는 정조가 바로 공포이다. 이 말은 공포를 벗어나서 변증법적 대립의 환상을 제거한 곳에는 항상 다양한 차이들의 평화로운 공존만이 존재한다는 의미가 아니다. 니체의 차이 개념과 헤겔의 변증법적 대립 개념의 관계를 평화 대 투쟁의 구도로 보는 것은 잘못이다. 오히려 니체는 차이를 생산하는 '거리의 파토스'를 긍정하는 것을 투쟁과 갈등에 대한 참된 긍정으로 보았다. 초기 저술들을 통해 알 수 있듯이 그는 그리스인들의 경기적 본능에 대한 찬사를 통해서 투쟁과 갈등을 예찬했다. 그는 "전쟁은 만물의 아버지"라는 헤라클레이토스의 단편을 언급하면서 헤라클레이토스의 대립과 투쟁의 세계상을 찬양했다. 이러한 견해는 초기 입장에만 국한되는 것이 아니다. 그는 『차라투스트라는 이렇게 말했다』에서도 적극적으로 전쟁을 옹호한다. "내가 너희들에게 권하는 것은 노동이 아니라 전투다. 내가 너희들에게 권하는 것은 평화가 아니라 승리다. …… 나는 말하련다. **훌륭한 전쟁**은 모든 명분(Sache)을 신성한 것으로 만든다고. 이웃사랑이라는 것보다는 전쟁과 용기가 위대한 일을 더 많이 해왔다. 지금까지 불행에 처한 자들을 구해낸 것도 연민이 아니라 용맹이었다"(『차라투스트라는 이렇게 말했다』, 13 : 77. 강조는 인용자).

니체는 차이를 긍정하는 한 투쟁을 긍정해야 할 뿐만 아니라 투쟁의 가장 극단적인 형태인 전쟁조차도 긍정해야 한다고 여긴다. 이런 호전적 진술들은 니체의 차이 개념과 헤겔의 대립 개념이 어떻게 구분될 수 있는지 의문시하게 만든다. 만일 차이가 전쟁을 불러일으키는 것이라면, 차이는 그 자체로 공포의 대상이 아닌가? 니체의 차이 개념이 그 투쟁의 극단적인 형태인 전쟁과 무관하지 않다면, 차이는 우리가 일상적으로 사용하는 대립 개념과 구별되지 않는 것처럼 보인다. 그러나 이것은 차이와 대립의 구분을 비적대와 적대 또는 비투쟁과 투쟁의 구분으로 이해할 때 야기되는 혼동이다.

3) 전투를 사랑하는 자들은 전쟁상태를 거부한다

비르노의 논의를 다시 환기하자면, 공포의 논리는 환상과 기만의 논리이다. 변증법적 대립은 차이의 현실에 환상과 기만의 논리를 덧씌운다.

이 환상의 논리는 대립 모델의 유형에 따라 다양하게 나타난다. 예컨대 홉스를 비롯한 17~18세기 철학자들의 주권 이론 속에서 대립은 주권 대 반(反)주권이라는 환상을 띠고 등장한다. 주권 이론의 전제가 되는 것은 '만인에 대한 만인의 투쟁'이라는 관념이다. 개인들의 욕망 추구는 투쟁을 부르고 야만적 전쟁상태를 가져오며, 전쟁은 역설적으로 개인의 자기보존을 위협하는 공포스러운 결과를 가져온다. 따라서 홉스는 전쟁과 갈등에 대한 공포를 극복하기 위해서는 개인들의 권리를 양도하는 계약을 통해 평화로운 주권의 상태로 이행해야 한다고 주장한다. 홉스와 니체는 전쟁에 대해 이야기한다는 점에서는 동일하지만 전쟁에 대해 상반된 태도를 취하는 듯 보인다. 홉스가 전쟁을 혐오한다면 니체는 전쟁을 선호한다고 말할 수 있을 것이다.

그러나 이것을 단순히 동일한 사안에 대한 상반된 태도의 문제로만 볼 수 있을까? 푸코에 따르면 니체의 전쟁과 홉스의 전쟁은 동일한 전쟁 개념이 아니다. 니체의 전쟁이 실제적인 힘들의 경쟁상황을 의미하는 일종의 전투를 의미한다면 홉스의 전쟁 안에는 "전투가 없고 유혈도 시체도 없다. 거기에는 표상들, 현시들, 기호들, 그리고 과장적·계략적·허위적인 표현들이 있을 뿐이다. …… 이것은 표상들이 교환되는 무대이고, 그 비확정성이 어디까지나 잠정적일 뿐인 공포의 관계이다."[9] 요컨대 홉스는 자연스러운 평등상태인 경쟁상태로서의 '전투'를 전제하는 것이 아니라 공포를 통해 자연적 경쟁상태를 조정하는 전쟁 표상이 작동하는 '전쟁상태'를 전제하는 것이다.

전쟁상태에서는 실제적인 전투가 벌어지는 일은 없다. 단지 전쟁의 표상이 작동하면서 전쟁의 위협과 공포가 유포되고 전쟁상태를 방지하기 위해 권리를 양도하는 일이 정당화된다. "전투나 전투의 패배와는 무관하게 일어나는 어떤 것, 즉 공포 또는 공포나 위협에 그냥 몸을 내맡기는 그 포기상태가 이런 굴종의 사회를 만드는 것이다."[10] 따라서 홉스가 말하는 주권은 전쟁에 대한 공포를 가진 사람들의 의지에 의해 형성된다. 주권 양도와 그를 통해 형성된 국가기구의 독점적 지배권은 전쟁의 공포라는 환상 논리가 작동한 결과이다.

 홉스의 주권 담론은 푸코의 표현에 따르면 우리의 모든 위험에 대항하여 우리의 '사회를 보호해야 한다' 는 담론이다. 여기서 다양한 갈등과 그 갈등들 간의 전쟁은 주권과 반주권 간의 대립으로 단순화된다. 이 단순화의 관점에서 보자면 갈등이나 투쟁은 그 자체로 나쁜 것이다. 그것들은 주권의 잠재적 위험 인자이기 때문이다. 언제나 전쟁 표상의 공포가 작동하면서 투쟁들은 억압되거나 제한된다. 이 단순화는 반주권의 관점에서도 동일하다. 반주권은 현존하는 주권을 파괴하고 이양될 새로운 주권으로서 투쟁들을 제한적으로만 인정할 따름이다. 그것은 주권 수립 이전까지만 허용되는 긍정이다. 이처럼 주권 담론 속에서 대립은 가상의 형식을 띠고 실천을 활성화시키는 대신 실천을 방해하거나 특정한 방식으로 제한하는 기능을 한다.

 "우리는 적들에 대항하여 우리 자신을 수호해야 한다. 왜냐하면 실제에 있어서 국가기구나 법, 또는 권력구조들은 적에 대해 우리를 보호해 주지 못할 뿐만 아니라, 적들이 우리를 추적하여 우리를 예속시키는 도구이기 때문이다." 그러므로 "우리는 사회에 대항하여 우리를 지켜야 한다".[11] 이것이 푸코가 게릴라 담론이라고 부르는 것이다. 동시에 그는 주권 담론에 대항해서 지배 권력에 대해 수많은 세력들의 게릴라적 투쟁들을 선포하는 전쟁의 담론을 '**니체의 가설**'이라고도 부른다.[12] 푸코 자신에 앞서 주권 담론의 허구성을 정확히 비판한 철학자가 니체라고 보았기 때문이다.

> 현재 유행하는 도덕 원칙의 이면에서 나는 두려움(Furchtsamkeit)이라는 사회적 충동이 지배하는 것을 본다. 이 충동은 앞의 방식을 통해 지적으로 자신을 위장한다. 이러한 충동은 무엇보다 삶이 이전에 갖고 있었던 모든 위험성이 삶에서 제거되고, 이를 위해 모든 사람이 전력을 다해 서로 돕기를 바란다. 따라서 공공의 안전과 사회의 안정감을 목표로 하는 행위들만이 '선한' 행위로 평가된다! 그러한 공포심의 전제적인 지배에 의해 최고의 윤리 법칙이 정해지고, 사람들이 그들 자신과 자신의 주변을 무시하면서 다른 곳에서 일어나는 모든 곤경과 괴로움을 '살쾡이처럼' 주시하라는 명령을 전혀 모순을 느끼지 않고 받아들일 경우, 사람들은 자기 자신에 대해서는 거의 기쁨을 느낄 수 없게 된다!(『아침놀』, 10 : 192).

니체가 보기에 모든 투쟁들이 주권과 반주권의 대립 구도로 간주되는 것은 최악의 사태이다. 차이가 투쟁과 갈등을 가져온다는 사실은 두려운 것이 아니다. 두려운 것은 사람들이 "'공공의 안녕'을 위해 너무 많은 대가를 지불"하는, "언제라도 그것들을 위해 일하려 하면서 자신의 고유한 일은 돌보지 않는 것은 우습기 그지없는 커다란 광기"(『아침놀』, 10 : 196)이다. 이 광기에 맞서 차이의 파토스를 활성화하고 실질적인 투쟁을 진행해야 한다는 것이 다음에서 분명하게 드러난다.

불가능한 계급. 가난하면서도 즐겁고 독립적이라는 것! 그것들은 동시에 가능하다. 가난하면서도 즐겁고 노예라는 것! 이것도 가능하다. 그리고 나는 공장 노예제도의 노동자들이 이보다 더 좋은 상태에 있다고 생각할 수 없다. 만약 그들이 지금 상태처럼 기계의 나사로 …… 소모되는 것을 치욕이라고 느끼지 않는다고 가정한다면 말이다! 높은 급여를 통해 그들의 비참한 삶이 **본질적으로** 극복될 수 있다고 믿는 것은 어리석다. 즉 임금이 높아진다고 해서 그들이 당하고 있는 비인격적인 노예화가 지양되는 것은 아니다. …… 아! 인격이 아니라 나사가 되는 대가로 하나의 값을 갖게 되다니!

…… 이에 반해 모든 사람들은 마음속으로 이렇게 생각해야 할 것이다. "차라리 이민을 가자. 세계에 아직 남아 있는 야만적이고 신선한 지역의 주인이 되고 무엇보다도 나 자신의 주인이 되려 하자. 그 어떠한 것이든 노예제도의 징후가 조금이라도 보이는 한, 장소를 바꾸자. 모험과 전쟁을 회피하지 말고 최악의 경우에는 죽을 각오를 하자." 이러한 것이야말로 올바른 정신 자세일 것이다. 지금부터 유럽의 노동자들은 하나의 계급으로서 자신들의 상태를 인간이 참을 수 없는 것으로 천명해야 하며, 보통 주장되는 것처럼 단지 가혹하고 불합리하게 조직된 것이라고 천명해서는 안 된다. 그들은 …… 이제까지 겪어보지 못했던 거대한 집단적 탈출(Ausschwärmen)의 시대를 열어야 한다. 이러한 대규모적이고 자유로운 이민에 의해 기계, 자본 그리고 지금 그들을 위협하고 있는 선택, 즉 국가의 노예가 되든지 아니면 국가를 전복하려는 정당의 노예가 **되지 않으면 안 된다**고 하는 선택에 저항해야 한다(『아침놀』, 10 : 227~229).

이런 관점에서 볼 때 정말 우려할 만한 것은 **전쟁의 표상을 통해 차이에 대한 공포가 생겨나고 모든 전투들, 투쟁들이 사라진다는 점이다.** 그러나 전쟁은 사라지지 않는다. 전쟁에 대한 두려움을 이용하여 전쟁을 영원히 지속한다는 것, 이것이 전쟁상태의 아이러니이다. 전쟁 표상의 주도권 아래서 시작되는 전쟁은 매우 특이한 성격을 갖는다. 그것은 유혈과 전투가 난무할 때조차도 실제적인 전쟁이라기보다는 가상의 전쟁이며 신비화된 전쟁이다. 다양한 갈등과 투쟁은 주권/반주권의 환상적인 대립 구도 속에서 재편되며 효력을 상실한다. 이 대립의 신비화는 일국(一國)에 제한되지 않는다. 국제정치에서 세계 평화의 수호자 대 악의 축과 같은 대립의 담론은 주권/반주권의 대립 담론을 국민국가의 경계를 넘어 그대로 되풀이하는 것에 불과하다.

차이를 통한 니체적 의미의 **좋은 전쟁**, 좀더 선명하게 표현하여 **진정한 전투**가 시작되는 것은 공포를 통해 창조된 가상의 적이 사라질 때이다. 가상의 적이 사라지면 가상의 대립도 사라진다. 이 순간에만 진정한 전투가 시작될 수 있다. 그래서 『차라투스트라는 이렇게 말했다』에서 니체는 전사들에게 다음과 같이 당부한다. "너희들은 자나깨나 너희들에게 걸맞은 적을 추적하는 눈을 갖고 있어야 한다. …… 적을 갖되, 증오할 가치가 있는 적만을 가져야 한다"(『차라투스트라는 이렇게 말했다』, 13 : 76~78).

이 당부에 이어지는 것은 "새로운 우상"인 "국가"에 대한 경고이다. 이와 같이 니체의 전쟁 담론은 명백히 주권 담론에 대한 대항으로서 등장한다. "좋은 사람과 나쁜 사람을 가리지 않고 모든 백성이 독배를 들어 죽어가는 곳, 그곳을 나는 국가라고 부른다. …… 그리고 모든 사람이 서서히 자신의 목숨을 끊어가면서 '생'은 바로 그런 것이라고 말하는 곳, 그곳을 나는 국가라고 부른다." 국가는 "죽음을 향한 의지"이며 위버멘쉬에 이르는 다리는 항상 "국가가 무너지고 있는 저쪽"에 존재한다(『차라투스트라는 이렇게 말했다』, 13 : 81 ~ 84).

4) 변증법은 가상의 적을 창조한다

변증법은 주권 담론과 달리 모든 차이를 대립으로 본다는 점에서 차이의 파토스를 극대화시키고 전투를 가장 활성화하는 이론으로 여겨질 수 있다. 변증법은 인간의 역사를 갈등과 전쟁의 일반적 운동으로 가정함으로써 홉스 식의 주권 담론에서 나타나는 전쟁에 대한 공포를 제거한 것으로 보인다. 다시 말해 변증법적 대립은 니체의 게릴라 가설의 실천적 유용성을 구현하는 이론으로 간주될 수 있다.

그러나 푸코의 지적에 따르면 변증법은 "전쟁의 철학적 인증이 될 수 없다". 변증법은 단지 주권 담론의 수정된 형태에 불과하다. "변증법은 투쟁과 전쟁·대치를 소위 갈등의 논리로 체계화했다. 변증법은 최종적이며 근본적이지만, 그러나 역진할 수 없는 한 합리성의 총체화와 명시의 과정으로 그것들을 설명했다. 마침내 변증법은 역사를 넘어서 보편적 주체나 조화로운 진리, 그리고 모든 특수자들이 질서정연하게 그 안에 자리를 차지하고 있는 법학을 구성할 수 있었다."[13] 변증법은 투쟁에서 시작하지만 그 투쟁은 이성의 실현, 푸코의 표현을 빌리자면 '강제적 평정'에 도달하도록 예정되어 있다는 점에서 전투에 대한 선호와는 무관하다.

변증법은 차이를 이항대립으로 단순화한다는 점에서 주권 담론과 동일하다. 다른 점이 있다면 주권 담론의 대립이 공시적 차원에서만 존재한다면 변증법의 대립 구도에는 역사의 단계적 발전이라는 일종의 통시성이 개입한다는 것이다. 가상적 대립을 상정한 후, 대립자의 양편은 역사적 단계의 상위와 하위에 제각기 배치된다. 이런 변증법적 대립의 가상성을 가장 잘 보여주는 것이 식민주의 이론이다.

식민주의에서 다양한 지역, 다양한 인종들과 그 인종들 간의 세력관계, 인종적 차이들은 드러나지 않는다. 모든 지역과 인종들은 단지 유럽인의 절대적 타자로서 하나이다. 그리고 이 하나의 타자는 유럽인과 양립불가능한 존재로 간주된다. 이는 식민지 노예소유자의 견해에서 명확하게 드러난다. "**흑인은 하나의 존재**인데, 그 본성 및 기질은 단순히 다른 것이 아니라, 유럽인의 본성 및 기질의 역이다. 친절과 동정은 흑인의 마음 속에 무자비하고 치명적인 증오를 일으킨다. 그러나 채찍질, 모욕, 학대는 감사, 애정 그리고 침범할 수 없는 애착을 만들어낸다."[14] 식민지 노예소유자의 사유 속에 형성된 이 **하나의 존재인 흑인은 환상이다**. 식민지적 이성은 다양한 지역의 흑인종들만큼이나 다양하고 개별적인 유럽 인종을 하나의 존재로 규정하기 위해 이 환상을 창조했다. 하나의 흑인은 철저히 부정되어야 할 대상으로서, 즉 가상의 적으로서 유럽인들 앞에 놓이며 이 부정활동을 통해서 다양한 유럽인들은 하나의 보편적 유럽인으로 탄생한다.

그러나 "현실은 변증법적이지 않고, 식민주의가 변증법적이다".[15] 대립의 논리에 따르는 것은 현실의 실천운동이 아니라 식민주의의 이데올로기이다. 백인과 흑인, 유럽인과 동양인, 식민자와 식민지인은 이항대립적 관계 속에서만 기능하는 개념이며 현실적으로 필수적인 어떤 기반도 지니고 있지 않다. 그것은 실제로 존재하는 차이들의 표현도 아니고 그 차이들 간의 실제적 대립과 투쟁을 현시하지도 않는다. 그럼에도 불구하고 식민주의에서 인종적이고 문화적인 차이들과 정체성들은 단일하며 본질적인 본성을 가진 것처럼 간주된다. 이러한 이항대립의 구도에 근거한 정치학적 기획은 섬멸과 차별화의 메커니즘을 작동시킨다. 역사적으로 우월한 하나의 단계, 즉 우월한 보편적 기준이 세워지고 그 기준에 따라 대립자를 섬멸하거나 차별적으로 위계화한다.

이항적 대립 구도에서 적대적 차이와 비적대적 차이의 구분은 중요하지 않다. 그 구분은 섬멸이냐 차별적 위계화냐의 문제와 관련될 뿐이며 비적대적 차이가 적대적 차이보다 덜 가상적인 것은 아니다. 이것의 역사적 사례는 흑인과 인디언에 대한 유럽인들의 대응에서 찾아볼 수 있다. 흑인과 인디언은 백인의 절대적 대립자로서 식민지인이라는 점에서는 하나의 존재이다. 그러나 백인들은 흑인을 노예로 사용하지만 인디언은 적대자로 간주하고 모두 학살한다. 에드워드 홀에 따르면, 북아메리카에 정착했던 백인들은 흑인과는 달리 "인디언들을 유럽의 패러다임에 따르도록 할 수 없었기 때문에 그 반응은, 통제할 수 없고 예측가능한 태도를 벗어나는 그들을 섬멸하는 것이었다".[16] 흑인은 노예화의 방식으로 유럽 사회에 통합된다. 인디언은 식민지 변증법의 지양운동에서 폐기되어야 할 존재로 규정되었지만 흑인은 변증법의 지양운동에서 고양되고 보존되어야 할 요소가 된 것이다. 그러나 이런 실존의 고양과 보존은 사실상 실존의 차등화에 지나지 않는다. 흑인은 동물이나 야만인에서 3등 시민으로 고양되었으며 그러한 고양(차등화)을 통해서만 자신을 보존할 수 있었다. 대립의 논리는 섬멸의 논리로 작동하기를 그치는 순간 차별화의 논리로 작용한다. 그러나 두 종류의 논리는 모두 인종적 우월성의 가상을 이용한다는 점에서는 동일하다.

삶에는 어떤 고통이 있고 세계에는 고유한 위험이 존재한다는 것을 아무도 부정할 수 없다. 니체가 공포나 원한을 가상의 논리라고 비판했던 것은 삶의 고통과 세계의 위험에 대해 무지해서가 아니었다. 오히려 그는 누구보다도 삶의 고통과 고뇌에 대해 강조한다. "오오 생의 대변인인 차라투스트라여! 너는 또한 고뇌의 대변자가 되어야만 한다! 나는 너에게 지옥을 면하게 할 수 없다. 하계가 너에게 반항하면서 궐기해야 하고 그림자까지 이렇게 증언하지 않으면 안 된다. '생은 고통이다'". 그 때문에 우리는 대부분 "어린아이의 장난감처럼 어리석고 눌려 찌그러진 …… 영혼들"을 가지게 되는 것이다(「위대함을 추구하는 것」, 16 : 838~839).

그러나 공포와 원한은 우리의 찌그러진 영혼을 펴주기보다는 더욱 훼손시킬 뿐이다. 주권 담론과 변증법에서 확인되듯이 공포나 원한의 논리는 개인과 사회의 신체에 '생리학적으로' 나쁜 결과를 초래한다는 점에서 불건강하고 부적절한 것이다. 사람들은 '공공의 안녕'을 위해 너무 많은 대가를 지불할 뿐만 아니라, "가장 어처구니없는 것은 사람들이 이를 통해 공공의 안녕과는 정반대되는 것을 초래한다는 것이다"(『아침놀』, 10 : 196). **공포와 원한의 논리는 가상의 원인을 만들거나 과잉반응을 유발시킴으로써 '어처구니없는' 결과를 가져오며 위험으로부터 우리를 방어하기보다는 더 큰 위험으로 우리를 몰고 간다.** 그런 점에서 그 논리 자체가 우리를 위협하는 커다란 위험이며 거대한 질병이 된다.

2_차이와 욕망

1) 욕망은 결핍이 아니라 생산이다

키에르케고르는 『죽음에 이르는 병』에서 다음과 같이 말했다.

> 자연인과 그리스도인과의 관계는 아이와 어른과의 관계와도 같다. 아이에게 무서운 것이 어른에게는 아무렇지도 않다. 아이들은 무엇이 두려운 것인지를 알지 못한다. 그러나 그것을 어른은 알고 두려워한다. 아이의 불완전성은 바로 그가 무서운 것을 모르는 데 있다. 그러기에 아이는 무서워할 필요가 없는 것도 두려워하게 된다. 자연인의 경우도 이와 마찬가지이다. 그는 정말 두려운 것이 무엇인지를 알지 못한다. 그러면서도 그는 공포에서 떠나지를 못하고 있다. 아니 그는 전혀 무섭지 않은 것을 두려워한다.[17]

니체 철학은 차이에 대한 공포를 제거했다는 점에서 본다면 미성숙에서 벗어난 사유라고 할 수 있다. 그리고 그 점에서 가장 현대적인 사유 중 하나로 평가될 수 있을 것이다. 푸코가 정의하듯 현대 철학이 계몽, 즉 '미성숙으로부터의 탈출'을 과제로 삼는 것이라면 말이다.[18] 니체의 철학은 차이가 공포와 부정의 대상이 아니라 기쁨과 긍정의 대상일 수 있다는 점을 밝힘으로써 현대 철학의 계몽성을 실현한다.

들뢰즈는 차이의 긍정이라는 니체의 통찰을 더욱 심화시켜 현대 철학의 정치적·윤리적 가능성을 확대하고자 노력했다. 그는 니체적 차이의 사유를 욕망 이론의 논의에 적용한다. 니체의 차이 개념이 『차이와 반복』(1968)에서는 생성과 변화의 세계를 설명하는 존재론적 논의에 사용되었다면, 펠릭스 가타리와의 공저 『앙띠-오이디푸스』(1972)에서는 프로이트적 정신분석학에 반하는 욕망 개념을 구축하는 데 사용되었다. 프로이트의 정신분석학은 우리의 무의식이 오이디푸스적으로 구조화되었다고 가정한다. 우리의 무의식 속에는 언제나 엄마-아빠-나라는 가족삼각형이 작동하고 있어 욕망은 그 가족삼각형을 벗어나 흐를 수 없다는 것이다.

이 논리에 따르면 우리가 항상 원하는 것은 엄마이다. 그러나 엄마를 욕망하는 것은 금지되어 있으므로 우리는 금지된 것을 원하는 자신의 욕망을 억압할 수밖에 없다. 그래서 욕망은 항상 금지된 대상에 대한 욕망이고 결핍된 대상에 대한 욕망이다. 그러나 들뢰즈는 오이디푸스 구조가 우리의 무의식 속에서 욕망을 생산하는 장치라는 정신분석학적 견해를 비판한다. 오이디푸스적 구조는 욕망에 대한 "억압장치이지 근본적으로 무의식(적 욕망) 자체를 형성하는 것은 아니다. …… 그것은 무의식의 힘을 따돌리는 불변상수다".[19] 욕망은 금지의 메커니즘을 통해 생산되는 것이 아니다. 우리는 금지당했기 때문에 욕망하는 것이 아니라 욕망함으로써 금지당한다. **욕망은 결핍이 아니라 생산이다.** 욕망은 금지된 대상에 대한 결핍감이 아니라 새로운 사건들을 만들어내는 힘이다. 심지어 금지하려는 것조차 욕망의 일종이며, 그런 의미에서라면 억압의 권력도 욕망이다.

이처럼 욕망을 결핍이 아닌 생산으로 보는 들뢰즈의 견해는 니체적이다. 욕망이 결핍으로 이해되기 위해서 욕망은 항상 **무엇**에 대한 욕망이어야 하며, 그 무엇은 이미 정해져 있다. 정신분석학이 오이디푸스적 구조를 통해 진정으로 주장하는 것은 '네가 무엇인가 욕망한다면 그 욕망의 대상은 반드시 엄마' 라는 것이다. 욕망을 충족시킬 수 있느냐 없느냐는 부차적인 문제이다.

들뢰즈가 보기에 여기서 주목해야 할 핵심은 우리가 원해야 할 것이 미리 정해져 있다는 사실이다. 욕망은 결핍이 아니라 생산이라고 강조함으로써 그는 바로 그 사실에 반대하는 것이다. 정신분석학은 엄마가 금지의 대상이라고 말함으로써 사람들이 잃어버린 것이 무엇이고 또 원해야 것이 무엇인지 가르쳐 준다. 그러나 들뢰즈에게는 "욕망의 대상은 없고 따라서 결핍된 대상도 없다".[20]

2) 의지 철학 속에 숨어든 순응주의를 제거하라!

이런 의미에서 욕망은 니체가 '거리의 파토스' 라는 말로서 표현했던 차이의 열정과 동일한 의미를 갖는다. 차이의 열정은 다른 사람들이 의지하는 것과 전혀 다른 새로운 것을 의지하는 열정이다. 마찬가지로 욕망은 다른 사람들이 욕망하는 것과 다른 새로운 것을 욕망하는 것, 즉 욕망함 그 자체를 생산하는 것이다. 이것은 욕망 이론에서 순응주의를 제거하고 새로운 가치들의 창조로서 욕망을 정의하는 것이다.*

원한다는 것은 무엇인가! ― 우리는 태양이 솟아오를 때 방에서 나와 '나는 태양이 뜨기를 원한다'라고 말하는 사람을 비웃는다. 그리고 우리는 바퀴를 멈출 수 없으면서도 '나는 바퀴가 구르기를 원한다'라고 말하는 사람을 비웃는다. 그리고 우리는 격투에서 져 쓰러져 있는 사람이 '나는 여기에 누워 있다. 하지만 내가 원해서 누워 있는 것이다'라고 말하는 것을 비웃는다. 우리는 이렇게 비웃지만, 우리가 '나는 원한다'라는 말을 사용할 때 저 세 사람과 다른 의미로 그 말을 사용한다고 할 수 있는가?(『아침놀』, 10 : 141~142).

---

* 니체적 통찰을 통해 성립된 들뢰즈의 욕망 이론은 후기 저작인 『천의 고원』(1980)에서는 미시정치학의 논의로 확장된다. 미시정치학 이론의 핵심 주장은 "권력의 중심은 그 능력의 지대(zone de puissance)보다는 그 회피와 무능력의 지대에 의해 훨씬 잘 정의된다"는 것이다(질 들뢰즈·펠릭스 가타리, 이진경·권혜원 옮김, 『천의 고원』 I, 연구공간 수유+너머, 2000, 228쪽 ; 김재인 옮김, 『천 개의 고원』, 새물결, 2001, 414쪽). 우리는 일반적으로 현실에는 절대적인 능력을 지닌 권력이 존재하고 그 권력에 대항하는 저항이 존재한다고 이해한다. 그러나 들뢰즈는 **권력에 대한 욕망의 선차성**을 주장한다. 즉 권력은 욕망보다 사후적인 존재이다. 모든 사회적·정치적 활동들은 대중들의 욕망의 이질적 흐름을 통해 시작된다. 권력은 이 흐름을 제한·단속하고 특정한 방식으로 포획하려는 시도를 통해서 존재할 수 있을 뿐이다. 언제나 새로운 탈주적 흐름이 형성되고 이 흐름은 통제불능의 상태를 만들어내기 쉽다. 따라서 권력은 이 무능력의 상태를 메우기 위해 가장 거시적인 차원에서 가장 미시적인 차원에 이르기까지 다양한 조정과 규제의 작용을 한다. 이러한 조정과 규제의 작용이 탈주적 흐름을 단절하고 가둔다는 의미에서, 들뢰즈·가타리는 탈주하는 욕망의 흐름을 규제하고 포획하는 작용을 선분화(segmentation)라고 부른다. "권력의 중심은 흐름이 선분으로 변화되는 지점에서 행사"되지만 그 "선분 그 자체가 권력의 결정에 의존하는 것은 아니다"(들뢰즈·가타리, 『천의 고원』 I, 237쪽 ; 『천 개의 고원』, 429쪽). 권력의 선분화가 미치지 못하는 지대, 즉 탈주적 흐름이 생성되는 곳은 도처이고 권력은 이 흐름을 따라다닌다. 따라서 들뢰즈는 다음과 같이 주장한다. "미시정치학의 관점에서 본다면 하나의 사회는 …… 탈주선들에 의해 정의된다. 언제나 무언가가 흘러가고 탈주한다"(들뢰즈·가타리, 『천의 고원』 I, 227쪽 ; 『천 개의 고원』, 412쪽).

태양의 경우처럼 **이미 존재하고 있는 사실을 의지하는 것은 의지가 아니다.** 또한 바퀴의 경우처럼 새로운 생성의 계기를 마련할 수 없는 것은 의지가 아니다. 그리고 쓰러져 있는 사람처럼 어떤 힘의 반작용으로 생겨나는 상태는 의지가 아니다. 니체는 힘을 의지하면서 생성과 변화를 의지하지 않는 것은 불가능하다고 주장한다. 그것은 의지의 정의상 불가능하다.

니체의 의지 개념은 아직 존재하지 않은 것을 의지하는 것이고 이를 통해 변화와 생성을 가져오는 것이며 항상 수동이 아니라 능동, 즉 반작용이 아니라 작용이다. 존재하는 것을 의지하거나 아무런 변화와 생성을 가져오지 않는 상태를 의지한다면 그것은 실제로 의지하지 않는 것이다. 따라서 마이클 하트가 지적하고 있듯이 "힘에의 의지는 (미국의 대통령이 되려는 의지와 같은) 권력을 가지려고 하는 의지가 아니며 강력하게 되려는 의지도 아니다. …… 누군가 대통령이 되고 나면 그의 힘에의 의지는 사라지고 만다". 이렇게 사라지는 의지는 힘에의 의지가 아니다. 힘에의 의지는 '추동력'(driving force)을 의미한다.[21]

그러나 이것은 니체의 힘이 정치적인 영역에서의 힘과는 무관하다는 뜻은 아니다. 의지되는 힘은 우리가 일반적으로 문화나 예술로 규정짓는 영역에서의 창조적인 힘에 제한되지 않는다. 그것은 정치적인 창조활동을 포괄한다. 핵심은 그 힘에의 의지가 어느 영역과 관련되는 것이든 간에 이미 전제된 대상에 대한 의지작용을 의미하지 않는다는 점이다. 힘에의 의지는 특정 대상에 대한 소유의 의지가 아니라 창조와 생산의 의지 그 자체를 가리킨다.

따라서 니체는 힘을 표상(Vorstellung)의 대상으로 만드는 의지 철학들을 비판했다. 힘이 표상의 대상이 된다는 것은 그 힘이 이미 의지하기 전에 의지의 대상으로서 '앞에 세워져 있다'(Vor-stellen)는 것이다. "단지 이미 현행하는 가치들, 인정된 가치들만이" 의지의 대상으로 앞에 세워질 수 있기 때문에 표상의 대상인 힘을 향하는 의지는 "필연적으로 주어진 사회 내에서 현행하는 가치들(돈, 명예, 권력, 명성)을 자신에게 결부시키는 의지이다". 들뢰즈는 니체가 "홉스에서 헤겔까지의 힘에의 의지에 대한 모든 입장들이 의지가 스스로에게 부여하고자 할 따름인 기존 가치들의 존재를 미리 가정한다"는 점을 비판함으로써 "의지 철학 속에서 순응주의"를 몰아내려 했다고 주장한다.[22]

3_차이와 실험

1) '다르게 존재할 수 있도록 허락해 주시겠어요?'

들뢰즈의 욕망 이론은 차이의 철학에 '차이의 생산'이라는 새로운 착안점을 제공한다. 욕망의 긍정이 단순한 인정이 아니라 욕망의 생산을 의미한다는 것은 차이의 긍정이 차이의 생산을 의미한다는 말과 동일하다. 들뢰즈는 우리와 타자, 혹은 여러 사물들 간의 차이가 미리 고정되어 있고 그 차이를 인정하는 것이 차이를 사유하는 철학의 주된 문제는 아니라고 본다. 그렇게 "정적인 차이들"의 구조를 통해서 세계를 설명하려는 것은 구조주의자들의 문제의식이다. 그러나 들뢰즈를 비롯한 후기-구조주의자들은 "구조들의 출현, 생성 혹은 발생"을 설명하려고 한다. 이것은 이들이 구조주의자들과 달리 차이를 정적인 것이 아니라 생성적인 것으로 이해한다는 뜻이다. 이런 의미에서 후기-구조주의자들은 차이의 철학을 통해 차이와 생성 그 자체를 개념화하려고 했다고 볼 수 있다.[23] 이것은 실천적 차원에서는 구조주의자들처럼 삶을 "폐쇄된 체계들"로 연구하기보다는 "체계들의 열려 있음, 과도함, 불안정성"

에 관심을 기울이고 언어와 문화, 정치체계들의 변화와 생성을 촉진시키려는 시도함을 의미한다.[24]

들뢰즈는 차이의 생산이라는 관점을 도입함으로써 차이의 철학에 강한 실천적 성격을 부여한다. 차이를 승인해야 한다는 논리는 차이를 동일성으로 환원하여 억압하는 경향에 대해 비판적이라는 장점에도 불구하고 어떤 한계를 갖는다. 앞 장에서 살펴본 롤스와 로티의 논의가 보여주듯이 차이가 단순히 승인의 문제로 다루어질 때 그것은 정치적 영역에서 차이의 문제를 회피하는 경향을 낳는다. 물론 정치적 영역에서 차이의 인정이 진지하게 다루어지는 일이 불가능한 것은 아니다. 그러나 문제는 이 경우 차이의 인정이 보편적인 가치에 호소하는 방식으로 다루어진다는 것이다. 우리는 자유, 평등, 인간의 존엄성 등과 같은 초월적이고 보편적 가치에 호소함으로써만 상대에게 차이를 승인할 필요성을 환기시킬 수 있다.

우리는 당신들과 같은 인간이기 때문에 많은 차이에도 불구하고 이 권리를 보장받아야 한다. 이런 방식으로 차이의 승인은 동일성의 논리에 호소하게 된다. 그러나 동일성이나 보편성에 입각한 이런 호소는 무력하다. 인간으로서 보장받아야 할 초월적이고 보편적인 가치를 상정하는 것은 억압자보다 도덕적 우위를 점하고 있다는 자기위로에는 도움이 될지 모르지만 억압자를 설득하는 효과로는 매우 미비하다. 게다가 대부분의 '보편적' 가치들은 억압자들에 의해 도입된 '편향된' 가치들로서, 억압자들에게 우리가 희망하는 최소한의 도덕적 강제력을 행사하기보다는 오히려 그들의 논리를 정당화하는 데 적극적으로 사용되는 경우가 많다.*

차이들이 정치적·사회적 영역에서 적극적이고 실제적인 인정을 받는다는 것은 어떤 이들이 자신들을 정치적 주체로서 형성해가며 기존의 것과는 다른 방식으로 실존할 가능성을 보일 때뿐이다. 이렇게 지금까지와 다른 방식의 실존을 입증하는 것은 이미 있던 것을 인정받은 것이 아니라 새로운 것을 생산하는 것이다. 따라서 우리가 차이의 승인을 위한 투쟁이라고 부르는 것들은 엄밀하게 말하면 차이의 생산을 위한 투쟁이다. 이와 달리 차이의 승인이 차이의 생산과는 무관한 어떤 것을 의미한다면 차이의 승인이란 과연 무엇인가? 차이의 승인은 앞서

---

* 미국 독립선언서에 대한 아렌트의 비판은 정치적 영역에서 보편적 가치의 허구성과 무용성을 잘 보여준다. 미국 독립선언서에서는 다음과 같이 명시하고 있다. "모든 사람은 평등하게 창조되었으며 조물주에 의하여 양도할 수 없는 천부적 권리를 부여받았으며, 그 중에는 생명, 자유 및 행복을 추구할 권리가 포함되어 있음을 우리는 자명한 진리로서 확신한다." 토머스 제퍼슨은 이처럼 '자명한 진리들'에 호소했다. 그러나 이 자명한 진리에는 아메리카 원주민인 인디언과 아프리카 흑인의 평등권이 들어 있지 않았다. 아렌트는 제퍼슨의 '자명한 진리'가 미국 시민 혁명가들 사이에서 이루어진 기본 합의의 사항을 언쟁과 논의를 초월한 곳에 두고자 하는 속보이는 시도에 불과하다고 비판한다. 제퍼슨은 "'우리는 이러한 진리들이 자명하게 되어야 한다고 생각한다'고 말함으로써, 비록 깨닫지는 못했다 해도 '모든 사람이 평등하게 창조되었다'는 진술은 자명한 것이 아니라 합의되고 동의되어야 하는 것임을 시인했다. 평등이 정치적으로 적실해질 것인지의 여부는 의견에 좌우되는 문제이지 '진리'의 문제는 아니기 때문이다. 다른 한편, 이 견해와 조응하는 철학적 또는 종교적 진술──이성적 동물이라는 동일한 종에 속하는 한, 모든 사람은 신이나 죽음 앞에 평등하다 등과 같은──이 존재하지만, 이 가운데 어떤 것도 정치적이거나 실용적인 효과를 갖지 못한다. 왜냐하면 신이든 죽음이든 자연이든, 평등을 부여하는 것은 인간의 상호작용이 일어나는 영역을 초월하며 그 바깥에 남아 있기 때문이다. 그러한 '진리'는 인간들 사이에 존재하는 것이 아니라 그들 위에 존재하며, 그들 중에서 어떤 유형도 평등에 대한 근대적 또는 고대적──특히 그리스적──인 동의의 이면에 놓여 있지 않다. 그렇다면 모든 사람이 평등하게 창조되었다는 진술은 자명하지도 않고, 또 증명될 수도 없다"(한나 아렌트, 서유경 옮김, 『과거와 미래 사이』, 푸른숲, 2005, 330~331쪽). 아렌트는 플라톤처럼 다수성이 존재하는 의견의 영역을 초월하여 진리의 관점을 내세우는 사람들에 대해 비판한다. 빌라는 이 점에서 아렌트가 "니체의 플라톤주의에 대한 투쟁의 논리를 반영"하고 있다고 논평한다. 아렌트의 비판에 입각해 보자면 "신 또는 자연의 진리를 푸대접하는 영역에서 그것을 실증하기보다는 차라리 지배와 불평등의 쾌감이 정말로 천박하다는 사실을 우리 동료들에게" 정서적으로 설득하는 것이 더 유용할 것이다(디나 리처드 빌라, 서유경 옮김, 『아렌트와 하이데거』, 교보문고, 2000, 208쪽).

살펴본 대로 차이의 회피로 귀결되거나 그렇지 않은 경우에는 보편적 가치에 기반하여 강자의 선처에 호소하는 요청의 정치학이 될 것이다. 늘 차이를 무화시키며 억압하는 자는 강자이므로 차이의 승인이 투쟁을 통한 차이의 생산이 아니라면 결국 승인이란 강자가 약자에 대해, 지배자가 피지배자에 대해 행하는 것이다.

이때 약자와 피지배자는 행위의 수혜자가 된다. 더 많은 수혜를 받을수록 이들은 더욱 더 실천적인 활동의 가능성에서 멀어진다. 약자는 자신에게 행운이 가능하기를 빌며 권력자의 너그러운 선처를 기다리거나 기껏해야 권력자에게 사회적 의무를 환기시킬 수 있을 뿐이다. 그러나 대부분의 경우 사회적 약자를 배려해줄 위치에 있는 자들은 차이를 발견하지도 못하고 차이를 승인해줄 어떤 필요도 느끼지 못한다. 우리가 다르게 실존하고 싶다는 것은 허락받을 문제가 아니다. 설령 우리가 허락받기를 원한다고 한들 그것을 허락해줄 자, 아무도 없다.

2) 영원회귀는 영원히 계속되는 실험이며 유혹이다

들뢰즈, 푸코 등의 프랑스 철학자들은 차이를 생산의 문제로 정립하는 과정에서 니체의 사유를 적극적으로 활용해나간다. 그 때문에 이들은 신(新)니체주의자로 불리기도 한다. 이들의 연구를 통해 확인되듯이, 니체의 텍스트는 차이를 생산의 문제로 사유할 것을 제기하는 동시에 차이의 생산이 지닌 함축들을 풍부하게 보여준다. 특히 힘에의 의지, 영원회귀와 같은 개념들은 차이의 생산에 대한 다양한 고려들을 명료하게 드러낸다.

먼저 니체에게 차이는 실험으로서 간주된다. "육체의 영양섭취, 거주방식, 생활방식을 변화시켜야 하는 수천 가지 실험들이 행해진다. 의식과 의식 속에서의 가치평가, 모든 종류의 쾌감과 불쾌는 **이러한 변화와 실험들(Experimente)을 나타내는 표지**일 뿐이다. 결국 문제는 전혀 인간이 아니다. 그는 초극되어야만 한다"(「우리의 가치평가의 유래에 대해서」, 16 : 881). 힘에의 의지는 기존 가치들에 대한 의지가 아니라 가치의 창조를 의미하기 때문에 실험이나 발명 없이는 추구될 수 없다.

니체는 다양한 가치판단들, 즉 판단들의 차이를 받아들이는 것을 차이를 긍정하는 것과 동일시하지 않는다.

현시대의 인간들을 고찰해보면 우리가 극히 다양한 가치판단들을 갖고 있다는 것, 그리고 그것에는 어떠한 창조적인 힘도 존재하지 않는다는 사실이 드러난다. …… 인류 위에 그리고 또한 개인의 머리 위에 내걸리는 목표를 누가 창조하는가? 지금까지는 사람들이 도덕을 통해 생존을 유지하고자 했다. 그러나 지금 어느 누구도 더 이상 유지하는 것을 원하지 않는다. 유지할 만한 어떤 것도 없는 것이다. 따라서 **시험적인 도덕**(eine versuchende Moral), 자신에게 하나의 목표를 **부여하는 것**〔이 중요하다〕(「과학은 의욕되었다」, 16 : 878).

니체는 자신의 철학을 "실험-철학"(Experimental-Philosophie)이라고 정의하며 이 철학은 세계의 "디오니소스적 긍정", 즉 "영원회귀"를 원한다고 말한다(「어디서 나와 동류인 자를 알아차리는지」, 21 : 354~355). 피에르 클로소프스키에 따르면 영원회귀는 '악순환'으로서 차이의 실험을 찾아내는 선별의 교의이다. 악순환은 니체가 『선악의 저편』에서 "가장 대담하고 생명력이 넘치며 세계를 긍정하는 인간"이 "영원을 넘어 지치지 않고 다시 한 번(da capo)"을 외치는 태도를 표현하는 데 사용한 말이다. 니체는 이런 "다시 한 번"의 태도, "이것이야말로 악순환인 신(circulus vitiosus deus)이 아니란 말인가?"(『선악의 저편』, 14:93)라고 외친다. 영원회귀가 동일한 것의 반복이라면 그것은 일종의 순환이라고 불릴 것이다. 그러나 영원회귀는 반복이지만 그 반복은 똑같은 것의 순환이 아니다. 그것은 항상 다른 것을 가져오는 순환이기 때문에 악순환이라고 불린다.*

클로소프스키는 니체가 영원회귀의 악순환을 선별의 교의로 받아들였다고 주장한다. 영원회귀는 모든 가치의 전도를 가져오는 능동적 니힐리즘을 의미하는 동시에 주인의 도덕으로서 항상 다양한 실험적 기획들, 즉 훈련과 선별의 문제와 더불어 고려되기 때문이다.

실험가(Versucher)는 단지 주인의 형상의 정교화이다. 이 점에서 주인은 경험의 열매이다. 주인의 문제는 사회적 위치의 특권을 행하고자 하는 것이 아니며 이 주인을 위해 '새로운 노예들'을 창조하는 문제도 아니다. 주인과 노예는 각기 하나의 테스트의 결과이다. 그리고 이 테스

---

* 들뢰즈에 따르면 사람들은 영원회귀에서 "원환의 간명함을, 한 중심을 둘러싼 계열들의 수렴을 찾는다. 만일 그런 원이 존재한다면, 그것은 'circulus vitiosus deus'이다. 즉, 원의 중심에는 차이가 놓여 있으며, 가장자리는 발산하는 계열들을 통과하는 영원한 이동이다. 이심적(異心的)인 원주에 의해 늘 탈중심되는 원환"이 영원회귀이다. 영원회귀가 탈중심되는 원환이기 때문에 그것은 출발한 곳으로 수렴되는 순환이 아니라 끝없이 발산하는 순환, 즉 악순환인 것이다(질 들뢰즈, 이정우 옮김, 『의미의 논리』, 한길사, 1999, 472쪽).

트는 항상 악순환의 기호를 고수하거나 그것을 거절하는 것이다. 따라서 악순환의 기호, 즉 **영원회귀의 기호**는 훈련과 선별이라고 이름 붙여진 기획의 중심축이자 도약대가 된다. 이것은 혹자들이 이 기획을 통치체제에 귀속시키려는 시도와 혼동하는 것을 이미 불가능하게 한다.[25]

실험가는 실험을 통해 차이를 만들어내는 자이다. 그의 실험이 현행하는 가치와 다른 가치를 만들어낼 때만 그는 악순환의 기호를 얻게 된다. 그가 기존 가치의 재현이 아니라 새로운 가치의 발명을 자신의 실험 속에서 성취한다면 그는 영원회귀의 테스트를 통과했다고 말할 수 있다. 이런 의미에서 영원회귀는 하나의 테스트이며 그 테스트를 통해 진정한 차이의 실험을 고르는 선별의 원리이다. 차이를 생산하지 않고 동일한 것, 기존의 것을 생산했다면 그 실험은 악순환이 아니라 순환에 불과하기 때문이다.

하나의 새로운 실험(Versuch)은 하나의 유혹(Versuchung)이기도 하다. "'실험가(Versucher)'라는 용어는 니체의 텍스트에서 나타날 때 종종 실험가와 유혹자라는 이중의 의미를 지닌다. 아직 존재하지 않은 어떤 것을 창조하기 위해서 모든 창조자는 즉시 다른 사람들을 유혹하고 그 자신과 다른 이들을 시험에 빠뜨리는 자이다. 존재하는 것에 행위를 부과하고 존재하는 것을 변형시키는 힘들의 집합."[26] 클로소프스키가 지적하듯 실험가는 유혹자라는 점에서 니체의 실험은 개인적 시도를 넘어서게 된다.

실험은 단순히 사적인 차원에서 개인이 자신의 실존을 변형시키는 것으로 제한되지 않는다. 실험가는 유혹을 통해 새로운 집합적 운동의 가능성을 연다. 물론 실험이 '무리'에 대항하여 행해지며 "무리가 원망(願望)하는 모든 것과는 반대의 것"(「커다란 과제와 물음」, 18 : 399)을 필요로 한다는 것은 분명하다. 그러나 그것으로부터 실험가의 주인도덕은 항상 개별적이며 그의 반대인 노예도덕만이 집단적인 힘들을 형성한다고 결론지을 수는 없다.

    니체는 실험을 개인의 문제가 아니라 종의 문제로 이해한다. "인간을 안일하고 중급의 존재 대신에 높은 곳으로 육성하고자 하는 그러한 반대 의도를 지닌 도덕, 통치계층(미래 대지의 주인들)을 육성할 의도를 지닌 도덕 …… 위에 언급한 본능이 보증받게 되는 **하나의 새로운 종**이 육성되지 않을 수 없다"(「커다란 과제와 물음」, 18 : 399). 그리고 종의 문제라는 점에서 그것은 일종의 의무로까지 규정된다. "무엇보다 이 점만은 확실하다. 이 새로운 의무는 고립된 자의 의무가 아니다. 우리는 이 의무와 함께 강력한 공동체에 속하게 되었다. 이 공동체는 외적 형식이나 법칙이 아니라 근본적인 사상에 의해 단합을 이루고 있다"(『반시대적 고찰』, 2 : 443).

    무리에 대한 반대는 모든 공동체적이고 집단적인 실천활동에 대한 거부가 결코 아니다. "무리 동물"(「커다란 과제와 물음」, 18 : 400)을 그 동물과 싸우는 실험가와 구분하는 것은 집단적 활동/개인적 활동을 구분하는 것과 무관하다. 그것은 활동의 생산물에 의해 결정된다. 어떤 집합적 힘들의 생산물이 지금껏 존재하지 않았던 새로운 가치, 하나의 차이를 생산하는 실험이라면 그것은 무리 동물에 대항하는 활동이다. 이와 달리 개인적인 생산물일지라도 그것이 지배적인 가치의 재생산이라면 무리 동물의 활동에 불과하다.

4_차이와 개체

1) 질문의 방식과 니힐리즘

힘에의 의지는 끊임없이 새로운 실험을 의지하는 것이며 영원회귀는 이 실험이 진정 새로운 것인지 선별하는 원리이다. 이제 우리의 관심을 끄는 것은 실험의 주체를 보다 선명하게 규명하는 문제이다. "누가 (Wer) 쾌감을 느끼는가? …… 그런데 누가 힘을 원하는가? …… 불합리한 질문이다. 존재하는 것 자체가 힘에의 의지이고 쾌감과 불쾌를 느끼는 행위라면"(「존재의 가장 내적인 본성」, 21 : 69). 니체는 실험의 주체에 대한 질문이 불합리하다고 지적한다. 이것은 실험의 주체를 묻는 모든 물음이 불합리하다는 것을 의미하지는 않는다. 들뢰즈에 따르면 니체가 말하는 불합리성은 '누가'를 하나의 개체나 인격체를 가리키는 것으로 이해할 경우에 발생한다.

들뢰즈는 『니체와 철학』의 영역판 저자 서문에서 다음과 같이 언급한 바 있다. '니체 철학의 가장 근원적인 특징들 중 하나는 '~은 무엇인가?'라는 질문을 '어떤 것(자)이 ~인가?'*라는 것으로 바꾸는 것이다. 예컨대 니체는 어떤 명제가 주어지든 '어떤 것[자]이 그렇게 말할 수 있는가'라고 묻는다. 여기서 우리는 모든 '인격주의적인'(personalist) 신원조회로부터 벗어나야 한다. '~한 것[자]'(the one that~)이란 한 개체, 한 인격을 가리키는 것이 아니라 하나의 사건, 즉 하나의 명제나 현상 속에서 다양한 관계들을 맺고 있는 힘들과 이러한 힘들(권력)을 결정하는 발생학적 관계를 가리킨다."[27]

"어떤 자가 실험하는가?"라는 질문방식은 "실험은 무엇인가?"라는 질문에 비해 합리적인 것이다. "~은 무엇인가?"라고 묻는 것은 플라톤적인 질문방식이다. 그것은 '니힐리즘적인 질문'으로서 생성하는 세계를 거부하는 물음으로 규정된다. 예를 들어 소크라테스가 '미(美)란 무엇인가?'라고 물었을 때 사람들은 아름다운 사례들을 언급하지만 그것들은 '우연적으로 그리고 생성에 따라서' 아름다운 것들이므로 소크라테스가 묻는 물음의 대상인 '존재와 본질에 따라서' 아름다운 것이 되지 못한다.

그러나 그리스적 정신의 타락에서 벗어나 있다고 니체가 생각하는 소피스트들은 소크라테스와 달리 '어떤 것[자]이 ~인가?'라고 묻기를

---

* '어떤 것[자]'(which one)은 프랑스어 'qui'의 번역어이다. 『니체와 철학』의 영역자 휴 톰린슨은 이렇게 주를 달고 있다. "니체의 '질문형식'의 변화에 대한 들뢰즈의 설명은 그의 해석에서 중심적인 것이다. 그 변화는 프랑스어 'qu'est-ce que?'라는 물음과 'qui?'라는 물음의 차이에서 온다. 이것은 대개는 '무엇?'(what?)이라는 물음과 '누가?'(who?)라는 물음의 차이로 번역될 것이다. 그러나 'qui?'라는 말은 영어의 '누가?'라는 말보다 더 광범위한 의미를 갖는다. 그것은 인격체들(persons)뿐만 아니라 모든 종류의 개별자들을 가리키는 것이다. 들뢰즈는 'qui'를 '어떤 (것[자])'(which[one])으로 번역할 것을 제안했다. 왜냐하면 질문되고 있는 것은 '결코 한 인격체가 아니기' 때문이다. 그는 결론과 영역판 서문에서 '질문형식'에 대해 논하고 있다"(Gilles Deleuze, *Nietzsche and Philosophy*, trans. Hugh Tomlinson, New York: Columbia University Press, 1983, p.207, n.3).

원한다. 그들은 아름다운 사례들이 단절적인 각각의 사례들을 가리키는 것이 아니라 "그것들의 생성 속에서 포착된 구체적 대상들의 지속"을, "대상들의 **아름다운 생성**"을 가리키는 것이라고 생각했기 때문이다.[28] 따라서 니힐리즘을 극복하는 질문의 방식은 '어떤 자가 실험하는가?' 가 되어야 한다.

그러나 '어떤 자' 라는 것을 어떤 인격체나 개체로 제한할 때 그것은 불합리한 질문이 된다. 니체에게 '누가' 라는 물음은 실험의 주체와 관련해서는 "그것을 탈취하는 힘들이 무엇이고, 그것을 소유하는 의지는 무엇인가?"[29]를 묻는 것이다. 즉 니체적 실험의 주체는 비개체적이고 비인격적인 것으로 이해되어야 한다.

들뢰즈가 니체적 의미의 실험을 비개체적이고 비인격적으로 규정하는 이유는 분명하다. 니체에게서 개체를 부정하는 진술이 나타나기 때문이다. "'개인들' 이란 물질적 원자처럼 사고의 일상적 용법말고는 더 이상 유지될 수 없으며, 무(無) 안으로(혹은 하나의 '형식' 안으로) 사라져버리고 말았다는 사실, 삶과 죽음의 그 어떤 것도 가산될 수 있는 것이 없다는 사실, 두 가지 개념이 잘못된 것이라는 사실"(「기만의 세계」, 18 : 487). 니체는 원자처럼 고립된 개인이나 개체의 존재를 부정하고 이것들의 가산불가능성을 언급한다.

여기서 니체가 말하는 "잘못된 두 가지 개념"에 대해서는 두 가지 이해가 가능하다. 첫째는 두 개념을 개인과 집단——개인의 양화를 통해서 이루어지는——을 가리키는 것으로 이해하는 것이고, 둘째는 앞 문장의 삶과 죽음을 가리키는 것으로 보는 것이다. 어떤 이해든 모두 원자적 개체성을 부정한다. 고립된 개체가 없다면 그 개체의 양적 합산으로서 집단을 상정하는 일은 불가능하다. 또한 삶과 죽음을 구분하는 일도 불가능하다. 존재하는 것은 사태들의 소멸과 생성이고, 한 사태의 소멸은 다른 사태의 생성을 의미할 뿐이다.

들뢰즈가 실험의 주체에 대한 비개체적이고 비인격적인 해석을 채택하는 좀더 결정적인 이유가 있다. 니체 철학을 개인주의와 반동적 정치학으로 해석하는 입장과 그런 해석을 통해 니체 철학을 격렬히 비난하는 입장에 반대하기 위해서이다. 조금 뒤 살펴볼 이 두 가지 입장은 모두 니체에 대한 '인격주의적' 독해를 기반으로 성립한다. 이 점에서 하트는 들뢰즈의 비인격적 해석 전략은 "정치적 선택"으로 볼 수 있다고 지적한다.[30]

또한 하트는 "비록 이러한 선택이 들뢰즈에게 필연적인 것일지 모르지만, 실제로 바로 이 '비인격적' 측면으로 인하여 들뢰즈는 니체 안에서 윤리적, 정치적 광맥을 개발함에 있어 한계를 드러낸다"고 비판한다. 하트가 보기에 들뢰즈 식의 비인격적 독해가 실천 이론의 발전을 가로막는 이유는 그것이 "행위자(agent)에 대한 우리의 개념화를 힘들의 상호작용으로 제한시킨다"는 데 있다. 그는 실천 이론이 개체주의적일 필요는 없지만 "신체적이고 욕구하는 행위자를 필요로 한다"는 점에서 "인격주의적"이어야 하다고 주장한다.[31] 그는 이런 독법의 한계가 실천 이론의 부재로 나타나기 때문에 들뢰즈는 실천 이론의 구성을 위하여 스피노자 철학의 연구로 전진할 수밖에 없다고 논평한다. 그러나 실험의 비개체성과 비인격성은 차이의 철학에 고유한 실천 이론을 구성하는 데 장애가 된다고 볼 수 없다. 오히려 비개체성과 비인격성에 대한 통념에서 그것들을 장애로 보는 오해가 시작될 뿐이다.

2) 개체나 인격을 포기하는 실험가는 사원으로 가야 할까?

먼저 실험의 비개체성에 대한 비판을 살펴보자. 가령 비개체성은 종교적인 무아 체험을 통해서나 가능한 것으로 여겨진다. 고유한 개체 의식을 버리고 다른 개체들과의 전우주적 합일을 느끼거나 다른 개체들에게 헌신하는 것은 비개체적 실천이다. 이런 점에서 비개체적 실천 이론은 충분히 윤리적인 실천 이론일 수 있다. 그러나 이렇게 이해된 비개체적 실천 이론에 종종 제기되는 반론은 비개체적 실천 이론이 종교적 차원을 넘어 사회적·정치적 실천 영역에서 구체성을 담보하기에는 지나치게 추상적이고 고원한 이론이라는 것이다.*

이와 달리 비개체적 실천 이론의 윤리적 가능성 자체에 의문을 제기하는 비판도 존재한다. 알랭 바디우는 이와 같은 비판의 대표자로서, 그는 비개체적 실천 이론에 대해 개체성을 부정하는 파시즘의 혐의를 둔다. 하트처럼 바디우 역시 들뢰즈의 입장이 비개체적이라고 진단한다. "아주 많은 사람들이 들뢰즈가 제시하는 내용들 속에서 자율성에 대한 격려를, 또 욕망의 생산물들로 대지를 가득 채워나가는 **당당한 개별자**의 아나키적 이상에 대한 격려를 보게 된다고 확신하는데, 사실 이들은 들뢰즈를 이해하는 데 있어서 올바른 방향을 벗어나 있다." 바디우는 들뢰즈의 차이의 존재론에 개별자를 무시하는 경향이 숨어있다고

---

* 실제로 들뢰즈·가타리는 『천의 고원』에서 유기체를 벗어나 우주와 하나가 되는 우주-되기를 제안한다. 그는 어떤 개체성도 넘어섬으로써 우주 전체의 특이한(singular) 순간에 참여하는 기쁨, 즉 무아의 기쁨(joie)을 누리기를 권한다. 이것은 종교적이라고 표현될 만한 주장으로서, 이 점에서 들뢰즈·가타리의 실험은 종교 체험 속에서 혹은 특정한 종류의 문학 텍스트나 예술적 체험을 통해서나 가능한 것으로 오해될 수 있다.

주장한다. "분명히 들뢰즈의 근본 문제는 다수를 해방시키는 것이 아니라 사유를 새롭게 제시되는 일자의 개념에 따르도록 하는 것이다. …… '유일한 하나'로 돌아오는 것, 들뢰즈에게 있어서 욕망의 민주주의라고 가정된 것의 실재적 바탕이란 바로 이것이다."[32] 그리고 이처럼 실험의 주체를 비개체적인 것으로 보는 들뢰즈의 철학은 죽음의 철학이라는 것이다.

바디우는 하트와 달리 비개체성과 비인격성을 분리될 수 없는 것으로 간주한다. "사유라는 것이 내 현실성의 부서짐과 내 경계의 사라짐으로서 실존한다면" 또는 "사유함이 개별자가 자신의 진정한 존재이기도 한 비인격적인 외부성이 개별자 자신을 움츠러들게 하는 바로 그 지점으로 금욕주의적 방식을 통해 되돌아가는 것을 의미"한다면 그런 철학은 삶을 부정하고 금욕주의를 옹호한다는 점에서 죽음의 철학이 될 수밖에 없다.[33] 다시 말해 철학적 실험이 개별자의 해체와 연결되는 한 그 철학적 실험은 죽음의 철학이다.** 그래서 바디우가 보기에 들뢰즈가 말하는 실험은 "자신들의 감각적, 지성적 또는 사회적 현실성을 구성하고 있었던 '체험들'과 '사물들의 상태들'을 금욕주의적 자세로

** 들뢰즈는 이런 비판에 맞서 여전히 비개체적이고 비인격적인 실험의 중요성을 강조한다. 특히 비개체적이고 비인격적 실험, 거기에 덧붙여 비인간적(inhuman) 실험은 정신분석학의 오이디푸스적 인격성에 맞서는 것으로 자주 언급된다. "자네들 자신의 '현실'을 가지고서 무엇을 하겠다는 것인가? 자네들의 현실주의는 얕팍한 것일 뿐 …… '나는 이것, 나는 저것'이라고 생각하는 사람들, 정신분석학적으로 자신의 유년기나 숙명을 따져보며 그렇게 생각하는 사람들에 맞서서, 불확실하고 미심쩍은 개념으로 사유해야만 하네. '내가 무엇인지 나는 모른다. 비(非)나르시스적이고 비(非)오이디푸스적인 연구와 실험들을 수없이 해보아야 한다'고 말이지. 어떤 남색가라도 나는 남색가라다고 확신을 갖고 말할 수는 없는 법이거든. 요컨대 인간으로서 이것 또는 저것이 되는 것이 문제가 아니네. 차라리 비인격적 생성, 보편적 동물-되기의 문제이지"(질 들뢰즈, 김종호 옮김, 「어느 가혹한 비평가에게 보내는 편지」, 『대담』, 솔, 1993, 37쪽).

포기한 존재들에게, 자신들의 경계를 뛰어넘는 능력을 소유한 존재들에게"나 가능한 것이다.[34] 즉 성자들, 현자들만이 이런 실험의 주체가 될 수 있을 것이다.

그러나 이런 비판들은 개체성에 대한 원자론적 이해를 전제할 때만 가능하다. 철학적 원자론에서는 개체를 하나의 고립적인 실체로 규정한다. 개체의 가장 기본적 정의는 '개체(individuum)는 더 이상 나누어질 수 없다(in-divide)'는 것이다. 이 정의에서 출발하여 원자적 개체론은 개체가 더 이상 나누어지고 쪼개질 수 없는 실체로서 일종의 원자라고 결론짓는다.* 이런 사유에서 실험의 주체는 하나의 독립적인 개인이거나 이 개인들이 모여서 결성한 집단이 될 것이다. 만일 실험의 주체 자리에 특정 개인이나 특정 집단을 놓기를 거부한다면 이는 실천 자체에 대한 거부로 이어질 수밖에 없는 것처럼 보인다. 그러나 실험의 주체에 대한 비개체적 견해는 실천의 거부가 아니라 원자적 개체론에 대한 거부이다. 우리는 다른 종류의 개체론을 구성함으로써 주체에 대한 새로운 사유를 펼칠 수 있다.

3) 원자적이지 않은 개체들, 다수로서의 주체가 존재한다

니체는 원자적 개체론에 대항해서 다음과 같이 주장한다. "궁극적인 가장 작은 '개체들'은 '형이상학적 개체'나 원자라는 의미로 이해될 수

---

* 가령 "키케로는 분할할 수 없는 미립자들, 즉 데모크리토스와 에피쿠로스가 물질세계의 구성요소로 여겼던 '원자들' 하나하나를 '개인'(individuum)이라 불렀다"(알랭 르노, 장정아 옮김, 『개인』, 동문선, 2002, 7쪽).

없다는 것, 그것들의 힘의 영역이 지속적으로 위치를 바꾼다는 것"(「심리학의 모든 근본 신조」, 20 : 349). 그리고 주체 역시 원자적으로 이해되어서는 안 된다. "주체-'원자들'(Subjekt-'Atome')이 아니다. 주체의 영역은 지속적으로 증가하거나 감소하면서(체계의 중심점은 지속적으로 움직이면서); 주체가 적절한 정도를 조정할 수 없는 경우에 주체는 둘로 나뉜다. 다른 한편 주체는 더 약한 주체를 파괴하지 않고 자신의 기능원으로 개조할 수 있으며 어느 정도까지는 그와 함께 새로운 통일체를 형성할 수 있다. '실체'가 아니라 오히려 그 자체로 강화를 추구하는 어떤 것이다"(「이성에 대한 우리의 믿음」, 20 : 70~71).

니체가 원자적 개체론에 비판적이라는 점은 분명하나 대안으로서 제시되는 진술들의 의미는 다소 모호하다. 그 진술들은 다음의 진술과 연결될 때만 보다 분명히 이해될 수 있다. "하나의 주체라고 하는 가정은 아마도 필요하지 않을 것이다. …… 내 가설: 다수로서의 주체"(「하나의 주체라고 하는 가정」, 18 : 489). 즉 주체는 하나가 아니며 다수이다. 주체가 다수인 이유는 주체의 영역이 지속적으로 증가 또는 감소하기 때문이다. 증가/감소와 관련된 것으로 보이는 진술은 다음과 같다.

지속, 자기동일성, 존재는 주체라고 불리는 것이나 객체라고 불리는 어느 것에도 내재하지 않는다. 그것들은 다른 복합체에 견주어서 지속되는 듯이 보이는 생기의 복합체이다——즉 예를 들어 생기 속도의 차이에 의해서(즉, 정지-운동, 고정-이완 ; 이 모든 대립관계는 실제로는 존재하지 않으며, 이것에 의해 사실상은 정도의 차이들만이 표현될 뿐)"(「결정론과의 싸움」, 20 : 61~62).

이 진술들에 의거해 니체의 개체관을 서술해 보자면, 먼저 개체는 다수적인 복합체이다. 그런데 이 다수적인 복합체는 주체든 객체든 간에 자기동일성을 갖지는 않는다. 자기동일성을 갖지 않으면서 다수적인 복합체인 개체는 생기(Geschehen ; 사건) 속도의 차이에 의해서 다른 복합체들과 구별될 뿐이다. 그리고 복합체들은 분할될 수도 있고 구성을 통해 새로운 통일체를 형성할 수도 있다.

이런 개체관에 따르면 개체는 실천에 전제되는 최소 단위라고 볼 수가 없다. 개체는 복합체이며 생기활동, 즉 사건의 결과로서 나온다. 따라서 "개체는 전적으로 **새로운 것**이며 **새롭게 창조하는 것이다**"(「의지의 부자유 또는 자유?」, 16 : 890). 이처럼 개체가 복합체로 규정되기 때문에 니체는 자기동일적 개체와 그 개체들의 합산에 불과한 집단 간의 구별 역시 오류라고 본다. 모든 개체는 복합체라는 의미에서 이미 집단이다. 그리고 집단은 강화를 추구하며 결성되는 일종의 집합적 개체다.

니체의 개체론과 유사한 언급들은 스피노자의 개체론에서 이미 선취되었다. 스피노자는 『에티카』에서 개체를 이렇게 정의한다. "크기가 같거나 다른 신체(body) 두어 개가 다른 여러 신체의 압력을 받아서 서로 접합하거나, 아니면 두어 개의 물체가 같은 속도로 또는 다른 속도로 움직일 경우 자신의 운동을 어떤 일정한 방식으로 전달할 때 우리는 그 신체들이 서로 합일되어 있다고 말한다. 그것은 신체의 이러한 합일에 의하여 다른 신체와 구분된다."[35] 니체와 스피노자에게 개체는 복합체이며 상이한 속도의 분할운동을 통해 발생한다. 여기서 분할운동은 일종의 구성운동이라고 볼 수 있다. 분할은 단순한 쪼개짐이 아니라 한 신체의 쪼개짐을 통해서 다른 신체와 접합될 수 있는 운동이기 때문이다. 이런 개체론의 전통 하에서 들뢰즈는 개체를 재규정한다. "**개체는 결코 분할할 수 없는 어떤 것이 아니다. 개체는 오히려 끊임없이 본성을 바꾸면서 분할된다.**"[36] 그런데 개체가 그 어원상 '나누어질 수 없는 것, 분할 불가능한 것'이라고 한다면 이것은 모순어법이 아닐까? 새로운 개체론은 개체라는 이름을 다른 것으로 대체해야 하는 것이 아닐까?

　새로운 개체론에서도 개체는 여전히 분할불가능한 것으로 정의된다. 어떤 개체도 **나누어지는** 순간 그 개체 그대로 남아 있을 수 없기 때문이다. 분할운동의 결과로 생겨나는 개체는 언제나 새로운 개체이다. 따라서 개체는 분할불가능한 것으로 남아 있다. 그 분할불가능함의 이유가 원자론적 개체론과 다를 뿐이다. **개체는 분할운동의 극한점으로서 가장 작은 것이기 때문에 분할불가능한 것이 아니라 분할운동의 과정에서 변화하고 생성하는 것이기 때문에 분할불가능하다.** A라는 개체는 분할되는 순간 더 이상 A라는 개체가 아니다. 분할되는 순간 존재하는 것은 A가 아닌 또 다른 개체이다.

4) 개체는 전제되는 것이 아니라 구성되는 것이다

다시 말해 개체가 본성을 바꾸면서 분할된다는 주장은 이미 하나의 개체가 존재하고 그것이 상이한 본성을 가진 다른 개체로 변화할 수 있다는 말로 오해되어서는 안 된다. 분할운동에 따라 항상 새로운 개체들이 형성되기 때문에 이 개체는 실체로서의 개체, 즉 원자로서의 개체가 아니라 하나의 개체적 사건을 의미한다. 사실상 우리가 개체라고 부르는 것들은 그 자체로 무수한 개체적 사건들의 집합(아상블라주)이다. 개체들은 개체적 사건들을 발생시키는 분할운동을 통해 발생한다. 들뢰즈는 이런 분할운동을 '개체화 원리'라고 부른다.*

새로운 개체론을 통해서 실험의 비개체성이 지닌 의미가 분명히 드러난다. 실험은 동일한 주체, 즉 그것이 개체이든 개체들의 합으로서의 집단이든 간에 실체적 동일성을 지닌 주체의 존재를 전제하지 않는다. 하나의 개체이든 집합적 개체이든 그것은 실험의 과정 속에서 분할과 구성작용을 거치면서 실험의 결과로서 발생한다. 이렇게 보면 실험의 비개체성은 다음을 의미한다. 우리가 실험의 주체라고 부르는 것은 실험의 과정, 다양한 분할과 구성의 운동과정을 통해서만 존재할 뿐이다. 실험의 비개체성에서 비(非)가 부정하는 것은 원자적 개체성이지 실천이 아니다. 원자적 개체성은 실험과 무관하게 미리 존재하는 주체를 가정한다. 이 점에서 원자적 개체성은 고립적이다. 개체들이 집단을 이루더라도 고립성은 해소되지 않는다. 개체들의 합으로서 집단 역시 실험과 무관하게 존재하기는 마찬가지이기 때문이다.

이런 고립성은 실험을 활성화하기보다 특정한 방식으로 제한하는 경향이 있다. 사회적 실험을 위해 주체 집단이 상정되는 경우를 생각해 보자. 실험과정에서 실제적으로 존재하는 다양한 분할과 구성의 운동

---

* 들뢰즈는 『차이와 반복』에서 "영원회귀를 강도적"이라고 규정한 것에 이어 "개체화는 강도적"이라고 규정한다(질 들뢰즈, 김상환 옮김, 『차이와 반복』, 민음사, 2004, 527쪽). 강도는, 분할운동은 언제나 본성의 변화를 동반한 채로만 가능함을 강조하는 개념이다. 강도에 대한 이러한 설명은 개체에 대한 들뢰즈의 설명과 동일하다. 개체화는 강도적이며, 이 점에서 들뢰즈에게 영원회귀는 개체화의 원리이다. 그것은 끊임없이 새로운 개체성들, 즉 차이들을 생산하는 실험을 선택한다는 점에서 실천적 원리이다. 이 때문에 들뢰즈는 『니체와 철학』에서 클로소프스키를 따라 영원회귀를 윤리적·선별적 사유로서 규정한다. 다음을 참조하라. 질 들뢰즈, 이경신 옮김, 『니체와 철학』, 민음사, 2001, 132~137쪽.

은 주체 집단의 동일성을 유지해야 한다는 명분 아래 무시된다.** 왜냐하면 원자적 개체론의 관점에서 보면 실험을 수행하는 주체의 동일성을 견지할 때만 실험이 성공할 수 있기 때문이다. 실험의 과정에서 현실적으로 존재하는 이질적 분할운동들은 새로운 실험들로 활성화되고 그것을 통해 새로운 개체성, 즉 차이들을 생산하는 계기가 되지 못한다. 이미 전제된 실험의 목적 아래 이질적인 실험들과 다양한 개체성들은 하나의 실험, 하나의 개체로 균등화되어 억압받는 것이다. 니체는 무리 동물이 행하는 균등화에 대항하여 자신의 실험-철학이 "공제나 예외나 선택함이 없이, 세계를 있는 그대로 디오니소스적으로 긍정하기에 이르기를 원한다"(「어디서 나와 동류인 자를 알아차리는지」, 21 : 355)고 말함으로써 아무런 균등화의 작용 없이 실재하는 실험들의 계기들이 긍정되어야 함을 강조하고자 했다.

원자적 개체론의 편견에서 벗어나면 실험의 주체는 더 이상 실험에 앞서 결정된 것도 실험과 무관하게 고정된 것으로 간주되지 않는다. "주체의 끝없는 무상함과 덧없음"(「하나의 주체라고 하는 가정」, 18 :

** 이것은 사회적 실험 집단이 좌파인 경우에도 예외가 아니다. 국가, 민족 등의 동일성 논리로 이질적 차이들을 억압하는 우파는 물론 말할 것도 없다. 그러나 그런 동일성의 사유나 동일성의 권력을 비판하는 좌파들 역시 사회적 실험과정에서 다양한 차이를 억압했다는 혐의로부터 자유로울 수 없다. 러시아사회민주당의 당 규약 논쟁이 그 사례이다. 스탈린은 "강령, 전술과 조직적 견해의 일치는 우리 당 건설의 기초다. 이러한 견해의 일치만이 당원들을 하나의 중앙집권적 당으로 통일시킬 수가 있다. 만약 견해의 일치가 이루어지지 않는다면 당은 붕괴된다"고 말한다. 따라서 "당의 이상과 자기의 이상을 합치시키고 당과 일치되게 행동하는 것을 자신의 의무라고 생각하는 그런 사람들만이 이 당, 이 조직의 성원으로 인정될 수 있다는 것은 명백하다". 이에 스탈린은 이견을 보이는 모든 당내의 그룹들을 소부르주아 기회주의로 규정하고 제거한다. 좌파 실험에서 발생한 차이의 억압에 대한 자세한 논의로는 다음을 참조하라. 이진경, 「맑스주의에서 차이와 적대의 문제」, 『미래의 맑스주의』, 그린비, 2006, 259~260쪽.

490)에 주목해야 한다. 주체는 고유한 하나의 본질을 지닌 채로 남아 있지 않고 끊임없이 변화하는 구성적 과정이다. 따라서 주체는 "미지의 세계(Die unbekannte Welt)"이다(『아침놀』, 10 : 132). 이는 주체가 실험의 결과로서 산출되기 때문이며 더 근본적으로는 이 실험이 미지의 것이기 때문이다. 모든 실험들, 즉 "모든 행위들은 본질적으로 미지의 것이다"(『아침놀』, 10 : 133).

5_차이와 정치

1) 인격 없는 자들에게만 실험은 가능하다

모든 실험들이 미지의 성격을 지닌다는 주장은 실험의 비인격성과 연관된다. 니체에게 있어서 실험의 미지성은 두 가지 의미를 지닌다. 첫째, 실험은 모두 새로운 가치를 창조하는 것이다. 둘째, 실험은 우연적이고 무의식적인 것이며, 자유롭고 합목적적인 의지의 과정과 무관하다는 것이다.

    니체의 실험이 새로운 가치를 창조하는 활동이라는 점은 명백하다. "존재해야 하는 세계가 있고 실제로도 존재한다는 믿음은 **존재해야만 하는 세계의 창조를 원하지 않는** 비생산적인 자들의 믿음이다. 그들은 그 세계를 이미 있는 것으로 정해버리고, 그 세계에 도달하기 위한 수단과 방법을 찾는다." 니체는 이런 비생산적 의지를 '진리의지'라고 부르면서, "**창조의지(Wille zum Schaffen)가 무력해진 것**"이라고 비판한다(「엄청난 자기성찰」, 20 : 40). 실험은 과학에서처럼 이미 존재하는 세계에 대한 가설을 세우고 그 가설을 검증함으로써 세계의 법칙성을 발견하는 활동이 아니다. 이미 알려진 세계(Die bekannte Welt)에 대한 검증은 진리의지가 작동하는 것일 뿐이다.

이와 달리 니체의 실험은 창조의지의 작동을 뜻하며 이 때문에 비인격적(impersonal)이다. 니체는 독일인은 창조의지가 박약하다고 비판하면서 다음과 같이 말한다. 루터는 "칸트보다 더 조야하게 그리고 더 민중에 뿌리박은 채, 사람들이 개념이 아니라 인격에 무조건 복종하기를 원했다. 그리고 결국 칸트 역시 단지 **인격(person)에 대한 복종**을 설하기 위해 도덕이라는 우회로를 택했을 뿐이다. …… 그러나 독일인이 가끔 그러는 것처럼 언젠가 위대한 일을 할 수도 있는 상태에 처한다면 어떻게 되는가? **예외적인** 시간, 불복종의 시간이 온다면?"(『아침놀』, 10 : 233~234). 이처럼 니체는 창조를 인격 개념에 대한 불복종과 동일시한다. 창조는 비인격적이다.

일반적으로 인격은 사회적·법적 주체로서 공적 신원확인이 가능한 동일성의 존재를 의미하는 개념이다. 인격에 대한 최초의 정의를 내린 사람은 중세의 보에티우스로서, 그는 인격을 '이성적·합리적·지성적 본성을 지닌 개별적 실체'라고 보았다. 아퀴나스는 보에티우스의 정의를 보완해 인격 개념에서 한편으로는 유(類)와 종(種)을 배제하는 동시에 다른 한편으로는 비합리적 본성을 지닌 것들을 배제한다.[37]

아퀴나스의 입장은 두 가지로 간단히 정리될 수 있다. 첫째, 모든 인격들은 개별적 존재들이지만 모든 개별자들이 인격은 아니다. 둘째, 인간들은 하나의 본질을 갖지만 그 본질이 인격은 아니다. 본질은 개별적이지 않은 종들에 대응하는 것인 반면, 인격은 개별적 실체들을 일컫는다. 이에 따르면 하나의 개별자는 인간 종에 속하더라도 '합리적 본성'을 가지지 못했다고 평가될 경우 '인격'으로 대우받을 수 없다.[38] 따라서 인격의 획득은 합리적 본성에 해당되는 사회의 지배적 가치들에 대한 무조건적 복종을 의미한다.

　인격 개념에 대한 이러한 이해를 고려한다면 니체적 의미에서의 실험이 비인격적인 성격을 지니는 것은 당연한 귀결로 느껴진다. 우리는 사회의 지배적 가치들에 복종하면서 창조적이 될 수는 없기 때문이다. 실험을 통해 생산되는 것은 언제나 "풍습의 윤리에서 다시 벗어난 개체이고, 자율적이고 초윤리적인 개체(왜냐하면 '자율적'과 '윤리적'은 서로 배타적이기 때문이다)"이다(『도덕의 계보』, 14 : 397). 그러나 인격은 언제나 풍습의 윤리, 즉 한 사회의 특정한 지배적 척도를 벗어날 수 없다. 이렇게 볼 때 들뢰즈의 비인격적 니체 해석에 관한 하트의 비판은 비인격성에 대한 오해에서 비롯된 것이다. 하트는 니체적 실험을 비인격적으로 보는 들뢰즈의 견해가 실천 이론의 한계를 가져온다고 주장했다. 그는 실천 이론이 신체적이고 욕망하는 행위자를 필요로 하며 이 행위자들은 인격적이어야 한다는 점을 강조한다. 그러나 하트의 이런 주장에는 어떤 혼동이 존재한다. 신체적이고 욕망하는 행위자가 있다는 것과 그 행위자가 인격적이라는 것은 별개의 문제이다. 들뢰즈는 니체적 실험에 신체적이고 욕망하는 행위자가 불필요하다고 주장하지 않는다. 그는 실험의 행위자가 비인격적이어야 한다고 주장할 뿐이다.

　하트의 주장과 반대로 인격 개념은 현실적으로 존재하는 신체적이고 욕망하는 행위자들조차도 배제하는 기준으로 작용한다. 사회가 요구하는 합리적 본성(인격)을 가지지 못했다는 이유로 여성, 흑인, 아동, 이주 노동자, 성적 소수자와 같은 현실적 존재들은 그들의 고유한 신체와 그들이 지닌 욕망 자체를 부정해왔다. 따라서 실험의 비인격성을 강조하는 것은 합리적이고 이성적인 척도에 의해 그동안 배제되어 온 현실의 신체적이고 욕망하는 존재들을 드러내는 효과를 지닌다. 즉 실험의 비인격성을 강조함으로써 실천은 제한되는 것이 아니라 확장되고 활성화된다.

이처럼 실험의 비인격성은 인격에 내재한 지배적 척도와 그 척도를 통해 이질적인 욕망들을 하나의 동일한 욕망으로 평균화하려는 시도에 대한 반대를 의미한다. 비인격적인 실험을 통해서만 "**다수(die Meisten)의 특권**이라는 원한의 낡아빠진 허위적 구호에 대해서, 인간을 저열하고 비굴하게 만들며 평균화시키고 하강과 몰락으로 가져가는 의지에 대해서, **소수(die Wenigsten)의 특권**이라는 무섭고 매혹적인 반대 구호가 예전보다도 훨씬 더 강력하고 단순하게 진지하게" 울려 퍼질 수 있다(『도덕의 계보』, 14 : 388~389).

2) 자유의지 없는 실험들이 자유롭다

실험이 지닌 미지의 성격에 대한 니체의 두번째 주장은 실험은 자유롭고 합목적적인 의지의 과정과 무관하다는 것이다. 실험은 우연적이고 무의식적이다. 그것은 실험의 과정에서 "동기들 간의 투쟁"이 나타나기 때문이다. 니체에 따르면 우리는 어떤 행위를 할 때 하나의 동기를 갖는다고 생각한다. 그때 동기는 일종의 '결과들에 대한 상'이다. 그러나 실제로 우리가 실험을 행하는 순간 우리의 선택에는 다른 종류의 동기들이 개입한다.

〔동기들은〕 "우리가 힘을 사용하는 습관적 방식이나, 우리가 두려워하거나 존경하거나 사랑하는 어떤 사람에 의한 약간의 자극이다. 혹은 손쉬운 것을 택하는 안일함이나, 결정적인 순간에 직접적이고 가장 사소한 사건에 의해 야기된 상상력의 흥분이 작용한다. 〔또한〕 전혀 예측할 수 없는 방식으로 나타나는 육체적인 변화가 영향을 미치고 기분과 어떤 감정의 분출이 영향을 미친다(『아침놀』, 10 : 145~146).

그 수많은 동기들 중 어떤 것들은 우리에게 전혀 인지되지 않고 어떤 것들은 아주 조금만 인지된다. 이 동기들을 모두 알 수 있다고 하더라도 동기들 간의 비교는 가능하지 않다. 이질적인 동기들 사이에서 어떤 동기가 우세한 영향력을 행사했는지를 정확히 수치화하기는 힘들기 때문이다. 우리가 알지 못한 채 우리의 행위를 결정하는 무수한 "동기들 사이에서 벌어지는 본래적 투쟁"이 있다는 점에서 실험은 '무의식적'이다. "내가 결국 무엇을 행하는지를 나는 잘 알지만, 이때 어떤 동기가 승리했는지를 나는 알지 못하는 것이다"(『아침놀』, 10 : 146).

따라서 실험을 자유의지나 합목적적 의지활동으로 여기는 것은 순진한 오류이다. 자유의지는 우리가 무의식적 동기들의 영향을 받지 않고 오직 이성적인 차원에서 의지작용을 한다고 전제한다. 그러나 이것은 "무의식적인 과정들을 고려하지 않으면서 우리에게 의식되는 한에서만 어떤 행위를 준비하는 …… **우리의 습관**"이 만들어낸 환상이다(『아침놀』, 10 : 146). 또한 합목적적 의지는 우리가 하나의 목적을 미리 정하고 그것에 부합하도록 의지하는 것을 말한다. 이때 목적이란 우리 행위의 결과와 성과에 대한 계산을 미래에 투사하는 것이다.

"우리가 어떤 행위에 앞서 숙고할 때, 의식 속에는 우리가 할 수 있다고 생각하는 모든 다양한 행위의 **결과들**이 차례로 나타나며 우리는 그것들을 서로 비교한다." 그 결과들 중 가장 우세한 것으로 여겨지는 것을 우리는 목적으로 설정한다. 그러나 "우연으로 인해 계산의 정확성"은 떨어지고 목적은 행위의 결과 속에서 달성되기 힘들다(『아침놀』, 10 : 145). 니체의 표현에 따르면 우리가 "목적이라는 거미줄 속의 삶" 앞에서 그것이 끊어질까 봐 불안에 떨 때면 우연이라는 괴물이 찾아와 "그물 전체를 **찢어버림**으로써 숭고한 기분 전환을 제공"(『아침놀』, 10 : 147)한다.

실험의 선택에 작동하는 우연들과 실험의 과정에 작동하는 우연들 때문에 우리는 이제 무서운 진리와 마주하게 된다. "인식에서 시작해 행위에 이르는 다리는 지금까지 단 한 번도 놓인 적이 없었다는 사실이야말로 '무서운' 진리가 아닌가?"(『아침놀』, 10 : 133). 실험은 힘에의 의지를 통한 새로운 창조활동이지만 우리는 실험을 위한 예비적 지식을 가지고 있지 않고 실험의 결과를 확증할 수도 없다. 실험은 언제나 위태롭고 불안정하다. "불확실한 것, 변화하는 것, 변할 수 있는 것, 다의적인 것이 우리의 세계며, 위험한 세계다"(「교류 중에 있는 인간」, 18 : 500).

그러나 실험의 위험과 불안정성에도 불구하고 실험은 의도하지 않은 어떤 생성을 가져온다. 그 생성은 우리가 자유의지라고 부르는 의도에도, 그 생성의 사건에 참여하는 다양한 원인들 중 단 하나에 전적으로 속박되지 않는다는 점에서 자유롭다. 생성은 오로지 다양한 원인들의 우발적 만남을 통해서 발생하며, 니체는 이러한 생성이야말로 긍정의 대상이어야 한다고 보았다. 생성이 혐오와 부정의 대상이 되는 것은 오직 목적과 의도에 부합하지 않는다고 그것을 비난할 때뿐이다. 바로 이런 이유에서 니체는 가장 중요한 것은 목적을 배제함으로써 생성의 무죄를 획득하는 것이라고 생각했다.

그러나 만일 의도하지 않은 결과라는 점에서 생성이 비난받아야 한다면 우리의 일상으로부터 인간 역사에 이르기까지 모든 것이 유죄로서 비난받아야 한다. "역사는 결코 '목적'을 증명할 수 없다. 왜냐하면 민족들과 개개인이 **원했던 것**은 **성취된 것**과 언제나 본질적으로 다른 것이었다는 것이 분명하기 때문이다. 간단히 말해, **성취된 것은 모두 원했던 것과** 절대적으로 **불일치한다**는 것이 분명하다. …… '의도'의 역사는 '사실'의 역사와는 다른 것이다"(「나의 요구」, 16 : 323).

우연 때문에 발생하는 실험의 미지적 성격에 대한 니체의 견해는 한 마디로 다음과 같이 표현할 수 있다. '**우리는 우리가 무엇을 할 수 있는지 미리 알지 못한다.**' 들뢰즈는 『니체와 철학』에서 스피노자의 말을 빌어 이것을 새롭게 표현한다. "우리는 신체가 무엇을 할 수 있는지에 대해서 알지 못한다."[39] 스피노자와 마찬가지로 니체 역시 실험을 신체의 문제로 제기한다. 그는 실험의 우연성과 무의식성에 대한 주장을 통해서 우리 활동에서 의식이 차지하는 제한적 역할과 신체의 중요성을 강조했다. 그는 우리가 실제로 할 수 있는 것은 의식이 인식하는 것들이 아니라 신체가 할 수 있는 것들임을 매우 분명하게 깨닫고 있었다.

니체가 실험을 신체적 실험의 문제로 이해했다는 사실은 정치에 대한 언급에서도 드러난다. "첫번째 명제 : 위대한 정치는 생리학이 여타의 문제를 지배하게 한다. 그것은 인류를 전체로서, 그리고 좀더 높은 존재로서 훈육할 정도의 막강한 힘을 창출하고자 한다"(「위대한 정치」, 21 : 554). 그러나 니체적 맥락에서 음미해볼 때 스피노자의 그 구절은 통상적인 방식으로 의식에 대한 신체의 우월성을 강조하는 것은 아니다. 다시 말해 "의식이 신체를 지배하느냐, 신체가 의식을 지배하느냐?"라는 오래된 논쟁에서 신체의 위우를 주장하는 자들의 편을 들어주자는 단순한 주장은 아니라는 것이다. 그것은 평가절하된 신체에 대한 참된 인식, 혹은 정당한 평가라는 문제를 넘어서 신체의 실험을 요구하는 것이다. 두 철학자가 보여준 통찰의 놀라움은 신체의 위대한 능력을 발견했다는 데 있는 것이 아니라 이 능력이 신체의 위대한 실험을 통해서만 실행되고 드러난다는 점을 발견했다는 데 있다.

그러나 니체의 말대로 실험이 우연으로 가득하고 주체의 목적을 벗어나 언제나 의도하지 않은 결과로 우리를 이끄는 것이라면 '우리는 우리가 무엇을 할 수 있는지 알 수 없다'는 말은 삶의 불투명성에 대한 깊은 탄식에 가깝지 않을까? 니체가 이미 말했듯 그것은 '무서운 진리'로서 좌절감을 불러일으키고 실험의 전반적인 마비상태를 초래하기 쉽다. 그러나 니체는 다음을 강조한다.

> 우연의 이론, 영혼은 하나를 선택하고 자신을 배양하는 것이며 극히 지혜롭고 창조적으로 영속한다(이러한 **창조력**은 보통 간과되고 있다! 그것은 단지 **'수동적'**으로만 이해된다). 나는 우연적인 것 안에서 이러한 능동적인 힘, 창조하고 있는 것을 인식했다. 우연 자체는 **단지 창조적인 충동들이 서로 충돌하는 것에 불과**하다. 전반적인 해체와 미완성이 초래하는 마비감에 대해서 나는 **영원회귀**를 내세웠다(「나의 개혁안」, 16 : 888).

이와 같은 우연의 이론과 우연의 긍정으로서의 영원회귀 사상을 통해 니체는 들뢰즈·가타리, 푸코와 같은 프랑스 철학자들에게 결정적인 영향력을 행사한다. 우연의 이론은 이들이 모든 것을 보편적 구조의 결정물로 파악하는 구조주의에서 벗어나는 계기가 되기 때문이다. 보편적 구조를 벗어나 있을 뿐만 아니라 보편적이라고 가정되는 구조를 실질적으로 생산하는 차이와 생성활동에 주목함으로써 이들은 니체가 추구한 신체적 실험의 기획을 현대 철학 속에 도입한다. 니체는 이러한 기획을 위대한 정치라 불렀다.

3) 소수정치학이란 무엇인가?

니콜래스 쏘번은 니체의 위대한 정치 기획을 따르는 들뢰즈·가타리의 작업을 "소수정치학"(minor politics)이라고 부른다.* 소수정치학은 니체의 신체적 실험들이 지닌 특징들을 공유한다. 소수정치학은 니체 정치학의 탈근대적 변용이다. 소수정치학의 특징은 다음과 같이 몇 가지로 정리할 수 있다.

① **소수정치학은 다수정치학(major politics)의 대항 개념이다.** 니체가

---

* 쏘번의 주석에 따르면 들뢰즈·가타리가 소수정치학이라는 용어를 직접 사용한 것은 아니다(니콜래스 쏘번, 조정환 옮김, 『들뢰즈 맑스주의』, 갈무리, 2005, 54쪽). 쏘번 자신이 들뢰즈·가타리가 『카프카 : 소수적인 문학을 위하여』(1975)에서 사용한 표현들, '소수자' '소수적 문학' 등에서 소수정치학이라는 개념을 이끌어내었다. 그들이 정치학에 대한 용어로서 직접 사용한 것은 『천의 고원』의 '미시정치학' 이다. 그러나 이 절에서 서술한 니체적 실험과 들뢰즈·가타리의 정치학의 연관성을 좀더 선명하게 보여주는 용어는 쏘번의 '소수정치학' 이다. 따라서 나는 그들의 정치학을 '소수정치학' 으로 명명하고자 한다. 쏘번이 사용하는 소수정치학의 규정들은 미시정치학과 동일하다.

다수의 특권에 대항하여 소수의 특권을 옹호하듯이 이들은 다수적 폭력에 저항하는 것으로서 소수정치학을 개념화한다. 니체에게 소수와 다수의 구분은 수적 구분이 아니었듯, 이들의 구분 역시 수적 구분이 아니며 고정된 것도 아니다. 소수와 다수는 "삶의 과정과 태도들을 특징짓는" 표현이다.[40] 다수는 니체의 무리 동물처럼 단일하고 보편적인 표준을 통해 모든 것들을 평균화하는 태도를 의미한다. 소수는 다수의 보편적인 표준을 통해 배제당한 존재이다. 이 때문에 수와 무관하다. 수적으로는 소수인 다수자가 얼마든지 존재한다.

가령 남아프리카공화국의 아파르헤이트 정책은 수적 소수의 다수성을 가장 잘 보여주는 사례이다. 남아프리카공화국의 인구비는 흑인이 전 인구의 3/4이고 백인은 1/8, 나머지는 혼혈 인종으로 구성되어 있다. 그러나 아파르헤이트 정책을 통해 소수 백인 집단은 정치적·경제적 주도권을 쥔 채 수적 다수를 억압하고 지배한다. 따라서 들뢰즈·가타리가 말하는 "다수는 상대적으로 큰 양을 의미하는 것이 아니라 …… **표준의 결정**을 의미한다. 백인, 성인, 남성 등 다수성이 지배의 상태를 전제하는 것이 아니라 지배의 상태가 다수성을 뜻한다".[41]

② **소수정치학은 생성과 욕망, 차이의 우선성을 전제한다.** 표준이나 고정된 정체성의 형식이 먼저 전제되고, 모든 사람들은 항상 그 표준과의 동일시를 통해 자신을 발견하는 것으로 보인다. 그리고 소수는 그것에 대항하고 탈주하는 것으로 보인다. 그러나 그 표준이나 정체성의 형식들은 추상적이다. 들뢰즈·가타리의 설명에 따르면 "이 추상적 유형은 세계를 하나의 모델로 고정시키는 것일 뿐 결코 구체적 형식 속에서 충만하게 실존할 수 없다. 반대로 소수는 모델로부터 이탈하는 구체적 계

기 속에서 실제로 발견된다. 모델이 결코 충분히 현실화되지 않는 반면, 소수는 '모든 사람'(everybody)이다."[42]

들뢰즈·가타리는 구체적인 삶 속에 차이화하는 힘들, 이질적 욕망들의 창조와 생산이 존재한다는 점을 강조한다. 이는 정치를 억압으로부터의 해방이나 권력에 대한 저항으로서 보는 모델과는 다른 것이다.* "분명한 것은, 탈주선이 나중에 오는 것이 아니며, 애초부터 거기에 있다는 것이다."[43] 이질적 욕망들과 생성들을 포획하기 위해 권력의 동일성 메커니즘이 작동하지만 이 포획은 완전히 실현되지 못하고 언제나 누수되는 흐름을 남긴다.

③ **소수정치학은 정치학을 권리 획득의 문제로 제한하는 것에 반대한다.** 소수자는 일반적인 의미의 주변인과 다르다. 주변인 개념은 고정적이고 동질적인 표준에 의해 배제된 하위 집단을 의미한다. 이 개념은 다수가 자신들에게서 배제한 보편적 권리를 어떻게 획득할 것인가 하는 문제로만 소수의 문제를 사고하게 한다는 한계를 갖는다. 그러나 주변인이 어떻게 주류로 진입할 것인가는 소수정치학의 본질적인 문제가

---

* 이러한 소수정치학의 특징은 푸코와의 비교를 통해 분명하게 이해될 수 있다. 푸코의 권력 이론은 권력의 생산성과 선차성을 가정한다. 그리고 권력의 배치가 선차적이기 때문에 정치는 오로지 권력에 대한 저항으로 사고된다. 따라서 저항은 기묘하게도 동인을 갖지 않는 것, 즉 반동적인(reactive) 현상으로 고려된다. 저항이 권력의 핵심에 놓여 있긴 하지만 권력의 반동 현상이라는 점에서 푸코는 이론적 궁지에 몰리게 된다. 곤경을 극복하기 위해서 푸코는 주체화와 자기의 테크놀로지라는 새로운 패러다임을 도입한다. 이러한 스타일의 도입은 주체의 회귀를 의미하는 것이 아니라 권력을 굴절시키고 개방하는 방식으로서 삶의 스타일의 발명과정에, 즉 사건으로서의 자아가 생산되는 공간에 선차성을 두는 것이다. 이 점에서 들뢰즈는 푸코의 주체화와 자기에의 배려를 저항이라는 문제틀에 대한 푸코의 극복으로 본다. 들뢰즈의 정치학이 푸코 식의 딜레마에 빠지지 않을 수 있는 것은 들뢰즈가 권력의 포획작용에 대한 탈주적 욕망의 선차성을 강조하기 때문이다(쏘번, 『들뢰즈 맑스주의』, 134~140쪽).

아니다. 배제당한 권리를 되찾겠다는 것, 즉 "어떻게 다수를 정복할 것인가"는 나름의 의의에도 불구하고 여전히 "부차적인 것이다".[44] 물론 권리 투쟁이 무의미하다는 말은 아니다. 그러나 니체가 지적했듯이 차이화의 욕망을 활성하는 데 기여할 때만 권리 투쟁은 의미 있다.

> 자유주의적 제도들은 자유주의적이 되는 동시에 더 이상 자유주의적이지 않다. 나중에는 그런 자유주의적 제도들보다 더 역겹고 더 철저하게 자유를 손상시키는 것은 없게 된다. 그 제도가 가져오는 것이 무엇인지는 잘 알려져 있다. 그것은 힘에의 의지의 토대를 허물어버린다. 그것은 도덕으로 끌어올려진 산과 골짜기의 평준화 작업이다. 그것은 작게 만들고, 비겁하게 만들며, 즐길 수 있게 만든다—매번 그것과 더불어 군서 동물이 개가를 올린다. 자유주의, 이것은 솔직하게 말하자면 군서 동물로 만드는 것이다. …… 그런 제도들은 그것이 여전히 쟁취의 대상인 한에서 완전히 다른 효능을 가져온다. 그것은 사실상 자유를 강력하게 증진시킨다. 좀더 엄밀하게 보자면 그런 효능을 가져오는 것은 바로 싸움이다. [즉, 자유주의적 제도들을 위한] 싸움으로서 그것은 자유주의적 본능들을 지속시킨다. 그리고 싸움은 자유를 향하도록 훈련시킨다(『우상의 황혼』, 15 : 177).*

---

* 정확히 동일한 맥락에서 들뢰즈·가타리는 다음과 같이 주장한다. "공리들 수준에서의 투쟁이 중요하지 않다는 뜻은 아니다. 역으로 그 투쟁은 결정적이다(극히 다양한 수준에서: 투표, 낙태, 직업을 위한 여성들의 투쟁; 자치를 위한 지역의 투쟁; 제3세계의 투쟁; 동과 서에서 피압박 대중들과 소수자들의 투쟁……). 그러나 이러한 투쟁들이 또 다른, 공존하는 전투의 표지라는 것을 지적하는 조짐이 항상 존재한다. 요구가 아무리 온건하더라도, 그것은 공리계가 허용할 수 없는 지점을 구성한다"(질 들뢰즈·펠릭스 가타리, 『천의 고원』 II, 연구공간 수유+너머, 2000, 261쪽; 김재인 옮김, 『천 개의 고원』, 새물결, 2001, 899~900쪽).

④ 소수정치학은 정치학을 발명과 실험, 창조의 문제로 제기한다. 소수자는 고정되고 실체적인 하부 집단에 속하는 자를 의미하지 않는다. 그것이 발명과 실험의 결과라는 점에서 들뢰즈·가타리는 소수자-되기를 말한다. 흑인도 흑인-되기를, 여성도 여성-되기를 해야 한다. 흑인의 흑인-되기는 흑인이 백인과 흑인을 구분하고 차별하는 인종적 척도에 저항하여 소수적 정치활동의 주체로 자신을 형성하는 것이다.

들뢰즈는 흑인-되기의 사례로 블랙팬더당 운동을 들고 있다. 이 운동은 1966년 미국의 흑인 대학생들이 흑인 관련 수강과목 개설을 위한 운동에 참여했다가 경찰에게 심한 폭력적 제지를 당한 후 흑인들의 무장 자기방어 조직을 결성한 데서 시작되었다. 그들의 원칙은 외부의 공격이 없으면 먼저 공격하지 않는다는 것이다. 그들은 경찰의 괴롭힘에서 빈민가 흑인들을 보호하기 위해 총과 법전을 가지고 흑인 게토 지역을 순찰하는 동시에 무료 아침식사, 열린 학교, 자신들의 이웃들을 위한 병원을 제공하는 활동을 펼쳤고 흑인 대중들의 요구를 충족시키는 내용들을 기초로 60가지 당 규칙을 제정하여 운영하였다.

만일 한 백인이 블랙팬더 당 운동에 공감하여 함께 활동했다면, 그는 피부색과 상관없이 흑인-되기를 하였다고 할 수 있다. 이런 의미에서 되기들은 흑인만큼이나 백인도 변양시키고 여성만큼이나 남성도 필연적으로 변양시킨다. 다수적 동일성에 포섭되지 않는 소수자를 발명하고 실험함으로써 소수는 "다수와의 관계에서만 정의될 수 있는 집합"으로서의 수동적 규정을 제거한다.[45] 이런 점에서 여성-되기의 여성과 흑인-되기의 흑인은 더 이상 하나의 인격이 아니다. 공적 신원확인에서 벗어나 새롭게 발명된 존재들이기 때문이다. 이 점에서 소수정치학은 비인격적 성격을 지닌다. 이 비인격성으로 인해 "정치는 하나의 민중을 재현하는 영역이 아니라 민중을 창조하는 영역"으로 규정된다. 그런데 "창조적 구성의 조건들"은 "법적으로 승인되고 자율적인 주체성, 승인된 역사, 문화적 일관성"과 같이 "관습적으로 사람들이 자기-창조와 연관짓는 것들"과는 무관하다.[46] 이 점은 소수정치학의 다음 특징 속에서 더 분명하게 드러난다.

⑤ **미시정치학은 소수정치학의 다른 이름이다.** 이 이름 속에서 정치학 자체에 대한 재정의가 일어난다. 니체는 정치학을 새롭게 정의하기를 희망했다. "요즘 일어나고 있는 일들은 그냥 관망하는 것만으로도 너무 역겹다. 저주받을 만한, 현재 '위대한 정치'라는 '이름'에 권리 요구를 하는 그런 민족이기주의 및 종족이기주의로의 선동보다 더 깊이 내 과제의 숭고한 감각에 불쾌감을 일으키는 것은 없을 것이다"(「인류의 운명」, 21 : 557).

정치에 대한 새로운 정의를 위해 들뢰즈·가타리는 "각각의 개인적인 문제는 직접 정치적인 것으로 연결된다. …… 모든 것이 정치적이다"[47]라고 진단한다. 그러나 이때 정치는 대의 정치로 한정되어서는 안 된다. 이런 우려에서 이들은 "모든 것은 정치적이지만, 모든 정치는 거시정치인 동시에 미시정치다"[48]라고 강조한다. 이때 미시정치는 소수정치의 또 다른 명명법으로서 능동적인 의미에서의 정치를 뜻한다.

능동적인 의미에서 정치의 문제란 삶의 방식을 변형시키는 문제다. 이것은 정치가 사법·입법 제도나 행정권의 문제와 관련해서 우리가 선거권을 행사하거나 특정 정당을 지지하는 활동이라는 기존의 통념을 거부하는 것이다. 정치에 관한 그런 수동적 통념은 정치를 우리의 정치적 의사를 대표하고 대신하는 전문가들의 직업적 활동으로 제한함으로써, 즉 대의 정치로 간주함으로써 정치를 우리의 삶과 활동에서 분리한다. 그러나 중요한 것은 "정치의 개념에서 대의와 대행이란 관념을 제거하는 것, 거기서 모든 국가주의적 관념을 제거하는 것"이다.[49] 이런 정치의 재규정 속에서 창조의 문제는 사회·정치·경제 전 영역에 해당되는 것이 된다. 소수정치학은 창조를 문화 영역에서의 활동이나 예술작품 창조에 국한시키지 않는다. 오히려 소수정치학은 문화활동, 예술작품 창조 역시 하나의 정치적 사안임을 역설한다.[*]

⑥ **소수정치학은 전쟁상태에 반대하는 전쟁기계의 정치학이다.** 니체는 새로운 우상인 국가에 대항하는 것으로서 전쟁의 중요성과 전사의 위대함을 강조했다. "전쟁을 일으키는 생을 살도록 하라!"(『차라투스트라는 이렇게 말했다』, 13 : 78). 그러나 이 전쟁은 "민족과 민족 사이의 전쟁이 아니다. 유럽 왕가의 저주받을 이해타산-정치에 대한 내 경멸을 표현할 말이 없다"(「위대한 정치」, 21 : 553). "나는 민족과 신분과 종족과 직업과 교육과 교양의 모든 불합리한 우연들을 가로지르는 전쟁을 시작한다. 상승과 하강 사이의 전쟁, 삶에의 의지와 삶에 대한 격렬한 복수욕 사이의 전쟁, 정직성과 음험한 허위 사이의 전쟁을"(「위대한 정치」, 21 : 553).

---

[*] 가령 영화의 몽타주 기법은 정치적이다. 몽타주가 운동-이미지의 분절로부터 흘러나오는 유효한(effective) 시간, 즉 "운동하는 사물 자체의 관점으로부터 운동을 지각하는 역량을 회화와 공유"함으로써 예술에서 "차이를 생산하는" 시간이기 때문이다. "들뢰즈에게 이런 몽타주의 사용은 정치적 '전언'이나 의미들과는 어떤 상관도 없는 정치적 기능을 가진다." 경험을 '의미들'(혹은 질서잡힌 세계)로부터 그것의 유효한 구성 성분들(의미를 생산하는 그런 특이성들)로 탈-형식화"함으로써 정치는 급진화된다(클레어 콜브룩, 백민정 옮김, 『질 들뢰즈』, 태학사, 2004, 85~86쪽).

들뢰즈·가타리는 니체적 뉘앙스에 의거해 모든 변이적 욕망활동을 '전쟁기계'의 활동이라고 표현한다. "변이는 전쟁기계로 소급"되는 것이며 "모든 창조는 전쟁기계를 관통한다".[50] 이 규정은 변이와 창조가 자본주의 국가를 비롯한 모든 국가주의에 대항하는 활동임을 의미한다.* 왜냐하면 들뢰즈·가타리는 전쟁을 국가의 대(對)개념으로 사용하기 때문이다. "홉스가 명쾌하게 파악했듯이 국가는 전쟁에 대립하며, 따라서 전쟁은 국가에 대립하고 국가를 불가능하게 만든다는 것이다. 이로부터 전쟁은 자연상태라는 결론을 끌어내서는 안 된다. 그게 아니라 **전쟁은 국가를 물리치고 저지하는 사회적 상태의 양식**이라는 것이다."[51]

전쟁기계는 국가에 대립한다. 그러나 그들의 전쟁이 통념적 전쟁이 아니듯 전쟁에 대립하는 국가 역시 단순히 국민-주권-영토로 이루어진 통념적 국가를 의미하지 않는다. 니체가 국가를 표준적 "질서를

---

* 소수정치학이 자본주의적 욕망에 대한 강한 비판과 대결의식을 가지고 있음에도 불구하고 이 정치학을 코뮤니스트 정치학이라고 부르기는 힘들다. 쏘번의 설명에 따르면 "비록 들뢰즈가 자신의 정치(학)을 코뮤니즘적인 것이라고 말하지 않는 경향을 갖고 있지만, 그는 그 자신을 '좌파'에 속한다고 생각한다. '좌파'라는 말은 그의 정치(학)을 귀속시키기에는 좀 약한 이름이다(왜냐하면 사실상 그 말은 부르주아 혁명의 좌/우 극에 묶여 있는 말이기 때문이다)". 들뢰즈는 좌파의 의미를 단순히 부르주아 계급의 반대로 쓰기보다는 급진적인 의미로 사용한다. 좌파가 된다는 것은 "전 세계적 이상블라주 속에서 사유하고 행동하기 …… 삶을 소수주의적 생산의 맥락에서 제시하는 것"이다(쏘번, 『들뢰즈 맑스주의』, 60쪽). 들뢰즈는 소수정치학에 코뮤니즘이란 이름을 붙일 만큼 그 이름을 신뢰하지는 않았다. 그는 소련식 코뮤니즘을 '아버지의 회귀'로서 규정한다. "'아버지 없는 사회'의 위험들이 심심치 않게 알려져 왔다. 하지만 아버지의 복귀말고 다른 위험이란 없다. 이러한 관점에서 두 혁명──미국식 혁명과 소련식 혁명, 프래그머티즘적 혁명과 변증법적 혁명──의 실패를 떼어놓고 생각할 수 없다. …… 한 나라의 탄생, 나라로서의 국가의 복원, 흉악한 아버지들이 재빨리 돌아오고 있다"(질 들뢰즈, 김현수 옮김, 「바틀비 혹은 상투어」, 『비평과 진단』, 인간사랑, 2000, 160쪽). 그러나 가타리는 여전히 코뮤니스트 운동의 맥락에서 자신의 정치학을 보고자 했다. 그가 "(자본에 대한 내재적이고 리좀적인 비판과 극복으로서의) 코뮤니즘 운동에서 …… 좀더 들뢰즈-가타리주의적인 관점을 유지한다"는 의미에서(쏘번, 『들뢰즈 맑스주의』, 62쪽).

부여하는 신의 손가락", "창조하는 자의 업적과 현자들의 보물을 훔쳐내는" 모든 종류의 활동으로 규정했듯이(『차라투스트라는 이렇게 말했다』, 13:81~82), 이들에게도 국가는 보편 모델을 강요하고 질서화를 통해 모든 종류의 "권력기관의 영구화"를 추구하거나 모든 이들의 권력을 훔쳐내 "권력 혹은 기능의 독점을 향유"하는 활동을 의미한다.[52]

따라서 전쟁기계의 활동은 니체가 도덕 법칙과 관습에 대한 거부를 통해서 수행했던 것과 동일한 투쟁형태를 지니게 된다. 니체는 법칙을 "어딘가에서 **받거나** 어딘가에서 **발견하기**를 바라며, 혹은 어딘가로부터 **명령받기**를"(『아침놀』, 10:118) 바라는 사람들의 성향을 공격함으로써 들뢰즈·가타리가 '미시파시즘'이라고 부른 병적 존재양식에 대한 비판을 선취했다. 또한 니체는 작은 것들에 대한 투쟁을 말함으로써 미시파시즘을 겨누는 새로운 투쟁의 형식을 창조해냈다. "[사회적 관습]에서 이탈된 작은 행위들이 필요하다. …… 그대들의 의견을 존중하라! 그러나 **소소하고 반관습적인** 행위들은 더 가치가 있다"(『아침놀』, 10:175~176).**

** 들뢰즈는 니체의 위대한 정치를 '소소한 일에 대한 투쟁'으로 규정한다. "'위대한 정치'를 시작하기 위해서는 우리 자신을 아주 작은 일에 낭비하는 것으로, 표면에 존재하는 것을 배우는 것으로, 우리의 피부를 북으로 사용하는 것으로 충분하다. 인간을 위한 것도 신을 위한 것도 아닌 빈 칸, 일반적인 것도 개별적인 것도 아닌, 인칭(격)적인 것도 보편적인 것도 아닌 특이성들. 인간이 꿈꾸고 신이 생각했던 것보다 더 큰 의미와 자유, 그리고 강력함들을 산출하는 순환들, 메아리들, 사건들이 모든 것들을 가로지른다"(질 들뢰즈, 이정우 옮김, 『의미의 논리』, 한길사, 1999, 153쪽). 가타리의 『분자혁명』은 자본주의적 성격을 지닌 '소소한 일'들에 대한 분석인 동시에 그것에 반대하는 '소소한 일'의 발명을 다루고 있는 책이다. "저는 또한 미시적 시도들──공동체, 지역 위원회, 대학에 탁아소를 설립하는 것 등──이 절대적으로 근본적인 역할을 할 수 있다고 믿습니다. 1968년 5월 사건과 같은 그러한 거대한 돌파를 이룩하는 데 기여하는 것은 이런 작은 시도들을 실행함으로써입니다. '3월 22일' 운동은 처음에는 거의 짓궂은 장난이었지요!"(펠릭스 가타리, 윤수종 옮김, 『분자혁명』, 푸른숲, 1998, 44쪽).

니체의 작은 것들에 대한 투쟁을 계승한다는 점에서 소수정치학은 미시정치학이다. 들뢰즈·가타리는 미시적 투쟁의 중요성을 강조한다. 투쟁은 "자본주의에 오염된 욕망경제의 모든 수준(개인, 부부, 가족, 학교, 활동가 집단, 광기, 감옥, 동성애 등의 수준)에서 전개되어야" 한다.* 니체의 실험과 창조에서 사적이고 비정치적인 활동양식만을 발견하는 다른 탈근대주의자들과 달리 들뢰즈·가타리는 니체의 '위대한 정치학'의 기획에서 모든 사적인 활동의 정치성에 대한 강조를 발견한다. 니체의 사유를 통해서 그들은 "사적 생활과 공적 생활 간의 분명한 구분선을 긋고 있는 한" 결코 "우리는 앞으로 나아갈 수가 없다"는 것을 확신한다.[53]

---

* "투쟁의 목표와 방법은 각각의 수준에 따라 다를 것입니다. '빵, 평화, 자유' 등과 같은 목표는 정치적 당을 구성하는 정치조직을 필요로 합니다. …… 이에 반해 '미시' 파시즘에 대항한 투쟁은, 위임체나 대표체를 매개로 혹은 모두에게 단번에 확인되는 정치적 블록의 매개로 수행될 수 없습니다"(가타리, 『분자혁명』, 45쪽).

에필로그_철학의 종언에서 철학의 영원회귀로

혹자는 자신의 결핍에서 철학을 하고,
또 혹자는 자신의 풍요로움과 활력에서 철학을 한다.
— 프리드리히 니체, 『즐거운 학문』 제2판 서문(1886)

1. 도래할 삶의 시인, 삶의 예술가를 위하여

우리 시대에는 철학의 종언이 선포되고 철학의 무용성에 대한 담론들이 만연해 있다. 그러나 누군가가 철학의 종언을 논한다고 해서 그가 철학의 사망진단서를 끊고 싶어하는 것은 아닐 것이다. 단지 그는 얼마 전까지 살아 있었던 어떤 철학적 개념들, 많은 사건들을 출현시킬 수 있었던 그 개념들이 생산적인 힘을 잃었다는 사실을 환기시키려는 것뿐이다. 또한 이제 새로운 생산적 힘을 발휘할 '우리 시대의 고유한 철학적 문제'를 발명해야 한다고 요청하는 것이기도 하다. 그런 점에서 철학의 종언이란 지나간 시대에 유효했던 철학적 문제가 효력을 상실하고 이제 막 새로운 철학적 문제화의 작업이 시작될 것이라는 전망 또는 전조의 다른 이름이다.

    아마도 니체는 이 새로운 철학의 흐름을 시작하고 이 흐름을 확산시키는 데 가장 기여한 철학자 중 한 사람일 것이다. 그는 철학적 문제에 대해 다음과 같이 언급한다.

내 생각으로는, 모든 철학의 가장 중요한 문제란 사물이 어느 정도까지 불변적인 성질과 형태를 가지고 있는가를 묻는 것이며, 그리고 이러한 물음에 대한 답을 찾을 경우 가차없이 용감한 마음으로 **변화가능하다고 인식된 세계를 개선하기 위해** 돌진해나가는 것이다. 참된 철학자들은 스스로 행동을 통해서 그 점을 가르쳐주었다(『바이로이트의 리하르트 바그너』, 6 : 27).

주지하다시피 니체의 결론은 사물에는 어떤 불변적이고 동일한 실체성도 없으며 끝없는 생성과 변화, 즉 차이만이 존재한다는 것이다. 니체에 따르면, 우리가 다양한 사물들의 차이나 한 사물에서조차 끊임없이 발생하는 차이의 현실을 제대로 파악하지 못하는 것은 차이에 대한 공포 때문이다. 그는 공포감에 의해 발생하는 다양한 사태를 '니힐리즘'이라고 명명했으며 공포를 극복함으로써 생성과 차이를 긍정하는 과정을 니힐리즘의 자기극복 과정으로서 이해했다.

니체 철학이 보여주는 이러한 생성과 차이 긍정의 사유는 우리 시대에 새로운 철학적 문제의식을 정립하고 고유한 문제들을 해결하려는 철학적 시도에 기여할 수 있다. 우리의 현실은 니체가 니힐리즘 현상으로 규정했던 많은 문제들이 미해결된 채 더욱 강화되는 경향을 보이고 있다. 특히 니체가 니힐리즘의 결정적 발생요인으로 간주했던 '차이에 대한 공포'는 점점 더 만연하면서 우리 시대의 지배적 정조를 이룬다. 줄리아 크리스테바의 다음 언급은 이 점을 분명히 보여준다.

미디어가 죽음충동을 증식시킨다. 수고스러웠던 긴 하루를 끝내고 사람들이 즐겨 보는 영화들을 잘 살펴보라. 스릴러 또는 공포영화이다. 그런 종류가 아니라면 지겨워한다. 우리는 이런 폭력에 사로잡혀 있다. …… 근본주의 같은 민족주의의 스크린이 이런 폭력적이고 유약한 스크린들의 맨 앞에 있으며 그것들의 완성판이다. 왜냐하면 그것은 증오를 오직 타자와 이웃, 자신들과 다른 윤리를 가진 집단들에게 퍼붓는 것으로 전도시키고 있기 때문이다.

크리스테바는 특히 폭력과 증오의 경험이 "동일성의 정치학의 극단적 형식" 안에서 표출되고 있다고 지적하면서 "우리 문명의 커다란 임무는 바로 이런 증오와 맞서 싸우는 것"이라고 단언한다.[1] 따라서 에피쿠로스와 키에르케고르가 공포의 극복을 철학의 임무로 강조했듯이 우리 시대의 철학자들에게도 공포와 공포에서 비롯되는 죽음, 증오, 폭력을 극복하는 일은 가장 중요한 철학적 임무 중 하나로 자리잡을 수밖에 없다.

니체는 생성과 차이를 철학의 중심 문제로 도입함으로써 이러한 현실 조건 아래 발생한 철학적 과제의 해결에 큰 영감을 준다. 그는 생성과 차이를 긍정함으로써 동일성의 관점에서 자행되던 현실적 억압들을 정당화하는 근거가 허구임을 드러냈다. 또한 그 허구의 개인적·사회적 메커니즘을 발생시키는 근본 감정이 공포에 있음을 밝히고 공포를 극복할 수 있는 대안적 사유를 제시했다. 무엇보다도 니체의 생성과 차이의 긍정은 그가 말했던 철학자의 중요한 태도, "가차없이 용감한 마음으로 **변화가능하다고 인식된 세계를 개선**"하기 위한 행동으로 나아가는 계기를 제공한다는 점에서 결정적 중요성을 갖는다.

가타리가 지적했듯이 사회, 정신, 자연에 대한 우리의 관계가 현실적으로 점점 악화되는 경향을 띠는 것은 객관적인 공해와 오염 때문만은 아니다. 그것은 이데올로기의 시대가 가고 좌파가 몰락하면서 우리가 전체적으로 고려해야 할 현실 문제들에 대한 개인과 사회의 무지와 숙명론적 수동성이 더욱 강화된 결과이다. 이것은 철학의 영역에서는 사회적 실천 이론의 근간을 이루었던 변증법의 논리를 비판하고 해체한 뒤 그 자리를 대신한 구조주의와 탈근대주의에 큰 책임이 있다. 가타리는 "구조주의와 포스트모더니즘은 구체적인 정치와 미시정치에 구현되는 인간의 개입이 갖는 의미가 제거된 세계에 우리를 익숙하게 만들었다"[2]고 진단한다. 그러나 이런 문제점을 지적하면서 보편적인 가치에 호소하여 실천 이론을 구성하거나 변증법적 실천 철학으로의 회귀를 주장하는 것은 이미 그런 실천 철학들의 폐해가 분명해진 상황에서 더 이상 설득력을 지니지 못한다.

따라서 생성과 차이에 대한 긍정을 바탕으로 세계를 개선하는 새로운 실천 철학의 가능성을 모색할 필요가 있다. 니체의 철학은 탈근대 철학의 담론 속에서 종종 오용되기도 하였지만, 모든 종류의 실체론적 사유들을 거부함으로써 새로운 실천 이론을 구성하는 데 기여할 가능성을 지니고 있다. 그가 보기에 실체론적인 사유는 단순히 전통 형이상학의 존재론 속에서만 나타나는 것이 아니라 과학주의적 사유에서 더욱 강력하게 등장한다. 앞선 장들에서 고찰하였듯이, 니체의 과학 비판은 과학주의에 오염된 근·현대 철학의 특정 경향을 비판하고 새로운 실천 이론으로 나아갈 계기를 마련한다.

예를 들어 현대 철학의 형성에 강력한 영향력을 행사한 구조주의는 근대 과학주의가 인문·사회과학에 침투함으로써 발생하는 폐해를 잘 드러내 준다. 구조주의는 개인을 세계로부터 고립된 채 존재하는 원자로 간주하는 전통적인 개인관과 주체관을 파기하는 데 기여하였다. 구조주의적 접근을 통해 주체는 주체 이전에 존재하는 모든 사회적·구조적 관계망의 생산물로 드러난다. 이처럼 주체를 하나의 생산물로 이해하고 주체를 관계적으로 파악함으로써 구조주의는 서양 철학에 새로운 진전을 가져다주었다고 할 수 있다. 그러나 구조주의는 구조의 고정불변성을 강조하고 주체의 생산을 구조라는 외재적 좌표를 통해서만 설명하려는 한계를 갖는다. 이것은 법칙의 불변성을 강조하고 실체론적 인과율에 따라 운동과 변화를 재단하는 근대 과학의 실체론적 패러다임이 작동한 결과라고 할 수 있다. 준(準)과학적 패러다임의 영향력 아래 구조주의는 주체화 과정의 창조적이고 자기정립적 과정을 간과한다. 우리는 이런 일련의 견해를 과학의 실체론적 사유를 되풀이하는 근대적 니힐리즘의 사유라고 비판할 수 있을 것이다.

구조의 보편성을 포함해 일체의 보편성과 동일성을 비판하며 보편성으로 환원되지 않는 차이를 강조하는 일군의 탈근대적 사유도 실체화의 오류에서 철저히 벗어나지 못했다. 탈근대적 사유는 초역사적으로 존재하는 구조의 불변성이라는 신화를 거부하고 역사적·문화적·지리적으로 형성된 차이에 주목한다는 점에서는 긍정적 효과를 산출했지만, 동시에 그 사유는 차이의 긍정을 차이에 대한 단순한 승인과 혼동하고 주체의 신화를 파괴한다는 명목 아래 차이 자체를 실체화하는 경향이 있다. 이것은 탈근대적이지만 여전히 수동적 니힐리즘의 틀을 벗어나지 못했다는 점에서 '탈근대적 니힐리즘'이라고 부를 수 있다.

차이의 승인을 넘어서 차이의 생산에 주목한다는 것은 결국 모든 종류의 실체론적 사유에 대한 거부를 극한에까지 밀고 나가는 것이다. 이것은 더 이상 어떤 종류의 고정된 사물이나 현실을 믿지 않으며 세계의 생성과 더불어 주체의 생성을 긍정한다는 의미이다. 즉 현실의 파국적이고 부정적인 변화를 그저 수용하고 관망하는 대신 새로운 실천의 잠재성을 믿고 그것의 현실화를 위한 주체성 형성의 과정에 적극적으로 임하는 것이다. 니체의 용어로 표현하면 이것은 금욕주의적 과학을 극복하고 예술가적 삶으로 나아가는 것이라고 할 수 있다.

들뢰즈·가타리는 니체와 동일한 문제의식에서 이것을 과학적 패러다임에서 미학적-윤리적 패러다임으로의 전환이라고 표현했다. '미학'이라는 용어로 그들이 의도하는 것은 우리의 현존을 예술작품처럼 창조하고 생산할 수 있는 것으로 간주하자는 것이다. 니체는 인간의 삶이 하나의 '예술작품'이기를, 그리고 인간이 삶의 시인, 삶의 예술가이기를 원했다. 그것은 "부자들과 통치자들이 이해하는 거칠고 무딘" 예술이 아니다. "우리 회복하는 자들이 예술을 여전히 필요로 한다면, 그것은 **다른** 예술이다. …… 마치 구름 한 점 없는 하늘로 순수한 불꽃이 불타오르는 것과 같은 예술. 무엇보다도 '예술가를 위한 예술, 오직 **예술가만을 위한 예술!**' 이 필요한 것이다"(『니체 대 바그너』, 15 : 546).

이 책의 1부에서 고찰했듯이 삶을 예술작품처럼 산다는 것은 불후의 예술작품을 남기듯 불멸성을 추구한다는 것은 아니다. 니체는 불멸성을 추구하는 예술가-형이상학의 시도를 현존의 미학적 정당화라고 부르며 그 한계를 지적하고 영원회귀의 사유로 나아갔다. 니체에게 영원회귀의 차원에서 고양된 예술가적 삶이란 **현존의 미학적 정당화가 아**

니라 **현존의 미학화**이다. 그것은 '다시 한 번!' 이라고 외치며 이전과 다른 것이 회귀하기를 바라고 새로운 현존을 창조하고 생산하는 태도라는 점에서 미학적이다. 그것은 예술의 관찰자나 소비자를 위한 것이 아니라 예술의 생산자로서 예술가 자신을 위한 예술처럼 스스로 생산하고 향유하는 능동적 활동을 추구하는 것이다.

니체에 의해 선취된 이러한 '미학적-윤리적 패러다임'이라는 용어는 차이의 철학의 새로운 문제설정을 정확히 표현해 주고 있다. 미학적-윤리적 패러다임을 통해 차이의 철학은 주체의 문제를 주체성의 문제로 변형시킨다.[3] 이것은 개체화의 궁극적 본질, 세계 앞에 정립된 순수한 반성적 오성, 감각과 표현의 중심핵 등으로 간주되던 전통적 '주체'의 차원으로부터, 자신을 창안하는 활동을 강조하는 '주체성'의 차원으로 이동한다는 것을 의미한다. 즉 주체생산 과정에의 개입을 문제 삼는다는 뜻이다.

데카르트나 칸트가 전제하는 것과 같은 선험적이고 고정적인 주체는 없다. 프로이트가 생각했듯이 인생의 몇몇 단계들에서 보편적으로 결정되는 주체형식도 없다. 또한 구조주의가 당연한 것으로 전제하듯이 불변하는 구조의 압력 하에 일방적으로 결정되는 주체도 없다. 니체의 철학이 제시하는 생성과 차이의 관점에서 보면 **주체는 우리의 삶 전체를 통해 지속적으로, 그러나 상이한 방식으로 되풀이되는 주체화 수준들의 문제이다. 즉 주체성은 미리 주어진 것이 아니라 여러 생산의 흐름들과 우리가 만나면서 만들어나가는 자기생산의 과정이다.**[4] 이러한 자기생산의 과정에서 이전과 다른 차이를 만들어내는 시도야말로 니체가 영원회귀의 사유로서 표현하고자 했던 것이다.

2. 자본을 넘어선 차이를 향하여

이 책의 3부와 4부에서는 니체의 철학적 사유에 대한 고찰을 통해 차이의 철학이 제시하는 주체성 생산의 몇몇 특징들을 검토하였다. 이 작업을 통해 우리는 새로운 실천을 구성하는 주체성 생산이 실험적이며 비개체성과 비인격성(비인칭성)을 특징으로 한다는 것을 살펴보았다. 그것은 기존에 존재하지 않던 현존의 양식을 생산한다는 점에서 실험적이다. 이 실험의 비개체적 성격은 원자적 개체론이 전제하는 개인과 집단의 이분법을 거부하는 데에서 발생한다. 비르노가 지적하듯 원자적 개체론은 개인과 집단의 관계에 대한 잘못된 전제를 가정함으로써 사회적 실험을 방해한다.

> 집단적인 것에 참여하는 순간 개체는 적어도 자신의 고유하게 개체적인 몇몇 성격들을 버려야 한다고 우리는 생각한다. 즉 조화되지 못하고 다른 것과 뒤섞일 수 없는 독특한 기호들을 포기해야 한다는 것이다. 집단적인 것 속에서 특이성은 분해되고 불구가 되며 퇴행하는 듯 보인다. …… (이런 종류의) 미신은 개체가 즉각적인 출발점이라고 가정하는 자들에 의해 생겨난다.[5]

비개체주의적 관점에서 보자면 집단적 경험은 개체화의 과정을 지연시키는 것이 아니라 가속화시킨다. 다시 말해 사회적 실험의 과정들은 그 자체로 새로운 국면의 개체화를 발생시킨다. 새로운 국면의 개체화란 단순히 한 개인이 집단적 경험 속에서 주체성을 구성해간다는 의미가 아니다. 그것은 집단적 실험의 과정 속에서 형성되는 집단의 개체성이라고 할 수 있다. 집단은 고정된 불변의 실체가 아니라, 다양한 의제들과 그 의제들에 대한 상이한 입장 개진을 통해 매순간 새롭게 표현되는 일종의 집단적 개체성을 갖는 것이다. 그리고 집단적 개체성을 다양하게 구성하는 핵심 자원은 바로 집단적 실험에 참여하는 개인들의 차이이다. 이렇게 보면, 집단적 실험의 맥락에서 개인들의 차이는 무시되거나 축소되어야 할 것이 아니라 오히려 적극적으로 발현되어야 하는 것이 된다.

이러한 관점은, 개인들의 의지를 전적으로 위임받은 집단을 상정하고 이 집단이 구현하고 있는 대표의지의 실현을 위해 개인들 간의 차이와 이견을 무시하는 것이 불가피하다는 입장에 대한 실질적 비판을 가능하게 한다. 이런 점에서 실험의 비개체성은 비-대의제적 민주주의의 가능성을 모색하는 새로운 사회적 실천의 흐름과 연결될 수 있다.

실험의 또 다른 특징인 비인격성은 니체적 실험이 탈근대적 니힐리즘과 절대적으로 변별된 활동이며, 그것을 극복하려는 시도라는 점을 보여준다. 네그리·하트가 날카롭게 지적하고 있듯이 차이의 철학은 세계시장 이데올로기와 유사한 것으로 오인되는 경향이 크다.

> 차이와 복수성과 같은 개념을 강조하고, 페티시즘과 시뮬라크르에 찬사를 보내고, 새로운 것과 유행에 지속적으로 매료되는 탈근대주의적 사고는 이상적인 자본주의적 상품소비 도식에 대한 탁월한 기술이며, 따라서 완벽한 마케팅 전략에 기회를 제공한다. …… 마케팅 자체는 차이에 기반을 둔 실천이며, 주어진 차이가 많을수록 마케팅 전략은 더

욱 발전할 수 있다. 훨씬 더 많은 잡종적이고 분화된 인구는 특정한 마케팅 전략—18세에서 22세 사이의 게이 라틴 남성들을 위한 전략, 중국계 미국인 십대 소녀들을 위한 또 다른 전략 등—에 의해 각각을 처리할 수 있는 급격히 늘고 있는 수많은 '목표시장'(target market)을 나타낸다.[6]

네그리·하트의 이러한 분석이 보여주듯 많은 경우 차이에 대한 강조는 자본의 증식에 대한 무분별한 예찬과 쉽게 구별되지 않는 것이 우리의 현실이다.

들뢰즈의 니체 독법이 특별히 의미를 갖는 것은 바로 이러한 현실 때문이다. 들뢰즈는 실험의 비인격성을 강조함으로써 니체의 차이 철학을 피상적으로 이해할 경우 발생하게 될 심각한 오해들을 불식시킨다. 그것은 차이의 생산이 자본을 위한 변호론(들뢰즈의 표현에 따르면 '아름다운 영혼의 담론'[*])으로 변질될 수 있는 지점을 차단함으로써 차

---

[*] 들뢰즈가 말하는 '아름다운 영혼의 담론'은 헤겔이 『정신현상학』의 「정신」 장에서 다루고 있는 낭만주의 비판 담론을 가리킨다. 이 장의 마지막 절 명칭이 '아름다운 영혼'이다. 이 절에서 헤겔은 낭만주의자들의 아름다운 영혼 개념이 '자신을 사물로 만드는 힘, 존재를 견디는 힘과 같은 외화의 힘'을 결여하고 있다고 비판했다. 아름다운 영혼은 무한한 동경을 통해 자유를 획득하는 자아이지만 이 자아가 행위에 나서는 순간 보편적인 의식과 대립하게 되며, 그로 인해 자기실현의 한계에 부딪히게 된다. 헤겔은 행위하는 자아와 보편적 의식의 대립에 주목하면서도 이 대립은 외면적일 뿐 각자가 자신들의 내면 안에 타자를 함축하고 있다고 주장한다. 그러므로 대립의 해소는 가능하고, 이 해소과정에서 자아는 보다 근원적이고 포괄적인 자아에 이르게 된다는 것이다. 이 해소의 과정은 행위하는 자아가 고백하고 보편적 의식은 용서를 행함으로써 서로를 인정하는 조화를 이루는 과정이다. 이것을 헤겔은 '아름다운 영혼의 화해'라고 불렀다. 이때 헤겔이 사용하는 고백과 용서의 개념은 루터적 프로테스탄티즘의 철학적 응용으로 평가받는다. 더 자세한 내용은 다음을 참조하라. 이병창, 「헤겔의 아름다운 영혼 개념에 관한 연구: 헤겔의 낭만주의 비판」, 『대학원논문집』(제27권), 동아대학교, 2001.

이의 철학을 적극적인 실천 이론으로 자리매김하는 것이다. 쏘번이 지적하듯이 자본은 점차 차이생산의 메커니즘으로 작동하고 있기 때문에 "정치를 발명과 차이로 설명하는 것은 하나의 출발점일 뿐 그 자체로 충분한 것은 아니다".[7] 들뢰즈 역시 차이의 생산이 자본주의와의 투쟁을 반드시 포함해야 한다고 강조한다. "분명 여기서 차이의 철학은 아름다운 영혼의 담론으로 빠져들 위험성을 걱정해야 한다. 그 담론에 따르면 어떤 차이들이 있고 오직 차이들밖에 없지만 사회적 장소와 기능들의 이념과 평화롭게 공존하고 있다. …… 하지만 위험에서 차이의 철학을 지켜내기는 맑스의 이름만으로도 족하다."[8]

앞서 언급했듯이 탈근대적 자본주의 시장 역시 차이의 생산을 긍정하는 것처럼 보인다. 셀 수 없이 다양한 차이를 지닌 상품들이 자본의 급속한 회전 속도에 따라 쉴 새 없이 생산된다.** 또한 세계자본주의

** "화폐는 이제 생물학과 생태학적 분포마저 포획하고 지배하게 된다. 홍옥, 국광, 아오리, 인도, 스타킹 등등 다양하던 사과들은 모두 '환금성이 좋은' 후지로 대체되고 단일화된다. 벼도 옥수수도 모두 상품성, 환금성이 좋은 것으로 단일화된다. …… 생물들의 품종적 다양성은 화폐적 단일성으로 대체된다. 화폐와 자본이 지배하는 세계는 이처럼 화폐화될 수 없는 모든 것을 점차 제거하고 축소하며 부정한다. 화폐는 이질적인 것을 동질화하고 다양한 것을 단일화하는 초월적 가치이다"(이진경, 『자본을 넘어선 자본』, 그린비, 2004, 83쪽). 이진경이 지적하듯 초월적 가치인 화폐를 통해 화폐화될 수 없는 모든 가치들을 부정하는 것은 정확히 니체가 비판했던 니힐리즘의 본질과 상통한다. 상품세계는 오로지 화폐라는 피안의 가치를 통해서만 자신의 가치를 긍정할 수 있다는 점에서, 언제나 피안의 세계만을 갈구하는 기독교적 세계와 동형성을 갖는다. 맑스와 짐멜은 화폐의 이와 같은 신학적 성격에 대해서 정확히 파악하였다. "이와 같이 사실상 화폐는 개별적인 것을 초월하는 고양된 지위를 나타내고, 그 지위의 전능성에 신앙을 부여해 준다. 이 신앙은 지고의 원칙(신)에 대한 신앙과 유사한 것이다"(게오르그 짐멜, 안준섭 외 옮김, 『돈의 철학』, 한길사, 1983, 304쪽). "화폐가 단순한 유통수단으로 나타나는 하인의 형태에서 갑자기 상품세계의 지배자이자 신이 된다. 상품들은 화폐의 지상의 존재인 반면, 화폐는 상품들의 천상의 존재를 표상한다"(칼 맑스, 김호균 옮김, 『정치경제학 비판 요강』 1, 백의, 2000, 212쪽 ; 이진경, 『자본을 넘어선 자본』, 84~85쪽).

는 정보과학, 정보통신, 첨단공학 등, 막대한 자본이 필요한 영역에 대한 적극적 투자를 통해 정보화를 촉진시킴으로써 온라인상의 인격성을 생산한다. 이러한 과정에서 주체성은 팽창되고 다양한 주체화의 양식이 산출됨으로써 역사상 유래가 없을 정도로 차이의 생산이 극대화되고 있는 것으로 보인다.

그러나 비인격성의 관점에서 보자면 자본주의 시장의 차이생산은 피상적으로만 존재할 뿐 실질적인 것이 아니다. 이 과정에서 실질적으로 발생하는 것은 차이의 생산이 아니라 동일자의 반복이다. 이윤 획득이라는 동일적 선별 원리가 언제나 차이생산 과정을 지배하기 때문이다. 항상 자본주의적 다양성 'n'에는 보편적이고 초월적 동일자인 자본의 지배가 작동한다. 자본의 논리는 언제나 'n+1'이다.

비인격성은 맑스의 이름을 통해 들뢰즈가 극복하고자 한 위험으로부터 차이의 철학을 보호할 뿐만 아니라, 맑스의 이름 아래에 숨어 있는 위험으로부터도 차이의 철학을 보호한다. 인격성은 사회구성체 속에서 보편적으로 존재하는 주체화의 양식이다. 하나의 보편적 역할이 미리 존재하고 우리가 그 역할과 자신을 동일시할 때 우리는 인격성을 획득한다.

지배 권력의 거시적·미시적 차원의 포섭이 이루어지는 것은 이 인격적 구조물을 통해서이다. 자본주의 권력이든 사회주의 권력이든 권력은 항상 이런 인격성을 통해 시민권을 발부하고 차이의 생산을 가로막는다. 따라서 비인격적 실험을 행한다는 것은 지배적 권력이 부여한 기존의 주체화 양식과 다른 주체화 양식을 발명한다는 것이다.

실험의 비인격성은 주체화의 양식이 지배적 가치증식을 실현하는 주체와는 무관함을 표현하는 말이다. 따라서 새로운 차이의 철학이 제시하는 미학적-윤리적 패러다임은 일반적으로 오해되듯이 자본주의적 정치·경제 현실에 무심한 채 실존의 예술성을 강조하는 것이 아니라, 가장 격렬하게 세계시장의 지배적 가치증식의 양식과 대결하는 것이다. 자본주의 체제 하에서의 미학적 패러다임의 실현 여부는 우리가 얼마만큼이나 자본주의적 주체성에 포획되지 않는 비인격적 주체화의 양식을 생산할 수 있는가에 달려 있다. 이를 위해 우리는 자본주의적 가치증식에 미세한 균열을 내는 다양한 징후들과 사건들에 주목하고 그것들을 활성화해야 한다.

따라서 차이의 철학이 제안하는 미학적-윤리적 패러다임은 전투적이고 혁명적이다.

사실 아름다운 영혼은 도처에서 어떤 차이들을 발견하고 불러들인다. 하지만 역사가 피비린내 나는 모순들을 이용하여 끊임없이 생성하는 곳에서, 그가 불러들이는 것은 존중해줄 만하고 화해시킬 수 있으며 연합가능한 차이들이다. 아름다운 영혼은 전쟁터에 내던져진 평화의 심판자인 것처럼 처신한다. 용서 없는 싸움에서 의견 차이로 인한 단순한 '분쟁'이나 차라리 오해로 빚어지는 갈등만을 보려는 것이다. 하지만 거꾸로 아름다운 영혼에게 순수한 차이들에 대한 취향을 일깨워보자. ...... 창조적 역량(puissance)의 이름으로 말하는 시인의 방식이 있다. 이 역량은 모든 질서와 모든 재현을 전복하는 가운데 본연의 차이 자체를 긍정하기에 이른다. 영원회귀라는 영구혁명 상태에 있는 차이를 긍정하는 것이다.[9]

들뢰즈의 이러한 설명이 보여주듯이 니체적인 차이의 철학은 탈근대적 자본주의 이론에 친화력을 보이는 타협적이고 보수적인 철학과는 무관하다.

3. 달 자매, 해 형제, 들판의 새와 가난한 이들의 철학

이제 마지막으로 우리는 니체의 철학이 인간중심주의와 맺고 있는 관계를 검토해야 한다. 이것은 푸코가 『말과 사물』에서 니체를 언급하며 인간의 죽음을 거론함으로써 명시화된 것이지만, 사실은 하이데거가 먼저 제기했던 것이며, 하이데거의 영향 아래서 푸코가 제기했던 문제이기도 하다.* 니체의 실험이 현행하는 가치의 재현은 아니지만 여전히 일종의 가치화 작업이라는 점은 분명하다. 그는 초역사적인 가치들의 존재를 거부하지만 "가치란 인간이 자신의 존립과 강화를 위해 기투하기도 하고 폐기하기도 하는 것"이라는 점을 밝히면서 새롭고 다양한 가치들의 창조(능동적 니힐리즘)를 제안하고 있기 때문이다. 하이데거의 평가에 따르면 이런 가치화 작업은 일종의 '극단적인 인간중심주의'이며 이것을 강조함으로써 니체는 근대 이후의 과학기술 시대를 "실질적으로 지배하는 가치 사상을 진정으로 정초한 자"가 되었다.[10]

하이데거는 가치화의 문제점을 다음과 같이 지적한다. "어떤 것을 '가치'로서 특징짓는 것을 통해서 그렇게 평가된 것은 자신의 존엄성을

---

* 푸코는 이렇게 선언했다. "나의 모든 철학적 장래는 하이데거의 독해에 의해 결정되었다. 그러나 나를 그에게 인도해 주었던 인물이 니체였음을 나는 인정한다"(질 들뢰즈, 허경 옮김, 『푸코』, 동문선, 2003, 171쪽, 각주 41번).

상실하게 된다는 것이다. 이는 어떤 것을 가치로서 평가하는 것을 통해 그렇게 평가된 것은 인간의 평가의 대상으로만 허용된다는 것을 의미한다. …… 모든 가치평가는 그것이 **긍정적으로 평가할 경우에조차 일종의 주관화**이다."[11] 가치화의 이런 문제점에 대해 해명하지 않는 한, 니체가 자신을 근대 형이상학의 전복자로서 자부한 것과 달리 그의 철학은 근대적인 주체 형이상학의 한 부류로 규정될 수밖에 없을 것이다.[12] 그러나 이러한 하이데거의 견해에 대해 들뢰즈는 이의를 제기한다. "우리는 니체적 의미의 힘, '힘에의 의지'라는 특별한 의미에서의 권력을 다시금 발견했어야 했다. 하이데거는 너무도 서둘렀고 너무도 성급히 모든 것을 정리해버렸으며, 이는 결코 바람직한 일이 아니었다." 하지만 들뢰즈는 이런 이의제기와 더불어 "하이데거는 니체의 가능성"이라고 표현함으로써 하이데거의 지적을 수용하고 있는 것으로 보인다.[13]

하이데거의 니체 비판은 니체적 실험이 인간중심주의로 함몰될 위험을 미리 경고함으로써 니체 철학의 새로운 가능성을 열어주었다. 니체가 말하는 모든 가치의 전도를 위한 실험은 인간의 주관적 가치평가로 사물과 세계를 또 다시 평가절하하는 방식이어서는 안 된다. 그것은 하이데거의 표현대로 세계를 '눈앞에 있는 것'(Vorhandenes)으로 파악하는 대신 존재자들과의 새로운 만남을 열어주는 실험이어야 한다. 들뢰즈 자신도 니체적 실험에 기반한 차이의 철학을 비인간적인 것으로 규정함으로써 하이데거의 독법을 의식하고 있는 셈이다.

이 책의 2부에서 특별히 니체의 과학적 인과론 비판을 고찰하면서 불교의 연기법과의 유사성을 논증했던 것도 하이데거의 니체 독법이 비판적인 방식으로 니체 철학에 제기했던 문제를 해명하려는 이유에서

였다. 불교의 연기법은 사물들의 상호연관성을 강조함으로써 인간중심주의를 근본적으로 배제한다. "파스칼은 기후가, 해맑고 쾌청한 하늘이 그에게 영향을 준다는 생각으로 인해 고통스러워한다. 이제는——환경(Milieu) 이론이 가장 편안하다. **모든 것**이 영향을 끼친다. 결과는 인간 자신이다"(「파스칼」, 18 : 197). 그리고 "세계는 본질적으로 관계-세계(Relations-Welt)다"(「인식으로서의 힘에의 의지」, 21 : 83).

니체의 이러한 언급들은 살아 있는 모든 존재들이 서로 의존해 있다는 불교의 가르침에서 멀리 있지 않다. 동시에 그것들은 하이데거가 『예술작품의 근원』에서 전달하고자 했던 정조와도 크게 다르지 않다.

> 너무 많이 신어서 넓어져 버린 구두의 안쪽 어두운 틈으로부터 들일을 나서는 발걸음의 힘겨움이 응시하고 있다. 구두의 실팍한 무게에는, 거친 바람이 부는 가운데 넓게 펼쳐진 평탄한 밭고랑을 천천히 걷는 강인함이 쌓여 있다. 구두 가죽에는 대지의 습기와 풍요로움이 깃들어 있다. 구두창 아래에는 해 저물녘 들길의 고독이 스며 있다. …… 빵의 확보를 위한 불평 없는 근심, 고난을 다시 넘어선 뒤의 말없는 기쁨, 임박한 아기의 출산에 대한 초조와 죽음의 위협 앞에서의 전율이 이 구두에 스며 있다. 이 도구는 대지(die Erde)에 속해 있으며 농촌 아낙네의 세계(Welt) 안에 보호되고 있다.[14]

세계의 상호의존성에 대한 니체의 언급은 불교에 대한 니체의 비판에도 불구하고 그가 불교의 사유와 내적으로 만나고 있음을 보여준다. 이와 마찬가지로 고호의 구두에 대한 하이데거의 구절들은 그의 니체 비판에도 불구하고 그가 니체와 내적인 만남을 가진다는 사실을 잘 드러내 준다. 위대한 철학들 사이의 내적 만남이란 그 철학들 간의 외적인 영향관계가 전혀 확인되지 않을 때는 물론이고, 그들이 외적으로 서로를 비판할 때조차도 가능하다. 내적 만남이란 한 철학자가 또 다른 철학자의 철학 속에 잠재적으로 존재하는 사상을 현실화할 때 이루어지는 것이기 때문이다.

하이데거는 니체의 철학을 비판함으로써 들뢰즈의 표현대로 '니체의 가능성'이 되었으며 잠재적 니체를 표현했다. 그는 니체의 가치 철학이 인간적 가치의 절대화를 유지하는 전통적인 가치 철학의 현대적 반복이어서는 안 된다는 점을 강조했다. 이것은 니체의 실험이 인간주의적 기획 속에 남아 있는 한, 그의 철학은 차이나는 반복이라는 영원회귀의 선별적 시험을 통과할 수 없다는 점을 지적하려는 것으로 보인다. 니체의 철학은 "권력의지와 부패에 대항하는 즐거운 삶을 제시"하지만 그 삶은 "모든 존재와 자연, 동물, 달 자매, 해 형제, 들판의 새, 가난하고 착취당하는 사람들을 감싸안는"[15] 것이어야만 한다. 그래야만 니체의 철학은 영원회귀의 선별적 시험을 통과할 수 있을 것이다.

니체의 통찰들이 아로새겨진 사유의 긴 회랑을 지나가며 우리는 차이와 철학에 대해 오래도록 생각한다. 모든 지나간 철학들은 철학사 속에서 반복, 또 반복된다("다시 한 번!"). 하이데거와 들뢰즈가 니체의 철학에 대해 그랬듯이, 영원회귀의 선별적 시험을 통과하는 방식으로, 언제나 새로운 철학적 문제화와 개념의 생산을 통해 차이나는 사유를 생산하는 방식으로.

후주

프롤로그

1) 위르겐 하버마스, 이진우 옮김, 『현대성의 철학적 담론』, 문예출판사, 1994, 127쪽.
2) 안토니오 네그리·마이클 하트, 윤수종 옮김, 『제국』, 이학사, 2001, 209쪽.

1부 | 니힐리즘의 극복과 영원회귀

1) 니체의 니힐리즘 유형에 대한 더 상세한 논의로는 다음을 참조. 이진우, 「21세기와 허무주의의 도전 : 니체 사유의 전복성에 대한 포스트모더니즘의 대응」, 성진기 외, 『니체 이해의 새로운 지평』, 철학과현실사, 2000 ; 백승영, 「니체 철학, 무엇이 문제인가 : 전통 형이상학과 허무주의 이후의 철학」, 김상환 외, 『니체가 뒤흔든 철학 100년』, 민음사, 2000.
2) 마르틴 하이데거, 박찬국 옮김, 『니체와 니힐리즘』, 지성의샘, 1996, 24쪽.
3) 한나 아렌트, 이진우·태정호 옮김, 『인간의 조건』, 한길사, 1996, 68쪽.
4) 아렌트, 『인간의 조건』, 67쪽.
5) 아렌트, 『인간의 조건』, 69쪽.
6) 플라톤, 최명관 옮김, 『향연』, 종로서적, 1981, 285~286쪽.
7) 아렌트, 『인간의 조건』, 109쪽.
8) 아렌트, 『인간의 조건』, 260쪽. 재인용.
9) 백승영, 「니이체의 생성의 철학」, 『신학과 철학』(제1권), 서강대학교 비교사상연구원, 1999, 270쪽.
10) 이진우, 「학문과 예술의 사이 : 문화의 철학적 정당화와 철학의 문화적 의미」, 프리드리히 니체, 『비극적 사유의 탄생』, 문예출판사, 1997 ; 아렌트, 『인간의 조건』, 68쪽.
11) 아렌트, 『인간의 조건』, 71쪽.
12) 윌리엄 K. C. 거스리, 박종현 옮김, 『희랍철학입문』, 종로서적, 1989, 32쪽. 재인용.
13) James I. Porter, *Nietzsche and the Philology of the Future*, Stanford, Calif. : Stanford University Press, 2000, pp.85~87.
14) Porter, *Nietzsche and the Philology of the Future*, p.83.
15) 칼 맑스, 고병권 옮김, 『데모크리토스와 에피쿠로스 자연철학의 차이』, 그린비, 2001, 108쪽.

2부 | 용수의 공(空)과 니체의 영원회귀 : 근대적 니힐리즘의 극복

1) 두행숙, 「프리드리히 니체의 동양사상으로의 접근과 일탈에 대한 고찰」, 『카프카연구』(제8집), 한국카프카학회, 2000, 72쪽.

2) Debra B. Bergoffen, "Perspectivism without Nihilism", *Nietzsche as Postmodernist*, ed. Clayton Koelb, Albany, N.Y.: State University of New York Press, 1990, p.65.
3) Bergoffen, "Perspectivism without Nihilism", p.66.
4) 데이비드 J. 칼루파하나, 김종욱 옮김, 『불교철학사』, 시공사, 1996, 203쪽.
5) 테오도르 체르바츠키, 권오민 옮김, 『소승불교개론』, 경서원, 1985, 152쪽.
6) 용수, 김성철 옮김, 『중론』, 경서원, 1993, 25쪽.
7) 용수, 『중론』, 25~50쪽.
8) 용수, 『중론』, 89~98쪽.
9) 박소정, 「연기를 통해서 본 인과 확장론」, 『과학철학』(제1권/1호), 한국과학철학회, 1998, 113쪽.
10) 용수, 『중론』, 319~325쪽.
11) 디렌드라모한 닷타·사티스찬드라 찻테르지, 김형준 옮김, 『학파로 보는 인도 사상』, 예문서원, 2001, 138쪽.
12) 권오민, 『유부아비달마와 경량부철학의 연구』, 경서원, 1994, 487쪽.
13) 한자경, 『유식무경, 유식불교에서의 인식과 존재』, 예문서원, 2000, 152쪽.
14) 임경순, 『현대물리학의 선구』, 다산출판, 2001, 36쪽.
15) 미셸 세르, 이규현 옮김, 『헤르메스』, 민음사, 1999, 77쪽.
16) 알렉산더 네하마스, 김종갑 옮김, 『니체: 문학으로서의 삶』, 책세상, 1994, 206~238쪽.
17) Robert C. Solomon, "Nietzsche on Fatalism and 'Free Will'", *Journal of Nietzsche Studies*, vol.23, Spring, University Park, P.A.: Penn State University Press, 2002, p.64.
18) Solomon, "Nietzsche on Fatalism and 'Free Will'", p.69.
19) Solomon, "Nietzsche on Fatalism and 'Free Will'", p.66.

3부 | 영원회귀와 차이의 철학: 탈근대적 니힐리즘의 극복

1) 토머스 홉스, 한승조 옮김, 『리바이어던』, 삼성출판사, 1995, 231쪽.
2) Georg Wilhelm Friedrich Hegel, "Jenaer Schriften, 1801~1807", *G. W. F. Hegel Werke*, Bd.2, Frankfurt am Main: Suhrkamp, S.505; 악셀 호네트, 문성훈·이현재 옮김, 『인정투쟁』, 동녘, 1996, 45쪽. 재인용.
3) 호네트, 『인정투쟁』, 46쪽.
4) 호네트, 『인정투쟁』, 47쪽.
5) 안토니오 네그리·마이클 하트, 이원영 옮김, 『디오니소스의 노동』 II, 갈무리, 1997, 97~98쪽.
6) Richard Rorty, "The Primacy of Democracy to Philosophy", *Objectivity, Relativism, and Truth: Philosophical Papers*, vol.I, Cambridge, U.K.: Cambridge University Press, 1991, pp.261~262; 네그리 하트, 『디오니소스의 노동』 II, 99쪽. 재인용.
7) 고병권, 『니체, 천 개의 눈 천 개의 길』, 소명출판사, 2001, 307쪽.
8) 리처드 로티, 김동식·이유선 옮김, 『우연성, 아이러니, 연대성』, 민음사, 1996, 224~225쪽.
9) 로티, 『우연성, 아이러니, 연대성』, 134~135쪽.
10) 로티, 『우연성, 아이러니, 연대성』, 226쪽.
11) 알렉스 캘리니코스, 임상훈·이동연 옮김, 『포스트모더니즘 비판』, 성림, 1994, 140쪽.
12) Gregory B. Smith, *Nietzsche, Heidegger and the Transition to Postmodernity*, Chicago: Chicago University Press, 1996, p.10.
13) Paul Patton, "Deleuze and Guattari: Ethics and Post-modernity", *Deleuze and Guattari*, vol.3, ed. Gary Genosko, London: Routledge, 2001, p.1150.
14) 질 들뢰즈, 김상환 옮김, 『차이와 반복』, 민음사, 2004, 139쪽.
15) 들뢰즈, 『차이와 반복』, 135쪽.

16) 들뢰즈, 『차이와 반복』, 136쪽.
17) 들뢰즈, 『차이와 반복』, 52쪽.
18) 질 들뢰즈, 이경신 옮김, 『니체와 철학』, 민음사, 1998, 217쪽.
19) 들뢰즈, 『니체와 철학』, 217쪽.
20) 들뢰즈, 『차이와 반복』, 138쪽.
21) 들뢰즈, 『니체와 철학』, 30~31쪽.
22) 들뢰즈, 『차이와 반복』, 136쪽.
23) 들뢰즈, 『니체와 철학』, 320쪽.
24) 들뢰즈, 『차이와 반복』, 138쪽.
25) 들뢰즈, 『차이와 반복』, 140쪽.
26) 들뢰즈, 『차이와 반복』, 140쪽.
27) 들뢰즈, 『니체와 철학』, 62쪽.
28) 들뢰즈, 『니체와 철학』, 66쪽.
29) 들뢰즈, 『니체와 철학』, 63쪽.
30) 들뢰즈, 『니체와 철학』, 143쪽.
31) 들뢰즈, 『니체와 철학』, 515쪽.
32) 들뢰즈, 『니체와 철학』, 476쪽.
33) 임마누엘 칸트, 최재희 옮김, 『순수이성비판』, 박영사, 1972, 207쪽.
34) 칸트, 『순수이성비판』, 202쪽.
35) 들뢰즈, 『니체와 철학』, 495쪽.
36) 들뢰즈, 『니체와 철학』, 507쪽.
37) 들뢰즈, 『차이와 반복』, 507쪽.
38) 황수영, 『베르그손:지속과 생명의 형이상학』, 이룸, 2003, 40쪽.
39) 들뢰즈, 『니체와 철학』, 507쪽.
40) 들뢰즈, 『니체와 철학』, 509쪽.
41) 들뢰즈, 『니체와 철학』, 507쪽.

4부 | 차이의 철학의 실천적 함의 : 능동적 니힐리즘의 완성

1) 마르틴 하이데거, 이기상 옮김, 『존재와 시간』, 까치, 1998, 255쪽.
2) 하이데거, 『존재와 시간』, 195쪽.
3) 파올로 비르노, 김상운 옮김, 『다중』, 갈무리, 2004, 52쪽.
4) 비르노, 『다중』, 55쪽.
5) 비르노, 『다중』, 56쪽.
6) 박찬국, 『들길의 사상가, 하이데거』, 동녘, 2004, 109쪽.
7) 박찬국, 『들길의 사상가, 하이데거』, 110, 117쪽.
8) 비르노, 『다중』, 57쪽.
9) 미셸 푸코, 박정자 옮김, 『"사회를 보호해야 한다"』, 동문선, 1997, 115쪽.
10) 푸코, 『"사회를 보호해야 한다"』, 118쪽.
11) 푸코, 『"사회를 보호해야 한다"』, 81쪽.
12) 푸코, 『"사회를 보호해야 한다"』, 35쪽.
13) 푸코, 『"사회를 보호해야 한다"』, 78쪽.
14) 안토니오 네그리·마이클 하트, 윤수종 옮김, 『제국』, 이학사, 2001, 180쪽.
15) 네그리·하트, 『제국』, 182쪽.
16) 에드워드 T. 홀, 최효선 옮김, 『문화를 넘어서』, 한길사, 2000, 186쪽.

17) 쇠렌 키에르케고르, 손재준 옮김, 『죽음에 이르는 병』, 삼성출판사, 1990, 156쪽.
18) 미셸 푸코, 정일준 옮김, 「계몽이란 무엇인가?」, 『자유를 향한 참을 수 없는 열망』, 새물결, 1999, 178쪽.
19) 질 들뢰즈, 김종호 옮김, 『대담』, 솔, 1993, 44쪽.
20) 마이클 하트, 김상운·양창렬 옮김, 『들뢰즈 사상의 진화』, 갈무리, 2004, 329쪽.
21) 하트, 『들뢰즈 사상의 진화』, 328쪽.
22) 질 들뢰즈, 이경신 옮김, 『니체와 철학』, 민음사, 1998, 153쪽.
23) 클레어 콜브룩, 백민정 옮김, 『질 들뢰즈』, 태학사, 2004, 14쪽.
24) 콜브룩, 『질 들뢰즈』, 15쪽.
25) Pierre Klossowski, *Nietzsche and the Vicious Circle*, trans. Daniel W. Smith, Chicago: University of Chicago Press, 1997, p.126.
26) Klossowski, *Nietzsche and the Vicious Circle*, p.127.
27) Gilles Deleuze, "Preface to the English Translation", *Nietzsche and Philosophy*, trans. Hugh Tomlinson, New York: Columbia University Press, 1983, xi.
28) 들뢰즈, 『니체와 철학』, 143~145쪽.
29) 들뢰즈, 『니체와 철학』, 145쪽.
30) 하트, 『들뢰즈 사상의 진화』, 119쪽.
31) 하트, 『들뢰즈 사상의 진화』, 172쪽.
32) 알랭 바디우, 박정태 옮김, 『들뢰즈: 존재의 함성』, 이학사, 2001, 52쪽.
33) 바디우, 『들뢰즈』, 56쪽.
34) 바디우, 『들뢰즈』, 54쪽.
35) 베네딕투스 데 스피노자, 강영계 옮김, 『에티카』, 서광사, 1990, 84쪽.
36) 질 들뢰즈, 김상환 옮김, 『차이와 반복』, 민음사, 2004, 545쪽.
37) 김선희, 『사이버시대의 인격과 몸』, 아카넷, 2004, 41쪽. 인격 개념에 대한 상세한 논의는 이 책의 제2장, 특히 29~41쪽을 참조하라.
38) 김선희, 『사이버시대의 인격과 몸』, 31쪽. '각주 2' 참조.
39) 들뢰즈, 『니체와 철학』, 85쪽.
40) 니콜래스 쏘번, 조정환 옮김, 『들뢰즈 맑스주의』, 갈무리, 2005, 6쪽.
41) 질 들뢰즈·펠릭스 가타리, 이진경·권혜원 옮김, 『천의 고원』 II, 연구공간 수유+너머, 2000, 66쪽; 김재인 옮김, 『천 개의 고원』, 새물결, 2001, 550쪽.
42) 쏘번, 『들뢰즈 맑스주의』, 7쪽.
43) 질 들뢰즈·펠릭스 가타리, 이진경·권혜원 옮김, 『천의 고원』 I, 연구공간 수유+너머, 2000, 215쪽; 『천 개의 고원』, 390쪽.
44) 들뢰즈·가타리, 『천의 고원』 II, 68쪽; 『천 개의 고원』, 553쪽.
45) 들뢰즈·가타리, 『천의 고원』 II, 67쪽; 『천 개의 고원』, 551쪽.
46) 쏘번, 『들뢰즈 맑스주의』, 8쪽.
47) 질 들뢰즈·펠릭스 가타리, 이진경 옮김, 『카프카: 소수적 문학을 위하여』, 동문선, 2001, 44~45쪽.
48) 들뢰즈·가타리, 『천의 고원』 I, 224쪽; 『천 개의 고원』, 406쪽.
49) 이진경, 『들뢰즈와 문학기계』, 소명출판사, 2002, 25~26쪽.
50) 들뢰즈·가타리, 『천의 고원』 I, 241쪽; 『천 개의 고원』, 436쪽.
51) 들뢰즈·가타리, 『천의 고원』 II, 139쪽; 『천 개의 고원』, 684쪽.
52) 들뢰즈·가타리, 『천의 고원』 II, 148쪽; 『천 개의 고원』, 702쪽. 국가에 대한 이들의 상세한 규정으로는 이 책의 제12장 「1227년 — 유목론 논고: 전쟁기계」를 참고하라.
53) 펠릭스 가타리, 윤수종 옮김, 『분자혁명』, 푸른숲, 1998, 52쪽.

에필로그: 철학의 종언에서 철학의 영원회귀로

1) Julia Kristeva, "Stranger to Ourselves", *States of Mind: Dialogues on the European Mind*, Manchester: Manchester University Press, 1995, pp.13f: 리처드 커니, 이지영 옮김, 『이방인, 신, 괴물』, 개마고원, 2004, 23~24쪽. 재인용.
2) Félix Guattari, *The Three Ecologies*, trans. Ian Pindar and Paul Sutton, London: Athlone Press, 2000, p.41.
3) 펠릭스 가타리, 윤수종 옮김, 『카오스모제』, 동문선, 2003, 15~38쪽.
4) 가타리, 『카오스모제』, 15~17쪽.
5) 파올로 비르노, 김상운 옮김, 『다중』, 갈무리, 2004, 268쪽.
6) 안토니오 네그리·마이클 하트, 윤수종 옮김, 『제국』, 이학사, 2001, 210~211쪽.
7) 니콜래스 쏘번, 조정환 옮김, 『들뢰즈 맑스주의』, 갈무리, 2005, 141쪽.
8) 질 들뢰즈, 김상환 옮김, 『차이와 반복』, 민음사, 2004, 447~448쪽.
9) 들뢰즈, 『차이와 반복』, 137쪽.
10) 박찬국, 『하이데거와 윤리학』, 철학과현실사, 2002, 221~222쪽.
11) 박찬국, 『하이데거와 윤리학』, 218쪽.
12) 박찬국, 『하이데거와 윤리학』, 232쪽.
13) 들뢰즈, 『차이와 반복』, 171쪽.
14) 박찬국, 『들길의 사상가, 하이데거』, 동녘, 2004, 282쪽. 재인용.
15) 네그리·하트, 『제국』, 520쪽.

참고문헌

1. 국내 문헌

1) 단행본

강대석(1986). 『니체와 현대철학』, 한길사.
고병권(2001). 『니체, 천 개의 눈 천 개의 길』, 소명출판사.
권오민(2003). 『아비달마 불교』, 민족사.
_____(1994). 『유부아비달마와 경량부철학의 연구』, 경서원.
김상환(2002). 『니체, 프로이드, 맑스 이후』, 창작과비평사.
김상환 외(2000). 『니체가 뒤흔든 철학 100년』, 민음사.
김선희(2004). 『사이버시대의 인격과 몸』, 아카넷.
김정현(2006). 『니체, 생명과 치유의 철학』, 책세상.
_____(1995). 『니체의 몸철학』, 지성의샘.
박찬국(2004). 『들길의 사상가, 하이데거』, 동녘.
_____(2002). 『하이데거와 윤리학』, 철학과현실사.
_____(2001). 『해체와 창조의 철학자 니체』, 동녘.
백승영(2005). 『니체, 디오니소스적 긍정의 철학』, 책세상.
서동욱(2002). 『들뢰즈의 철학 : 그 사상과 원천』, 민음사.
서울사회과학연구소 엮음(1997). 『탈주의 공간을 위하여』, 푸른숲.
성진기 외(2000). 『니체 이해의 새로운 지평』, 철학과현실사.
소운서원 엮음(2007). 『들뢰즈 사상의 분화』, 그린비.
이규성(2001). 『생성의 철학 : 왕선산』, 이화여자대학교출판부.

이상엽(2005). 『니체의 역사관과 학문관』, 울산대학교출판부.
이정우(2003). 『사건의 철학』, 철학아카데미.
이진경(2006). 『미-래의 맑스주의』, 도서출판 그린비.
_____(2004). 『자본을 넘어선 자본』, 도서출판 그린비.
_____(2003). 『노마디즘』(전2권), 휴머니스트.
_____(2002). 『들뢰즈와 문학기계』, 소명출판사.
임경순(2001). 『현대물리학의 선구자』, 다산출판사.
정대현(1994). 『필연성의 문맥적 이해』, 이화여자대학교출판부.
정동호(1984). 『니체철학의 현대적 조명』, 청람문화사.
정동호 외(2006). 『오늘 우리는 왜 니체를 읽는가』, 책세상.
한자경(2003). 『불교철학의 전개』, 예문서원.
_____(2000). 『유식무경, 유식불교에서의 인식과 존재』, 예문서원.
황수영(2003). 『베르그손 : 지속과 생명의 형이상학』, 이룸.

2) 논문

권서용(2003). 「연기(緣起)에 관하여 : 세친과 근대불교학자들의 해석을 중심으로」, 『철학논총』(제34집/4권), 새한철학회.
김정현(2001). 「니체와 근대성, 그리고 형이상학의 문제 : 그의 형이상학을 보는 세 가지 입장을 중심으로」, 『철학연구』(제24권/1호), 고려대학교 철학연구소.
박경일(2001). 「니체와 불교 그리고 해체철학」, 『불교평론』(제9호/겨울), 불교시대사.
박소정(1998). 「연기(緣起)를 통해서 본 인과 확장론」, 『과학철학』(제1권/1호), 한국과학철학회.
백승영(2000). 「니체 철학 개념 연구 1 : 같은 것의 영원회귀」, 『철학』(제63권), 한국철학회.
_____(1999a). 「하이데거의 니체 읽기 : 이해와 오해」, 한국하이데거학회 엮음, 『하이데거와 근대성』, 철학과현실사.
_____(1999b). 「니이체의 생성의 철학」, 『신학과 철학』(제1권), 서강대학교 비교사상연구원.
이상화(2003). 「세계화와 다원주의」, 한국철학회 엮음, 『다원주의, 축복인가 재앙인가』, 철학과현실사.

_____(1998). 「페미니즘과 차이의 정치학」, 『철학과 현실』(제38호/가을), 철학문화연구소.

_____(1996). 「같음과 다름의 존재론」, 장상·소흥렬 엮음, 『신학하며 사랑하며』, 문학과지성사.

_____(1995). 「비판으로서의 철학」, 김혜숙 엮음, 『포스트모더니즘과 철학』, 이화여자대학교출판부.

이주향(2004). 「인간중심적인 대상적 차별을 넘어서 : 니체의 헤라클레이토스와 원효의 일심을 비교하여」, 『니체연구』(제6권), 한국니체학회.

이진우(2001). 「니체와 아시아적 사유」, 『철학연구』(제53집), 철학연구회.

_____(1997). 「학문과 예술의 사이 : 문화의 철학적 정당화와 철학의 문화적 의미」, 『비극적 사유의 탄생』, 문예출판사.

이창재(1993). 「도덕의 기원에 대한 탈이분법적 고찰」, 연세대학교 박사학위논문.

이현재(2005). 「여성주의적 정체성과 인정이론」, 『시대와 철학』(제16권/1호), 한국철학사상연구회.

2. 외국 문헌

1) 단행본

Arendt, Hannah(1958). *The Human Condition*, Chicago : University of Chicago Press. 〔이진우 옮김, 『인간의 조건』, 한길사, 1996.〕

Badiou, Alain(1997). *Deleuze : La clameur de l'Etre*, Paris : Hachette. 〔박정태 옮김, 『들뢰즈 : 존재의 함성』, 이학사, 2001.〕

Behler, Ernst(1988). *Derrida-Nietzsche, Nietzsche-Derrida*, München : Ferdinand Schöningh. 〔박민수 옮김, 『데리다-니체 니체-데리다』, 책세상, 2003.〕

Berkowitz, Peter(1995). *Nietzsche : The Ethics of an Immoralist*, Cambridge, Mass. : Harvard University Press.

Blanchot, Maurice(1959). *Le livre à venir*, Paris : Gallimard. 〔최윤정 옮김, 『미래의 책』, 세계사, 1993.〕

Bowie, Andrew(1990). *Aesthetics and Subjectivity from Kant to Nietzsche*, Manchester: Manchester University Press.

Callinicos, Alex(1991). *Against Postmodernism*, Cambridge: Polity. 〔임상훈·이동연 옮김, 『포스트모더니즘 비판』, 성림, 1994.〕

Colebrook, Claire(2002). *Gilles Deleuze*, London: Routledge. 〔백민정 옮김, 『질 들뢰즈』, 태학사, 2004.〕

Conway, Daniel(1996). *Nietzsche and the Political*, London: Routledge.

Cox, Christoph(1999). *Nietzsche: Naturalism and Interpretation*, Berkeley: University of California Press, 1999.

Danto, Arthur(1965). *Nietzsche as Philosopher*, New York: Macmillan.

Davids, Rhys(1914). *Buddhist Psychology: An Inquiry into the Analysis and Theory of Mind in Pali Literature*, London: G. Bell and Sons.

Deleuze, Gilles(1993). *Critique et clinique*, Paris: Minuit. 〔김현수 옮김, 『비평과 진단』, 인간사랑, 2000.〕

_____(1990). *Pourparlers 1972~1990*, Paris: Minuit. 〔김종호 옮김, 『대담』, 솔, 1993.〕

_____(1986). *Foucault*, Paris: Minuit. 〔허경 옮김, 『푸코』, 동문선, 2003.〕

_____(1969). *Logique du sens*, Paris: Minuit. 〔이정우 옮김, 『의미의 논리』, 한길사, 1999.〕

_____(1968). *Différence et répétition*, Paris: PUF. 〔김상환 옮김, 『차이와 반복』, 민음사, 2004.〕

_____(1966). *Le bergsonisme*, Paris: PUF. 〔김재인 옮김, 『베르그송주의』, 문학과지성사, 1996.〕

_____(1962). *Nietzsche et la philosophie*, Paris: PUF. 〔trans. Hugh Tomlinson, *Nietzsche and Philosophy*, New York: Columbia University Press, 1983 ; 이경신 옮김, 『니체와 철학』, 민음사, 2001.〕

Deleuze, Gilles, et Félix Guattari(1980). *Mille Plateaux: Capitalisme et schizophrénie 2*, Paris: Minuit. 〔이진경·권혜원 옮김, 『천의 고원』 I/II, 연구공간 수유+너머, 2000 ; 김재인 옮김, 『천 개의 고원』, 새물결, 2001.〕

_____(1975). *Kafka: Pour une littérature mineure*, Paris: Minuit. 〔이진경 옮

김, 『카프카 : 소수적 문학을 위하여』, 동문선, 2001.〕

_____(1972). *L'Anti-Œdipe: Capitalisme et schizophrénie 1*, Paris: Minuit. 〔최명관 옮김, 『앙띠 오이디푸스』, 민음사, 2000.〕

Derrida, Jacques(1978). *Eperons: Les styles de Nietzsche*, Paris: Flammarion. 〔김다운·황순희 옮김, 『에쁘롱 : 니체의 문체들』, 동문선, 1998.〕

_____(1967). *L'Ecriture et la différence*, Paris: Seuil. 〔남수인 옮김, 『글쓰기와 차이』, 동문선, 2000.〕

Dreyfus, Hubert, and Paul Rabinow(1982). *Michel Foucault: Beyond Structuralism and Hermeneutics*, Chicago: University of Chicago Press. 〔서우석 옮김, 『미셸 푸코 : 구조주의와 해석학을 넘어서』, 나남, 1989.〕

Fink, Eugen(1986). *Nietzsches Philosophie*, Stuttgart: Kohlhammer. 〔하기락 옮김, 『니이체 철학』, 형설출판사, 1984.〕

Foucault, Michel(1997). *"Il faut défendre la société"*, Paris: Gallimard. 〔박정자 옮김, 『"사회를 보호해야 한다"』, 동문선, 1997.〕

Guattari, Félix(1992). *Chaosmose*, Paris: Galilée. 〔윤수종 옮김, 『카오스모제』, 동문선, 2003.〕

_____(1989). *Les trois écologies*, Paris: Galilée. 〔윤수종 옮김, 『세 가지 생태학』, 동문선, 2003.〕

_____(1979). *L'inconscient machinique*, Paris: Recherches. 〔윤수종 옮김, 『기계적 무의식』, 푸른숲, 2003.〕

_____(1977). *La révolution moléculaire*, Paris: Recherches. 〔윤수종 옮김, 『분자혁명』, 푸른숲, 1998.〕

Guthrie, William Keith Chambers(1950). *The Greek Philosophers from Thales to Aristotle*, New York: Harper & Row. 〔박종현 옮김, 『희랍철학입문』, 종로서적, 1989.〕

Habermas, Jürgen(1988). *Der philosophische Diskurs der Moderne*, Frankfurt am Main: Suhrkamp. 〔이진우 옮김, 『현대성의 철학적 담론』, 문예출판사, 1994.〕

Hall, Edward Twitchell(1976). *Beyond Culture, Garden City*, N.Y.: Anchor Press. 〔최효선 옮김, 『문화를 넘어서』, 한길사, 2000.〕

Hardt, Michael(1993). *Gilles Deleuze: An Apprenticeship in Philosophy*, Minneapolis: University of Minnesota Press. 〔김상운·양창렬 옮김, 『들뢰즈 사상의 진화』, 갈무리, 2004.〕

Hegel, Georg Wilhelm Friedrich(1987). *Phänomenologie des Geistes*(1807), hrsg. Hans Friedrich Wessels und Heinrich Clairmont, Hamburg: Meiner. 〔임석진 옮김, 『정신현상학 1』, 지식산업사, 1988.〕

Heidegger, Martin(1996). "Nietzsche I. 1936~1939", *Gesamtausgabe*, Bd.6, Frankfurt am Main: Klostermann. 〔김정현 옮김, 『니체철학 강의 I』, 이성과현실, 1991.〕

_____(1986). "Nietzsche: Der europäische Nihilismus"(1940), *Gesamtausgabe*, Bd.48, Frankfurt am Main: Klostermann. 〔박찬국 옮김, 『니체와 니힐리즘』, 지성의샘, 1996.〕

_____(1977). "Sein und Zeit"(1927), *Gesamtausgabe*, Bd.2, Frankfurt am Main: Klostermann. 〔이기상 옮김, 『존재와 시간』, 까치, 1998.〕

Hobbes, Thomas(1651). *Leviathan*, London: Andrew Crooke. 〔한승조 옮김, 『리바이어던』, 삼성출판사, 1995.〕

Honneth, Axel(1992). *Kampf um Anerkennung: Zur moralischen Grammatik sozialer Konflikte*, Frankfurt am Main: Suhrkamp. 〔문성훈·이현재 옮김, 『인정투쟁』, 동녘, 1996.〕

Hunt, Lester(1991). *Nietzsche and the Origin of Virtue*, London: Routledge.

Kalupahana, David(1992). *A History of Buddhist Philosophy: Continuities and Discontinuities*, Honolulu: University of Hawaii Press. 〔김종욱 옮김, 『불교철학사』, 시공사, 1996.〕

_____(1986). *Nāgārjuna: The Philosophy of the Middle Way*, Albany, N.Y.: State University of New York Press. 〔박인성 옮김, 『나가르주나』, 장경각, 1994.〕

Kant, Immanuel(1781). *Kritik der reinen Vernunft*, Riga: Johann Friedrich Hartknoch. 〔최재희 옮김, 『순수이성비판』(개정판), 박영사, 1983.〕

Kaufmann, Walter(1974). *Nietzsche: Philosopher, Psychologist, Antichrist*, Princeton, N.J.: Princeton University Press.

Kierkegaard, Sóren(1849). *Sygdommen til Dóen*, Kj benhavn: C. A. Reitzel. 〔손재준 옮김, 『죽음에 이르는 병』, 삼성출판사, 1990.〕

Klossowski, Pierre(1969). *Nietzsche et le cercle vicieux*, Paris: Mercure de France. [trans. Daniel W. Smith, *Nietzsche and the Vicious Circle*, London: The Athlon Press, 1997.]

Love, Nancy Sue(1986). *Marx, Nietzsche and Modernity*, New York: Columbia University Press.

Macy, Joanna(1991). *Mutual Causality in Buddhism and General Systems Theory*, Albany, N.Y.: State University of New York Press. [이중표 옮김, 『불교와 일반 시스템이론』, 불교시대사, 2004.]

Mahon, Michael(1992). *Foucault's Nietzschean Genealogy*, Albany, N.Y.: State University of New York Press.

Marx, Karl(1981). "Differenz der demokritischen und epikureischen Naturphilosophie"(1841), *Karl Marx/Friedrich Engels Werke*, Bd.1, hrsg. Institut für Marxismus-Leninismus beim ZK der SED, Berlin: Dietz. [고병권 옮김, 『데모크리토스와 에피쿠로스 자연철학의 차이』, 도서출판 그린비, 2001.]

Mistry, Freny(1981). *Nietzsche and Buddhism: Prolegomenon to a Comparative Study*, New York: Walter de Gruyter.

Montinari, Mazzino, Wolfgang Müller-Lauter, und Heinz Wenzel, hrsg.(1972~1985). *Nietzsche-Studien*, Bd. 1~14, Berlin: Walter de Gruyter.

Morrison, Robert(1997). *Nietzsche and Buddhism: A Study in Nihilism and Ironic Affinities*, Oxford: Oxford University Press.

Murti, Tirupattur Ramaseshayyer Venkatachala(1955). *The Central Philosophy of Buddhism: A Study of the Mādhyamika System*, London: George Allen and Unwin. [김성철 옮김, 『불교의 중심철학』, 경서원, 1995.]

Negri, Antonio, and Michael Hardt(2000). *Empire*, Cambridge, Mass.: Harvard University Press. [윤수종 옮김, 『제국』, 이학사, 2001.]

_____(1994). *Labor of Dionysus: A Critique of the State-Form*, Minneapolis: University of Minnesota Press. [이원영 옮김, 『디오니소스의 노동』(전2권), 갈무리, 1996~1997.]

Nehamas, Alexander(1985). *Nietzsche, Life as Literature*, Cambridge, Mass.: Harvard University Press. [김종갑 옮김, 『니체, 문학으로서의 삶』, 책세상, 1994.]

Nietzsche, Friedrich(1972). *Nietzsche Werke: Kritische Gesamtausgabe*, hrsg. Giorgio Colli und Mazzino Montinari, Berlin: Walter de Gruyter. [니체전집 편집위원회 엮음, 『니체 전집』(전21권), 책세상, 2001~2005.]

Owen, David(1995). *Nietzsche, Politics and Modernity*, London: Sage.

Parkes, Graham(1991). *Nietzsche and Asian Thought*, Chicago: University of Chicago Press.

Patton, Paul(2000). *Deleuze and the Political*, London: Routledge. [백민정 옮김, 『들뢰즈와 정치』, 태학사, 2005.]

Plato(1979). *Gorgias*, trans. with notes by Terence Irwin, Oxford: Oxford University Press. [최민홍 옮김, 『고르기아스, 소피스트, 서간집』, 상서각, 1983.]

Porter, James I.(2000). *Nietzsche and the Philology of the Future*, Stanford, Calif.: Stanford University Press.

Renaut, Alain(1989). *L'ère de l'individu: Contribution à une histoire de la subjectivité*, Paris: Gallimard. [장정아 옮김, 『개인』, 동문선, 2002.]

Rorty, Richard(1989). *Contingency, Irony, Solidarity*, Cambridge: Cambridge University Press. [김동식·이유선 옮김, 『우연성 아이러니 연대성』, 민음사, 1996.]

Schacht, Richard(1983). *Nietzsche*, London: Routledge.

Schrift, Alan(1990). *Nietzsche and the Question of Interpretation: Between Hermeneutics and Deconstruction*, New York: Routledge. [박규현 옮김, 『니체와 해석의 문제』, 푸른숲, 1990.]

Simmel, Georg(1907). *Schopenhauer und Nietzsche: Ein Vortragszyklus*, München und Leipzig: Verlag von Duncker & Humblot. [trans. Helmut Loiskandl, Deena Weinstein, and Michael Weinstein, *Schopenhauer and Nietzsche*, Urbana: University of Illinois Press, 1991.]

Smith, Gregory(1996). *Nietzsche, Heidegger and the Transition to Postmodernity*, Chicago: Chicago University Press.

Spinoza, Benedictus de(1924). "Ethica Ordine Geometrico Demonstrata" (1677), *Opera*, hrsg. Carl Gebhardt, Heidelberg: Heidelberger Akademie der Wissenschaften. [강영계 옮김, 『에티카』, 서광사, 1990.]

Stcherbatsky, Theodore(1977). *The Conception of Buddhist Nirvāṇa*(1927),

Varanasi: Bharatiya Vidya Parkashan. 〔연암종서 옮김, 『열반의 개념』, 경서원, 1994.〕

_____(1923). *The Central Conception of Buddhism and the Meaning of the Word "Dharma"*, London: Royal Asiatic Society of Great Britain and Ireland. 〔권오민 옮김, 『소승불교개론』, 경서원, 1985.〕

Streng, Frederick(1967). *Emptiness:A Study in Religious Meaning*, Nashville: Abingdon Press. 〔남수영 옮김, 『용수의 공사상 연구』, 시공사, 1999.〕

Thoburn, Nicholas(2003). *Deleuze, Marx and Politics*, London: Routledge. 〔조정환 옮김, 『들뢰즈 맑스주의』, 갈무리, 2005.〕

Villa, Dana Richard(1996). *Arendt and Heidegger: The Fate of the Political*, Princeton, N.J.: Princeton University Press. 〔서유경 옮김, 『아렌트와 하이데거』, 교보문고, 2000.〕

Virilio, Paul(1989). *Esthétique de la disparition*, 2nd ed., Paris: Galilée. 〔김경온 옮김, 『소멸의 미학』, 연세대학교출판부, 2004.〕

Virno, Paolo(2001). *Grammatica della moltitudine*, Catanzaro: Rubbettino. 〔김상운 옮김, 『다중』, 갈무리, 2004.〕

White, Richard(1997). *Nietzsche and the Problem of Sovereignty*, Urbana: University of Illinois Press.

Yovel, Yirmiahu(1989). *Spinoza and Other Heretics*, 2 vol., Princeton, N.J.: Princeton University Press.

三枝充悳 編(1974). 『存在論/時間論』, 東京: 理想社. 〔김재천 옮김, 『존재론/시간론』, 불교시대사, 1995.〕

Nāgārjuna, Acharya(1959). *Madhyamaka-Sastra*, 龍樹菩薩 著, 靑目 釋, 鳩摩羅什 漢譯, 臺北: 臺灣印經處. 〔김성철 옮김, 『중론』, 경서원, 1993.〕

2) 논문

Arendt, Hannah(1998). "Nietzsche's Repudiation of the Will", *Nietzsche Critical Assessments*, vol. 2, eds. Daniel W. Conway, and Peter S. Groff, London: Routledge.

Bains, Paul(2002). "Subjectless Subjectivities", *A Shock to Thought: Expressions after Deleuze and Guattari*, ed. Brian Massumi, London: Routledge.

Bergoffen, Debra B.(1990). "Perspectivism without Nihilism", *Nietzsche as Postmodernist*, ed. Clayton Koelb, Albany, N.Y.: State University of New York Press.

Deleuze, Gilles(1985). "Nomad Thought", *The New Nietzsche: Contemporary Styles of Interpretation*, ed. David B. Allison, Cambridge, Mass.: MIT Press.

_____(1978~1981). "Sur Spinoza: Cours Vincennes: Intégralité du cours 1978~1981", *Les cours de Gilles Deleuze*, www.webdeleuze.com. [서창현 옮김, 『비물질노동과 다중』, 갈무리, 2005.]

Foucault, Michel(1984). "Qu'est ce que les Lumières?"(1983), *Magazine Littéraire*, no 207, Mai. [ed. Paul Rabinow, "What is Enlightenment", *The Foucault Reader*, New York: Pantheon Books, 1984; 정일준 옮김, 「계몽이란 무엇인가?」, 『자유를 향한 참을 수 없는 열망』, 새물결, 1999.]

_____(1977). "Foucault: Non au sexe roi", *entretien avec Bernard-Henry Lévy, Le Nouvel Observateur*, no 644, 12 Mars. [황정미 옮김, 「권력과 성」, 『미셸 푸코, 섹슈얼리티의 정치와 페미니즘』, 새물결, 1995.]

Klossowski, Pierre(1998). "Nietzsche's Experience of the Eternal Return", *Nietzsche Critical Assessments*, vol. 2, eds. Daniel W. Conway, and Peter S. Groff, London: Routledge.

Müller-Lauter, Wolfgang(1998). "Nietzsche's Teachings of Will to Power", *Nietzsche Critical Assessments*, vol. 2, eds. Daniel W. Conway, and Peter S. Groff, London: Routledge.

Nehamas, Alexander(1998). "The Eternal Recurrence", *Nietzsche Critical Assessments*, vol. 2, eds. Daniel W. Conway, and Peter S. Groff, London: Routledge.

Patton, Paul(2001). "Deleuze and Guattari: Ethics and Post-modernity", *Deleuze and Guattari*, vol. 3, ed. Gary Genosko, London: Routledge.

Schrift, Alan(1996). "Nietzsche's French Legacy", *The Cambridge Companion to Nietzsche*, eds. Bernd Magnus, and Kathleen M. Higgins,

Cambridge: Cambridge University Press.

Skowron, Michael(2001). "Um Nietzsches paradoxe Religiosität", *Nietzsche-Studien*, Bd. 30, Berlin: Walter de Gruyter. [이희주 옮김, 「니이체와 역설종교」, 『동서정신과학』(제4권/1호), 한국동서정신과학회, 2001.]

Solomon, Robert C.(2002). "Nietzsche on Fatalism and 'Free Will'", *Journal of Nietzsche Studies*, vol. 23, Spring, University Park, P.A.: Penn State University Press.

Wicks, Robert(2002). "Schopenhauerian Moral Awareness as a Source of Nietzschean Nonmorality", *Journal of Nietzsche Studies*, vol. 23, Spring, University Park, P.A.: Penn State University Press.

찾아보기

ㄱ

가타리(Félix Guattari) 207, 254
강도(intensité) 179, 180~183
    강도량(intensive Größe) 180
    내포량(intensive Größe) 180, 182
    외연량(extensive Größe) 180~182
개체(individuum) 226
    니체(Friedrich Nietzsche)의~ 227, 228
    들뢰즈(Gilles Deleuze)의~ 229~231, 235
    보에티우스(Boethius)의~ 234
    스피노자(Benedictus de Spinoza)의~ 228
    아퀴나스(Thomas Aquinas)의~ 234
    주체-원자들(Subjekt-Atome) 227
괴테(Johann Wolfgang von Goethe) 90
근대 철학의 차이 개념 14~15
    변증법의 논리 14~15, 189, 190, 195, 196, 203~205

인륜성(Sittlichkeit) 157, 158
차이에 대한 공포 170, 171
호네트(Axel Honneth)의 헤겔 해석 158, 159

ㄴ

네그리(Antonio Negri) 16, 259, 260
    『제국』(Empire) 16
니체(Friedrich Nietzsche)
    거리를 두는 파토스(Pathos der Distanz) 171, 173, 195, 208
    고귀한 도덕과 노예도덕 168, 169, 219
    니힐리즘 → '니힐리즘' 항목 참조
    ~의 그리스 철학 해석 → '일원론과 다원론' 항목 참조
    "신은 죽었다" 100~102, 117
    실스마리아(Sils-Maria) 46
    실험으로서의 철학 → '실험' 항목 참조
    영원회귀 → '영원회귀' 항목 참조

위버멘쉬 → '위버멘쉬' 항목 참조
(좋은/진정한) 전쟁 197, 201
최후의 인간(letzte Mensch) 46
힘에의 의지 → '힘에의 의지' 항목 참조
니힐리즘(Nihilismus)
  근대적~ 44, 102, 164, 165, 255
  근대적 위기상황에 대한 서술어로서의
  ~ 42
  능동적~ 28, 37~39, 82, 84
  ~극복으로서의 불멸성
  (Unsterblichkeit) 18, 46, 49~53, 55
  ~으로서의 영원성(Ewigkeit) 18, 36, 45, 49, 55, 58
  ~의 분류(염세적 니힐리즘, 〔불〕완전한 니힐리즘) 36~40
  수동적~(허무주의) 37~39, 82, 84
  역사적 운동으로서의~ 42
  탈근대적~ 164, 165, 259

ㄷ

들뢰즈(Gilles Deleuze)
  ~의 변증법 비판 167~172
  ~의 칸트 해석 → '강도' 항목 참조
  생산으로서의 욕망 207, 208
  오이디푸스적 가족삼각형 비판 207
  전쟁기계(machine de guerre) 대 국가(l'État) 247~249
  차이의 생산 212, 213, 215, 260~262
  "하이데거는 니체의 가능성" 265, 267

ㅁ

몽테뉴(Michel de Montaigne) 33
무리 동물(Herdenthier) 219, 242
  평균인(Das Mittelmäßigen) 42

ㅂ

바디우(Alain Badiou) 224~226
베르그송(Henri Bergson) 87, 181
  『의식에 직접 주어진 것들에 대한 시론』(Essai sur les données immédiates de la conscience) 181
불안(Angst) 76, 192, 194, 195
  ~과 공포(Furcht) 76~78, 192~194, 252, 253
  홉스(Thomas Hobbes) 157, 197, 202
블랑쇼(Maurice Blanchot) 76
비르노(Paolo Virno) 192~195, 258

ㅅ

사르트르(Jean-Paul Sartre) 144
생성(Werdens)
  ~에 대한 공포(증오) 58, 59, 65
  ~의 무죄(긍정) 17, 40, 64, 65, 71
설일체유부(說一切有部) 90, 92, 93
  분위연기법(分位緣起法) 98, 125
  삼세양중인과설(三世兩重因果說) 125~127
  상주론(常住論)과 단멸론(斷滅論) 비판 88, 105

세르(Michel Serres) 134
소수정치학(minor politics) 186~188,
241~250
　~과 다수정치학(major politics) 241,
　242
　~과 미시정치학(micro-politics) 246,
　247
　~의 전제 242, 243, 245
　작은 것들에 대한 투쟁(니체) 249, 250
　전쟁기계의 정치학으로서의~
　247~250
쇼펜하우어(Arthur Schopenhauer) 28,
29, 94, 96
　『의지와 표상으로서의 세계』(Die Welt
　als Wille und Vorstellung) 28
스피노자(Benedictus de Spinoza) 228,
239, 240
　『에티카』(Ethica) 228
실험(Experimente) 216~219
　~의 미지성 233~241
　~의 비개체성/비인격성 220~226,
　230, 231, 236, 258~263
　~철학(Experimental-Philosophie)
　216
　"~은 무엇인가?"와 "어떤 것[자]이 ~
　인가?" 220~222

ㅇ

아렌트(Hannah Arendt) 55, 56
아비달마(Abhidharma) 불교 85, 89, 90,
98

영원회귀(Ewige Wiederkehr)
　니체의~ 17, 18, 134~137, 139~142
　"다시 한번!"(Noch Ein Mal!) 140,
　177, 217
　~에 대한 우주론적/실존론적 이해
　135~138
　주사위놀이 173~178
　차이의 반복운동(들뢰즈의 해석)
　172~179, 183
용수(龍樹; Nāgārjuna) 92, 93
　공(空, sūnya; emptiness) 104, 109,
　114~119
　인과연기론 비판→ '인과연기론 비판'
　항목 참조
　『중론』(中論) 97, 106, 108, 112
　찰라론 비판→ '찰라론' 항목 참조
　청목(靑目; Pingala)의 주석 106, 112
원한(ressentiment) 168, 195, 205
위버멘쉬(Übermensch) 17, 147~149
인과 개념의 거부(니체의 세번째 철학적 기
획) 18, 97
　인과성 비판으로서의 상호의존성
　140~146
　제1원인(causa prima)의 거부(반실체
　론) 99, 100, 115, 116
인과연기론(因果緣起論) 비판(용수)
　공동작인(共同作因, co-efficient) n
　122~124
　동시적(同時的) 상호인과성 124, 127,
　130~132
　상호의존적 발생(dependent co-
　arising) 108, 110, 111, 117, 119, 124

연기의 공성(空性) 104, 119
이시적(異時的) 상호인과성 124,
127~132, 141, 142
팔불계(八不偈) 106
일원론(monism)과 다원론(pluralism)
  경기적 본능 50~54, 75, 195
  다원적 존재론(plurale Ontologie) 54
  데모크리토스(Democritus) 68, 69, 71,
  72
  도편추방제(Ostrakismos) 75
  아낙시만드로스(Anaximandros)
  64~67
  에피쿠로스(Epicurus) 77, 253
  'n-1'의 다원론 75
  ~ 속의 목적론 72~75
  질료적 통일성(동일성) 61, 62, 64, 66,
  69
  탈레스(Thales) 61~63, 69
  헤라클레이토스(Heraclitus) 57, 58,
  63~69, 196

ㅈ~ㅊ

죄 개념의 부인(니체의 두번째 철학적 기
획) 18, 19
차이(Differenz/Différence)
  근대 철학과 탈근대 철학의 차이 개념
  → '[탈]근대 철학의 차이 개념' 항목 참
  조
  ~의 승인이냐 생산이냐 156~161,
  164, 190~192, 213~215, 256
찰라론(刹那論) 112~115

법체항유(法體恒有) 113, 114
삼세실유설(三世實有說) 113, 114
시간의 원자로서의 찰나(刹那) 112

ㅋ

캠퍼(Engelbert Kaempfer) 94
『여행의 일반역사 또는 여행기 총서』(A
General Collection of Voyages and
Travels) 94
크리스테바(Julia Kristeva) 252, 253
클로소프스키(Pierre Klossowski) 216,
217
  실험가/유혹자(Versucher) 217~219
  악순환(le cercle vicieux)으로서의 영
  원회귀 216~218
키에르케고르(Søren Kierkegaard) 206,
253
『죽음에 이르는 병』(Sygdommen til
Døden) 206

ㅌ~ㅍ

탈근대 철학의 차이 개념
  로티(Richard Rorty) 160~162
  롤스(John Rawls) 160
  지구화(globalization)의 아포리아
  15~16, 261, 262
  캘리니코스(Alex Callinicos) 163
푸코(Michel Foucault)
  게릴라 담론(니체의 가설) 198, 199,
  202

『말과 사물』(Les mots et les choses) 264
"사회를 보호해야 한다"(Il faut défendre la société) 198
전쟁 개념의 차이(니체 대 홉스) 197~199
프로이트(Sigmund Freud) 207, 257

ㅎ

하버마스(Jürgen Habermas) 13, 156
『현대성의 철학적 담론』(Der philosophische Diskurs der Moderne) 13, 156
하이네(Heinrich Heine) 25
하이데거(Martin Heidegger) 26, 40, 153, 192, 264~267
  『예술작품의 근원』(Der Ursprung des Kunstwerkes) 266
  『존재와 시간』(Sein und Zeit) 192
  ~의 니체(인간중심주의) 비판 264, 265, 267

하트(Michael Hardt) 201, 223, 235
  의지 210
  추동력(driving force)으로서의 힘에의 ~의 들뢰즈 비판 235, 236
현존의 미학적 정당화(니체의 첫번째 철학적 기획) 18~20
  가상을 통한 구원(die Erlösung durch den Schein)으로서의~ 46, 55, 58
  미학적-윤리적 패러다임 256, 257, 263
  변화(Wechsel)와 사멸성(Vergänglichkeit) 36
  예술가-형이상학(Artisten-Metaphysik) 52~54, 256
  표층성(Oberflächkeit) 47, 48, 52
  ~와 현존의 미학화 257
힘에의 의지(Wille zur Macht) 70, 119~123, 132~134, 216
  에너지보존 법칙(Energieerhaltungssatz) 133, 134
  창조의지(Wille zum Schaffen) 233